JN436113

아산재단 연구총서 第251집

비영리부문의 비교연구: 시민사회와 사회적 자본

김 승 현

집문당

머리말

이 책은 꽤 오래된 사고와 독서의 산물이다. 그렇다고 엄청난 노력을 쏟아 부었다는 말은 아니다. 능력이 미치지 않는 만큼 세월이 오래 걸린 셈이다. 처음에는 복지서비스의 전달체계에 관한 관심에서 곁가지로 시작된 비영리조직에 대한 연구가 차츰 확대되면서 전혀 예상치 못한 방향으로 발전되었다. 비영리조직에 관한 관심으로 미국에서 진행되는 기존 연구를 살펴보게 되었고, 여기서 생기는 의문으로 인해 다른 유럽국가와 비교연구가 필요하였다. 비교연구의 필요성 때문에 피상적으로나마 유럽의 역사를 돌아보게 되었다. 이 과정에서 시민사회에 관한 연구도 보게 되었지만, 지금까지 그리 중요한 학문적 관심의 대상이 아니었던 비영리조직을 중심으로 한 역사적 설명은 찾기 어려웠다. 독서의 상당부분이 이를 확인하는 과정이었다고 해도 과언이 아니다. 비영리부문의 성장요인에 관한 관심은 자연스럽게 사회적 효과에 관한 기존 연구에 대한 관심으로 확대되었다. 결과적으로 비영리부문의 확대요인과 사회적 효과에 대한 연구가 된 셈이다. 이 과정에서 분석도구로서 계량적 분석에 경도되어 있었고, 이런 분석방법의 틀로 비교사례연구를 이해하던 필자에게 실증적 사례연구방법은 또 하나의 도전이었다. 사례연구는 사례선택과 분석에 있어서 각 사례에 대한 사전 지식과 이해에 비례하여 연구의 질이 달라진다. 그러나 그런 사전 정보를 갖고 있지 못했으므로 연구는 더디고 항상 미흡하였다. 그렇지만 이런 노력을 통해서 편협한 방법론적 이해를 벗어날 수 있었던 좋은 계기가 되었고 연구의 외연을 넓힐 수 있는 기회가 되었다.

이 비교연구의 진행과정에서 준거틀은 항상 우리나라의 상황이나 경험이었다는 것을 부정할 수 없다. 그리고 서구의 경험을 강조하면서 서구 중심적 사고에 물들어 가고 있지는 않은지 또는 가까운 데서 보는 관찰대상을 너무 추하게 이해하고 있지는 않은가(Familiarity breeds contempt.) 하는 의구심을 갖지 않을 수 없었다. 연구가 틀을 잡아가고 생각이 정리될수록 우리 경험에 대한 부정적 평가를 지워버리기 어려웠다. 그렇기 때문에 처음에는 긍정적으로 평가하였던 한국적 전통과 미덕을 강조하는 일부의 연구를 어떻게 이해할 것인지 혼란스러웠다. 그러나 우리의 토양에서 '한국적'이라는 수식어는 항상 의심의 눈으로 봐야 할 필요가 있었다. 필자가 속한 세대에서는 그런 수식어는 항상 조금 어긋난 것들을 미화하기 위한 것이었고 뭔가를 독점하기 위한 경우에서 보았다. 그러면서 우리의 상황은 전근대적인 사람들이 현대사회와 제도 안에서 머물고 있다는 생각이 들었다. 산업화하였으나 자본주의화하지는 못했고, 정치적 열망을 갖는 부르주아를 생산하지도 못했다. 자본주의와 민주주의가 부르주아를 변화시키지 못하였고 오히려 전근대적인 사고가 자본주의와 민주주의의 제도적 틀을 왜곡시키고 있다는 생각을 지울 수 없다. 이런 이유에서 세대 간의 단절적 변화가 필요하다는 생각도 들었다. 물론 세상은 변하고 그 변화의 속도는 갈수록 엄청나다고 생각된다. 이런 변화 속에서 어렵게 성장하는 새로운 세대에서 단절적인 발전의 가능성을 감지한다.

원래의 계획은 동아시아와 우리나라에 관한 별개의 장을 계획하고 썼던 것인데 그렇게 되지 못했다. 다만 서구의 역사적 경험의 틀에서 우리의 상황을 이해하였고 그 일단을 마지막 장에서 보여 주고자 하였다. 이에 관한 독립된 저술을 희망하고 있지만 알 수 없는 일이다. 계속 생각해 보고 읽어 볼 일이고, 비교적 맥락에서 우리의 상황과 변화를 더 깊이 이해하고 싶다. 연구를 마칠 때까지 좋은 환경을 제공해 준 Purdue대학 정치학과와 Robert X Browning, Charles C. Ragin, James A. McCann 교수, 교정을 봐 준 아내, 엉성한 원고를 읽고 조언을 아끼지 않은 이혁주 교수께 감사드린다. 분에 넘치는 주위의 도움과 환경에 비해 미흡한 능력을 항상 안타깝게 생각한다.

참고로 제2장에서 제5장까지의 내용 중 일부는 논문의 형태로 발표된 것임을 밝힌다. 제2장은 1997년에 발표한 "미국의 비영리부문에 관한 연구: 역할과 성격의 변화"를 바탕으로 자료를 경신하였고 부분적으로 다시 쓴 것이다. 제3장은 한국비영리연구에 기고한 논문(2002)에 바탕한 것이다. 제4장은 한국정치학보에 발표된 두 논문(2003, 2004)을 수정 보완하였다. 비교대상국가나 역사적 서술이 다를 뿐 아니라, 불리안 비교방법도 최근의 퍼지분석방법을 가미한 발전적 변화를 반영하였다. 제5장도 부분적으로 2006년에 발표한 논문, "사회적 신뢰의 결정요인에 관한 비교역사적 연구"에 기초하고 있다. 본래의 생각과 논리가 시간을 지나면서 이 책 속에서 좀 더 발전하였기를 희망한다.

2007년 여름

인디애나주 West Lafayette에서

차 례

표 차례

제 1 장

서 론

1. 비영리부문에 관한 사회과학연구의 흐름
2. 연구의 목적과 구성

제1장 서 론

한국인들에게 가장 낯선 사회적 개념은 무엇일까? 우리가 일상적으로 보고 듣는 이율배반적 감정을 예로 들어 보자. 유수한 사립대학의 발전과정을 비교하면서 '주인 없는 대학은 역시 문제'라고들 생각한다. 사립학교를 설립하고 재산을 출연하는 사람들 역시 자신의 운영권을 보장받으려 하고 그런 시도를 별 저항 없이 받아들이는 것이 우리의 실정이다. 그런가 하면 학교의 설립자가 대를 이어 가면서 학교재단 내에서 전권을 행사하는 경우들을 접하면 이의 폐해를 소리 높여 이야기한다. 기업재단의 경우에도 비슷한 태도를 보인다. 소유의 개념으로 용납하고 단시 탈세(주로 상속세)의 온상이 되지나 않나 하는 우려로 바라볼 뿐이다. 종교법인의 경우와 비교해 보자. 이러한 유형의 조직들은 목회자의 재산출연에 의해서 이루어진 것이 아님을 알기 때문인지는 몰라도 대물림하려는 시도를 극히 비판적으로 바라본다. 그러나 복지재단의 경우는 어떤가? 이 경우에는 운영비의 상당부분을 국고보조에 의존하면서도 여전히 학교법인과 유사한 처우와 관심을 보이고 있다. 이런 조직유형을 우리는 공익적 비영리조직이라고 하는데 우리에게 가장 낯설고 확연하게 정립되지 못한 개념 중의 하나가 이 '비영리'라는 개념이다. 영리추구를 목적으로 하지 않는다는 의미를 넘어서 개인이 아닌 법적인 인격체(법인)에게 모든 재산이 귀속되고 운영권도 법적으로는 여기에 속한다는 것을 이해하지 못한다. 그러므로 재산이 출연되고 법인이 설립된 뒤에도 소유권에 가까운 권리행사를 하려는 경향이나, 이를 용인할 뿐 아니라 거의 소유권의 틀 안에서 사고하는 일반인들의 생각은 잘못된 것이다.

이렇듯 혼란스럽게 이해되고 있는 '비영리'라는 개념에는 개인의 재산이 아니며 영리추구가 주목적이 아니라는 의미와 더불어, 조직구성원(이사회)의 이익을 위해서 조직이 운영되지 않는다는 의미를 내포하고 있다. 그러나 우리는 대부분의 서비스제공조직을 여전히 소유와 사적 이익추구의 틀로 보려는 경향이 있다. 비영리 개념을 더욱 어렵게 만드는 것은 유무형의 서비스를 제공하는 조직뿐 아니라 조직구성원이나 공익을 위해서 목소리를 높이는 조직도 여기에 포함된다는 사실이다. 환경운동, 여권운동, 인권, 소비자권익보호, 노동자권익보호를 위한 다양한 조직들이 모두 포함된다. 이렇게 우리의 이해를 조금씩 넓혀 가다 보면 정부조직과 영리조직을 제외한 수많은 조직들이 비영리조직에 포함된다는 사실을 알 수 있다. 이런 이유에서 비영리조직은 정부, 기업과 더불어 우리 사회를 떠받치고 있는 세 축 중의 하나라고 볼 수 있다. 따라서 이 한 축을 제삼부문이라고도 부르고 이들의 역할이 건강한 사회의 척도가 되기도 한다. 이런 개괄적인 시각으로 우리나라의 상황을 되돌아보면 제삼부문인 이런 조직유형이 우리의 사고와 이해 및 실제적인 운영의 측면에서 별로 바람직하지 않은 점도 있음을 알 수 있다.

왜 우리는 소유의 개념으로 이 부문을 이해하려는 경향이 있으며 재산을 출연한 사람들에게 관용적일까? 그것은 우리 전통에 뿌리 깊이 자리한 가족주의와 연고주의의 영향 때문이 아닐는지 모르겠다. 언급된 조직유형 외에 우리 주위에서 가장 영향력이 큰 조직들은 바로 연고조직—동문회, 향우회, 종친회 등—이다. 이런 세 부문의 분류에 들어가지 않으면서도 우리 주위에서 가장 가깝게 상존하는 이런 비공식(때로는 공식적인 조직형태를 갖기도 하지만 누구나 가입할 수 없다는 점에서 제삼부문 혹은 비영리부문에 속하지 않는다) 연고조직들은 무엇인가. 이런 모임들은 거의 전적으로 연고주의에 기반을 두고 있고, 이런 행태가 다른 사회적 조직의 형성과 행태에도 크게 영향을 미치고 있다. 영리부문에서 부의 세습, 경영자들의 혈연, 학연 등의 연고를 보아도 알 수 있다. 제삼부문에서도 이미 언급한 가족주의와 연고주의는 뿌리가 깊다. 이는 그 이사회의 구성과 운영을 들여다보면 잘 알 수 있다. 우리 사회에 깊이 자리한 이 특징이 시사하는 바는 서구적 시각에서 우리나라의 비영리조직을 이해하는 것은 문제가 있음을 강력히 시사하고 있다.

이런 일상적인 이해의 혼란 못지않게, 사회과학의 영역에서도 비영리조직에 대한 이해가 매우 다양하고 혼란스럽다. 다양한 측면에서 연구되고 있지만 이들 조직에 대한 정의는 일관성이 없다. 사회적 자본론에서부터 시민사회론에 이르기까지 많은 사회과학적 관심에서 이들 조직에 대한 고려를 빼놓을 수 없다. 뿐만 아니라 20세기 중반 이후 지속적으로 확대된 서구적 복지국가의 개혁론에도 빠짐없이 등장하는 것이 이들 소식이며, 점진적으로 줄어드는 사영역과 정부영역에서의 고용에 대한 대안으로도 등장하는 것이 이들 조직이다. 지나치게 확대된 정부의 복지정책에 대한 대안, 특히 복지서비스의 전달체계에서 가장 바람직한 대안으로 언급되는 것이 비영리조직이다. 또 Rifkin(1995)은 새로운 기술과 정보처리능력으로 인해 불완전 고용이 늘어나고 미래의 세대는 점점 취업의 기회를 잃을 것이라고 전망하고 있다. 우리는 이 문제를 해결하는 데 정부, 기업, 제삼부문, 비공식 부문(가족과 이웃) 등의 네 가지 제도적 수단을 갖고 있다. 그런데 정부와 기업은 고용을 축소하는 추세에 있으므로 결국은 일자리를 공유하거나, 제삼부문에서 대체고용을 개발하는 방법밖에 없다고 주장한다. 이런 관심과 주장에 비추어 보아도 비영리 또는 제삼부문이 사회과학의 주된 연구대상으로 부상한 것은 틀림이 없다. 그렇지만 어떤 유형의 조직들이 여기에 포함되는지는 연구자와 연구관심에 따라 조금씩 상이하다. Hall(1992)이 지적한 것처럼 지난 삼십여 년 동안 학계에서 만들어 낸 새로운 용어이기 때문일 것이다. 다른 비영리조직 연구자들(Smith, 1997; Kramer, 1998) 역시 이 부문에 대한 정의에 만족하지 않는다. 이 부문은 너무 다양한 목표와 구조를 갖는 조직들이 묶여 있고, 여러 참여자들 역시 일관된 유대감을 갖지 않는다고 주장한다.

그럼에도 불구하고 비영리부문으로 분류되는 많은 조직들은 분명히 정부나 영리조직과는 우선적으로 차별화될 수 있다는 것을 알 수 있다. 현대사회에는 정부의 강제적 추출능력을 재정기반으로 운영되는 공공부문과 영리추구를 주목적으로 하는 시장부문에 포함되지 않는 많은 공식적, 비공식적 조직이 존재한다. 실제로 이러한 형태의 조직들은 역사적으로 민주적 정부형태나 자본주의적 시장의 출현에 앞서는 것이다. 그렇지만 이런 조직들을 총칭하여 제3부문(third sector), 비영리부문(nonprofit sector), 자발적 부문(voluntary sector) 또는 NGO(nongovernmental organization)[1]로 부르기 시작한 것은 비교적 최근의 일이다. 이 연구는 사회적 이해가 불충분할 뿐만 아니라 서구의 조직들과는 질적으로 상이한 비영리조직의 사회적 행태에 대한 의구심에서 시작되었다. 따라서 서구사회에서 이들 조직은 어떻게 생겨났으며 성장하였는지, 그 사회적 효과가 무엇인지를 알

---

1) 이러한 용어들은 주로 공공부문과 시장부문에 대비해서 쓰이는 것이다. 자발적 부문이라는 용어는 특히 정부부문에 대비하여 자발적 노력이 운영과정에서 주요한 역할을 하는 것을 강조하는 측면이 있고, 비영리부문은 시장부문과 비교할 때 영리추구가 주목적이 아닌 것을 강조한다. NGO는 주로 개발도상국의 조직들에 적용되는 용어로서 풀뿌리수준에서 경제적·사회적 발전을 도모하는 데 중요한 역할을 하는 조직들을 일컫는다. Peter Drucker는 이런 유형의 조직을 사람을 변화시키는 제도(human-change institutions)로 인식하여 그 공익성을 강조하고 있다(1989). 본 연구에서는 이런 의미에서 '비영리부문' 또는 '비영리조직', '자발적 조직' 등의 용어를 차별 없이 사용한다.

아보는 것이 일차적 관심이다. 그리고 이런 역사적 분석결과의 틀 안에서 우리나라의 상황을 이해해 보고자 한다.

1. 비영리부문에 관한 사회과학연구의 흐름

정부의 사회적 역할이 미흡하였던 시대에는 비영리조직의 활동이 여러 분야에서 활발하였다. 이차 대전 이후에는 미국, 서유럽 및 소수의 개발도상국들에서 비영리조직이 의료, 교육, 사회복지, 문화적 서비스 등의 영역에서 점증적으로 중요한 역할을 담당하였다. 하지만 그 역할의 중요성에도 불구하고, 정부의 역할이 강화되면서 비영리조직은 열등한 동반자 또는 정부의 손길이 미치지 못하는 틈새를 메우는 역할을 수행하는 것으로 인식되었다. 그러나 1960년대 중반 이후에는 여러 가지 요인에 의해 비영리부문의 활동이 급속도로 늘어났다. 미국의 경우 크게 늘어난 연방정부 프로그램이 상당부문 비영리조직들에 의해 수행되는, 소위 제삼자 정부(third-party government)의 추세가 나타났고(Salamon, 1987), 대부분의 서유럽국가에서도 정부 프로그램이 비영리조직에 의해 수행되는 계약국가(contract states)적 경향이 심화되었다(Kramer et al., 1993). 아울러 격화되는 학생시위와 사회운동으로 다양한 시민운동조직들도 출현하였다. 이런 과정에서 정부부패와 독점적 서비스 공급에서 연유되는 비능률성에 대한 관심이 높아지면서 비영리조직에 대한 기대가 높아지고 이들의 활동 역시 확대되었다. 뿐만 아니라 동구 공산권이 붕괴되면서 새로운 시민사회가 형성될 필요가 있었으므로 자발적 비영리부문이 주된 관심의 대상으로 부각되기 시작하였다.

비영리부문에 대한 이론적 연구는 1970년대 미국에서 비롯되었다.

연구에 일대 전기를 마련한 것은 재무성이 주관한 Filer위원회의 1975년 보고서(the Filer Report of the Commission on Private Philanthropy and Public Needs)이다. 이를 기점으로 지난 30년간 이러한 조직들에 대한 이론적, 실증적 연구들이 폭발적으로 증가하였다. 이 초기 연구에서부터 자발적, 자선적, 박애적 조직들을 총칭하는 비영리부문 또는 제3부문이라는 용어가 쓰이기 시작하였다(Hall, 1992). 이후 유럽—주로 영국, 독일, 프랑스—에서도 뒤늦게 학술적 관심을 가지고 다양한 연구가 진행 중이며, 이를 기반으로 국가 간의 비교연구도 활발히 이루어지면서 미국적 설명의 한계가 드러나게 되었다. 국가 간, 학제 간 연구를 통해서 비교적 짧은 시간에 비영리부문에 대한 연구는 놀랍게 진전되었고, 이론적 설명의 적실성을 판단하는 데도 상당한 진전이 있었다.

그러나 체계적인 실증적 연구보다는 미국의 사례를 중심으로 하는 이론적 연구가 주류를 이루면서, 이들 연구가 추상적 경험주의(abstracted empiricism; Mills, 1959: 60-86)에 머물고 있다는 비판도 만만치 않았다(Perri, 6; 1994). 이런 비판을 극복할 만한 비영리부문에 관한 가장 체계적인 비교연구는 1990년부터 시작된 Johns Hopkins Comparative Nonprofit Sector Project(이하 Johns Hopkins 비교연구)이다. 각국의 전문가들이 참여한 이 연구는 기존의 사례연구와 비교연구를 집대성하는 방대하고 체계적인 비교연구이다.[2)] 이 연구에서 광범위한 대상에 대한 경험적 자료를 바탕으로 체계적인 분석을 통해 비영리부문의 규모, 구조, 재정 등을 비교 분석함으로써 이들 간의 차이를 설명할 수 있는 다양한 변수를 규명하고 있다. 이를 배

2) 연구대상국가들은 총 45개 국가이며 현재 36개 국가에 대한 자료수집과 분석이 끝나 2004년도의 보고서에 포함되어 있다(Salamon & Sokolowski, 2004). Johns Hopkins Comparative Nonprofit Sector Project에 의한 출판물에 대해서는 http://www.jhu.edu/~cnp/pubs/index.html을 참조.

경으로 시작된 연구는 차츰 다른 분야의 연구들과 연계되었고, 미국적 사고만으로는 이 부문에 대한 연구가 미흡하다는 것을 알게 되었다. 이런 업적에도 불구하고 비교분석의 틀이 갖는 문제점으로 인해 상당한 한계점을 안고 있는 것도 부정할 수 없다. 무엇보다도 시민사회에 관한 방대한 연구들과 거의 연계 없이 진행된 것은 참으로 애석한 일이었다.

사회과학 연구에서 이런 조직유형을 연구대상으로 하는 분야는 아주 많다. 가장 오랜 연구전통을 갖는 분야는 역시 시민사회에 관한 연구라고 볼 수 있다. Tocqueville 이래 다양한 자발적 조직이 시민사회의 가장 중요한 구성요소로 간주되고 있다. 이후 Habermas에 이르는 이론적 발달과정에서 신뢰, 관용과 같은 공동체적 규범 및 공적 의사소통의 네트워크도 중요시되나 여전히 이런 자발적 조직에 대한 이해가 시민사회론의 중심을 이룬다(Burbidge, 1998). 이러한 조직은 대중사회론, 사회적 자본론에서도 중요한 독립변수로 간주되고 있다. 다만 이러한 유형의 조직을 직접적인 분석대상으로 하는 연구가 비교적 최근의 현상이다. 이런 관심은 그동안 정부주도식 문제해결이 한계에 이르렀다는 인식이 확산된 데서 찾을 수 있다. 즉 사회경제적 문제를 해결하는 데 지나치게 정부에 의존하는 것은 효율성이나 효과성에 있어서 회의적이라는 논의가 활발해지면서, 대안적 방법이나 주체를 찾는 데 노력을 기울여 왔다. 이에 그동안 사회적 문제를 경감하는 데 큰 공헌을 해 왔지만 학문적 연구나 공적 논의에서 간과되어 왔던 자발적 또는 비영리조직들에 대한 직접적 관심도 점점 높아졌다.

이러한 유형의 조직에 대한 최근의 학문적 관심은 대략 두 가지 방향으로 정리된다. 첫째, 이러한 유형의 조직을 종속변수로 놓고 이들이 성장하는 근본요인을 규명하고자 하는 연구가 있다. 이는 비교적 최근의 연구로서 1970년대 미국에서 시작되었다. 실증적 연구가 본격화되기 이전부터 연구의 관심은 주로 어떤 이유에서 이 부문이 확대되거나 축소되었는지 또는 왜 국가 간 비영리부문의 발달과 확대의 정도가 다른가에 쏠려 있었다. 초기 이론적 관심은 주로 합리적 선택의 설명에 머물러 있었는데, 시장 또는 정부에 의한 문제해결이 미흡한 경우 이러한 유형의 조직을 결성하게 된다는 식이었다. 그러나 차츰 경험적 비교 관찰이 누적되면서 합리적 선택에 근거한 설명들보다는 역사적 설명이 더 타당한 것으로 간주되기 시작하였다(Salamon & Anheier, 1998).

이런 학문적 관심의 논리적 연장선상에서 자연스럽게 이들 조직의 사회적 효과에 대한 연구가 진행될 수도 있을 것이다. 그러나 실제 연구에 있어서는 이와는 별개의 연구경향으로서 자발적 조직들의 사회, 정치적 기능에 대한 연구가 있다. 사회적 자본론으로 불리는 연구들이다. 사회적 자본론은 Coleman(1988, 1990)에 의해 가장 분명하게 설명되었다. 인적·물적 자본과 비교할 때 사회적 자본은 공공재적 성격을 갖는 것으로 사회적 관계 및 환경에 대한 신뢰와 규범이 그 구성요소이다. 신뢰와 규범의 공유를 통해 협력적 사회행위가 가능해지고, 이를 기반으로 효율적 정부와 사회적 제도가 발달하며, 전통적인 자발적 조직이 이러한 사회화를 가능하게 한다고 보았다. 대표적인 실증적 연구는 Putnam(1993)에 의한 이탈리아연구이다. 이탈리아의 역사적 경험을 비교해 보면 지역에 따라 민주적 제도의 효과가 다른데, 보다 바람직한 민주주의가 시행되는 곳은 수세기 이전부터 자발적 조직을 바탕으로 도시정부를 운영한 경험이 많은 곳이다. 즉 시민조직이 활발하게 구성되고 활동했던 곳에서 보다 원활한 민주정치가 가능했던 점에 비추어, 시민사회가 효과적인 민주정치의 필수요건이 된다고 한다. 여기서 언급하는 자발적 조직의 형태는 주로 전통적, 면대면의 이차적 집단만을 일컫는다.[3] 따라서 사회적 자본론에서 자발적 조직은 제일 중요한 하나의 독립변수로 간주된다. 하지만 시민사회론이 그러하듯 사회적 자본론도 어떤 조직유형을 대상으로 할 것인가에 대한 합의가 없다. 이 점은 확대요인의 연구에서도 마찬가지이다.

본 연구는 이러한 연구경향을 종합하여 이해하려는 시도의 일환이다. 즉 비영리부문을 종속변수로 보고 이 부문의 성장에 가장 중요한 역할을 한 역사적 요인이 무엇인지를 밝히고자 한다. 아울러 이들 조직의 사회적 효과가 무엇인지를 알아보려고 한다. 전체적인 연구에서 비영리조직은 매개변수인 셈이다. 궁극적으로 성장요인이 이들 조직의 사회적 효과에 어떤 영향을 미치는지도 중요한 연구관심이 된다. 서구의 역사적 경험을 분석하여 이해된 비영리조직의 성장요인과 효과를 기반으로, 우리나라 비영리조직의 특성과 사회적 효과도 이해하려는 시도이다.

2. 연구의 목적과 구성

이상의 논의를 감안할 때, 요구되는 새로운 연구는 연구대상인 자발적 또는 비영리조직을 명확히 정의하고, 이들의 확대요인과 효과를 일관성 있게 분석하는 노력이 필요하다는 것을 알 수 있다. 본 연구는 이러한 인식에서 출발하여 역사적 확대요인과 그 효과를 설명하고자 한다. 특히 역사적 요인을 그 효과와 연계시키려는 시도는 Weber적 이해에 기초하고 있다.

서구의 역사적 경험에 비추어 보면 자발적 조직이 증가하는 데 두 번의 역사적 전환점이 있었다. 맨 처음 자발적 조직들이 급증하는

3) Putnam은 이후의 연구(2000)에서 비공식적인 조직도 포함시켰다.

시기는 19세기 후반이었다. 그리고 20세기 들어서 다시 1960년대 이후에 세계 각국에서 자발적 조직들이 폭발적으로 증가(Salamon, 1995)하였다. 그렇지만 19세기의 서구적인 역사적 확대요인이 다시 20세기의 상황에서 재연되었다고 보는 것은 무리가 있다. Weber의 표현을 빌리면, 자발적 조직을 확대시키는 과거의 요인들이 없이도 오늘날에는 자발적 조직들이 확대될 수 있을 뿐 아니라, 이러한 조직 형태들은 지역이나 국가의 구분 없이 일반화되어 인류의 미래와 함께하는 조직유형이 되었는지도(iron cage) 모른다(1992: 181-182).[4] 하지만 유사한 조직유형에도 불구하고 그 기능과 효과는 역사적으로도 상당한 차이를 보인다. 오늘날에도 선진국과 민주적 이행기에 있는 국가의 조직들이 외형적 유사성에도 불구하고 동질적이라고 말하기는 어렵다.[5]

이러한 질적 차이는 자발적 조직과 정치의 관계에 관한 Weber의 언급에서 그 일단을 엿볼 수 있다(1994: chap. 1). 그는 인격적 성장, 자발적 조직구성원으로서의 역할 및 공적인 생활 간에 긴밀한 관계가 있다고 보았다. 조직생활의 중요성은 다양한 교파와 협회, 클럽이 존재하는 미국에서 가장 분명하게 나타난다. Weber는 20세기 독일의 제도화된 교회에서는 찾아볼 수 없는 미국의 종교적 교파를 가장 순수한 형태의 자발적 조직이라고 보았다. 종교적 교파, 남학생 사교클럽 또는 스포츠클럽에 가입하여 얻게 되는 긍정적 효과를 강

4) "Since asceticism undertook to remodel the world and to work out its ideal in the world, material goods have gained an increasing and finally an inexorable power over the lives of men as at no previous period in history. Today the spirit of religious asceticism—whether finally, who knows?—has escaped from the cage. But victorious capitalism, since it rests on mechanical foundations, needs its support no longer." Weber의 자본주의에 대한 이상의 언급을 세계적으로 확대일로에 있는 비영리부문에 적용한 말이다.

5) 동아시아 자본주의의 특성이 서구자본주의의 특성과는 질적으로 구분된다는 주장과 여기서 언급된 비영리조직의 질적 차이는 일맥상통한다고 볼 수 있다.

조하였는데, 이런 조직에 참여함으로써 개성을 강화하고 스스로 사고하게 하며 국민의 대다수가 자발적인 사회를 만들어 간다는 것이다. 이러한 사회를 기반으로 미국과 영국은 책임 있는 시민의 전통과 일관된 엘리트의 지도력에 대한 대중적 지지를 발달시켰다고 보았다.

Weber는 독일에도 다양한 많은 자발적 조직이 존재한다는 사실을 알고 있었다. 현대인이 엄청나게 빠른 속도로 조직적 인간이 되었고 독일도 이 점에서는 아주 높은 수준에 다다랐다는 점을 강조하였다. 그러나 독일의 자발적 조직들이 영미의 경우처럼 정치적으로 성숙한지에 대해서는 상당히 회의적이었다. 조직의 양적 성장이 질적인 발전과 병행하지는 않는다고 지적하였다. 독일에서 자발적 조직에 가장 활동적으로 참여하는 상류층과 중류층을 비판하면서, 그들을 자율적 시민으로 보기 힘들다고 생각하였다. 가장 기초적 조직들이 부르주아의 활동적이며 창조적인 정치참여를 증진시키지 못한다고(Weber, 1994: chap. 4) 주장하였다. 그러나 Weber는 중요한 답변에는 신중한 태도를 보이고 있나. 만약 영미에서는 교파, 클럽, 조합 등이 책임 있는 시민을 양성하였다면 독일에서는 어떤 행태나 정도의 비교가 가능한지에 대한 언급은 없다. 또 자발적 조직과 정치적 제도가 어떻게 상호작용을 하는가에 대한 답변을 미룬 채, "내가 암시한 양자 간의 관련성이 존재할 수 있다는 것을 주장할 뿐이다"라고 하였다.[6]

본 연구는 이러한 질문에 대한 이해를 위한 노력이다. 서구국가에서의 비영리조직의 확대요인을 규명하여 내재된 정신과 특성을 이해함으로써 후발국가의 조직과는 어떻게 다른지 이해하고자 한다. 이를 위해서 조직유형에 관한 체계적 이해를 바탕으로 1970년대 이

6) Weber, *Geschaftsbericht und Diskussionsreden*, pp. 443, 445-447; Koshar(1986)에서 재인용.

후의 확대요인에 관한 연구들을 정리한다. 그리고 선택된 서구국가들의 역사적 경험을 바탕으로 확대요인을 알아보고, 여기서 도출된 역사적 요인들을 다시 조직의 사회적 효과와 연결시키고자 한다. 즉 분석대상을 보다 명료하게 이해하고 이를 기반으로 비영리부문에 관한 연구와 사회적 자본론을 연계하여 분석한다. 이를 통해서 독립적으로 진행되면서 야기되었던 여러 가지 의문점들에 대한 이해를 높이고자 한다. 우선 여러 학문분과에서 서로 다른 관심으로 진행되고 있지만 공통된 배경을 갖는 연구들을 종합하는 노력이 필요하다.

따라서 자발적 조직들을 매개변수로 간주하여 그 확대요인과 사회적 효과를 이해하려는 이 연구에서 가장 기본적인 가정은, 자발적 조직의 외형적 유사성에도 불구하고 역사적 배경에 따라 질적으로 상이한 조직들이 출현한다는 점이다. 따라서 역사적 경험을 달리하는 서구국가와 비서구국가군을 함께 분석하는 것은 자칫 "독특한 성립조건의 오류"(the fallacy of unique founding conditions; Stepan, 2001: 227)를 범하는 것이다. 그러므로 이 연구에서는 서구국가들의 역사적 배경을 중심으로 자발적 조직들을 분석하고, 이 분석결과를 기반으로 한국의 사례를 이해하고자 한다.

이런 연구목적을 위해서 이 책은 다음과 같이 구성되어 있다. 먼저 비영리부문에 대한 기존연구를 알아보기 위해 연구의 시발이 되었던 미국의 비영리부문에 관한 연구를 고찰하고 이에 비추어 미국의 역사적 경험을 살펴본다. 이는 비영리조직 자체에 대한 연구관심이 어떻게 시작되었으며 어떤 관점에서 설명되었는지를 이해하는 노력이다. 아울러 미국의 역사적 경험을 단일사례연구의 입장에서 살펴보고 미국적 노력의 특수성과 한계를 이해하고자 한다. 이를 기반으로 비교적 시각에서 연구를 진행할 수 있는 새로운 개념정의와 분류, 측정방법 등을 설명하고 유럽국가들을 비교적 틀에서 개관함으로써 바람직한 접근방법이 무엇인지를 설명한다. 이러한 개념적 틀을 가지고 유럽국가들을 중심으로 비교사례연구를 통해 확대요인을 알아본다. 이 경우 제한적인 비교대상 때문에 분석결과의 신뢰성이 문제가 된다. 그래서 사례의 수를 늘려서 비교분석을 해 보고 소수사례의 비교와 다수사례들의 비교 간에 어떤 설명의 괴리가 있는지를 알아본다. 즉 사례의 수를 늘림으로써 앞에서 설명된 요인의 타당성을 검증한다. 나아가 자발적 조직들의 사회적 효과는 무엇인지를 역시 서구의 경험과 비교함으로써 그 차이를 이해하고자 한다. 이는 주로 사회적 자본론의 이론적 쟁점을 기반으로 하는 것이다.

경험적 논의의 대부분은 비교역사적 관점에서 이루어진다. 사회과학에서 역사적 증거나 진술이 이론적 발전에 얼마나 중요한 역할을 하는지에 대해서는 대부분의 학자들이 동의하고 있다. 그러나 일차자료와 이차자료의 상대적 중요성과 활용에 대해서는 상반된 태도를 보이고 있다. Charles Tilly는 역사학자들의 연구결과를 사회과학에 무비판적으로 받아들이는 것을 경계하고 있다. 사회과학자는 자신의 문제설정에 비추어 역사사료를 직접 평가함으로써 이차자료에 숨어 있는 개인적 해석의 오류를 극복해야 한다고 주장한다. 이에 비해 Lipset은 일차자료의 해석은 역사학자에게 맡겨야 한다고 주장한다. 특히 비교연구를 시도하는 사람이 일차자료를 직접 검토하기에는 시간이 없고 현상이 복잡하다는 Marshall의 주장을[7] 인용하면서, 이차자료에 의존하면서 유용한 이론화의 작업에 보다 많은 노

7) [S]ociologists must inevitably rely extensively on secondary authorities, without going back to the original sources. They do this partly because life is too short to do anything else when using the comparative method, and they need data assembled from a wide historical field, and partly because original sources are very tricky things to use··· It is the business of the historian to sift this miscellaneous collection of dubious authorities and to give to others the results of their careful professional assessment. And surely they will not rebuke the sociologist for putting faith in what historians write(Marshall, 1964: 38).

력을 기울일 수 있다는 점을 강조하고 있다(Lipset, 1982). 이 책은 후자의 입장에서 쓴 것이다. 무엇보다도 필자는 역사적 일차자료를 직접적으로 해석하고 분류할 능력을 갖고 있지 않다. 다만 이차자료를 이용할 경우 자신의 관점에 맞는 것만 선별적으로 사용할 위험성을 인지하고 지양하는 나름대로의 노력을 기울였다.[8)]

이상 서구의 경험을 기초로 한 설명들이 민주적 이행기 또는 후발국가에서는 어떻게 원용될 수 있는지 고민함으로써 우리나라의 연구에 합당한 접근방법을 모색해 볼 수 있다. 여기서는 비교연구의 결과 밝혀진 인과적 요인을 중심으로 한국의 상황을 살펴보고, 한국의 자발적 조직이 서구의 조직과 비교하여 어떤 차이점이 있는지를 알아보고자 한다. 무엇보다도 이런 연구과정에서 서구적 연구의 개념과 설명을 그대로 도입할 때 생기는 문제점을 보다 명료하게 이해할 수 있을 것이다.

---

8) 이 책에서 역사적 진술의 부분은 상당히 압축적이다. 보다 명료한 인과적 과정추적이 되지 못한 가장 큰 이유는 이런 유형의 조직들의 발전과정에 관한 본격적인 역사적 연구가 거의 없기 때문이다. 미국이나 영국의 경우도 그렇지만, 특히 다른 유럽국가의 비영리조직에 관한 역사적 연구는 상당히 드문 편이다. 해독 가능한 영어로 쓰인 연구로 국한할 경우 그 대상은 더욱 제한적이다.

제 2 장

비영리부문에 관한 기존 연구와 역사적 경험

제2장 비영리부문에 관한 기존 연구와 역사적 경험

19세기의 미국사회를 관찰한 Tocqueville(Alexis de Tocqueville, 1835년 1쇄, 1945년판 참고)은 시민들의 집합적 노력으로 공동체적 욕구를 충족시키는 것을 보고 깊은 감명을 받았다. 당시 유럽국가는 귀족이나 지방단체들이 사회적, 지역적인 문제를 해결하는 전통적인 분권적 행태를 벗어나서 중앙집권적 정부권력이 그 역할을 담당하고 있었다. 이런 유럽사회와 비교하여 미국사회는 지적, 도덕적 결사체들이 이차적 권력의 원천으로서 중요한 역할을 하고 있었다. 그는 이 점이 다른 국가와 미국을 구별하는 가장 큰 특징임을 갈파하였다. Tocqueville의 관점처럼 자발적 조직은 미국사회현상의 가장 중요한 특징 중의 하나였으나, 미국 내 사회과학의 연구대상으로 중심적인 위치를 차지한 것은 최근 30여 년에 불과하다.

미국사회에서 자발적 조직이 갖는 중요성은 그 정치적, 문화적 배경과 깊이 연관되어 있다. 미국은 독립국가로 출범할 당시부터 강력한 중앙정부와 이에 따른 높은 세금의 부과를 혐오하였고, 이런 연유에서 유럽국가들보다 아주 좁은 영역에서만 공공재를 규정함으로써 연방정부의 역할확대를 어렵게 하였다. 나아가 특정 종교나 교회에 정치적 특권을 부여하는 것을 금함(the First Amendment)으로써 유럽에서처럼 정부와 교회가 교육, 사회서비스, 빈곤구제 등에서 중추적 역할을 하는 가능성도 없었으므로 사적, 자발적 조직의 영역이 확대될 수 있었다. 이러한 정치적, 헌법적 기반 위에서 19세기 중에는 Dartmouth College v. Woodword의 판례(1819)를 통해 대법원이 법인설립과 이사회의 자율성을 존중하는 결정을 함으로써 사적 조직의 확산을 도왔고, 1830년대 이후에는 각 주정부들이 일반법인에 관련된 법률을 광범위하게 채택하였다(Hall, 1987).

자유주의적인 분권적 정치구조와 더불어 종교적, 인종적 다양성은 절대적인 가치에 대한 합의를 불가능하게 하였다. 그런데 사회적 갈등을 심화시키지 않으면서 문화적 다양성을 유지하는 데 사적인 자발적 조직들이 중요한 역할을 하였던 것이다. 무수한 종교적 분파와 인종집단은 정치적 견해나 가치를 표현하고 함양하기 위해 많은 자발적 조직을 양산하였고 이러한 조직을 통해서 특유의 가치를 보존하였을 뿐 아니라 서로 다른 가치와 이해관계를 조정하였다. 미국의 다원적 민주주의의 근본이 바로 자발적 조직들에 있다고 간주된다(Hammock & Young, 1993: 9-15).

1930년대 이후 경제적 문제가 심화되면서 정부역할이 대대적으로 확대되었고, 연방정부의 적극적 개입과 더불어 자발적 조직 역시 빠른 속도로 확대되었으나 이들 조직에 대한 관심은 정부역할에 대한 관심의 뒷전으로 물러나 있었다. 그러나 1970년대 이후 New Deal과 Great Society에 대한 부정적 평가와 반성이 대두되면서 공동체적 문제해결방식에 대한 관심이 다시 높아지기 시작하였다. 이러한 관심에 힘입어 지난 30여 년간 자발적 조직에 대한 이론적, 실증적 연구가 폭발적으로 증가하였다. 이들 연구의 초기에서부터 비로소 자발적, 박애적(philanthropic), 자선적 조직을 총칭하는 비영리부문 또는 제3부문이라는 용어가 쓰이기 시작한 것이다(Hall, 1992).[1] 이

1) 비영리부문의 연구에서 박애(philanthropy)와 자선(charity)은 구별되어 쓰이는데 박애는 사회문제의 해결을 위한 발전적 미래지향적 투자를 지칭하고, 자선은 특정한 고통을 덜기 위한 기부행위를 말한다(Gies et al., 1990). 아울러 비영

러한 학술적 관심 외에도 정부의 관심 역시 매우 높아서 의회에서는 수차례의 청문회가 열렸고 재무성은 비영리부문에 대한 저술을 여러 권 간행하였다.

이 과정에서 미국은 비영리부문의 연구에서 선도적 역할을 하였고 가장 많은 연구결과를 내놓았다. 따라서 기존연구에 대한 고찰은 거의 미국의 연구에 관한 것일 수밖에 없다. 이 장에서는 비영리부문이 미국사회에서 차지하는 비중을 이해하고 역사적 고찰을 통해 그 역할과 성격의 변화를 살펴보며, 미국에서 제시된 이론적 설명을 이에 비추어 봄으로써 이들의 적실성을 이해하고자 한다. 이 부문이 정치적, 경제적 변화와 밀접한 관련이 있음을 고려할 때, 정부·영리·비영리 등 세 부문의 유기적 관계하에서 비영리부문을 파악할 필요가 있다. 이런 맥락에서 비영리부문의 확대와 축소에 영향을 미치는 요인을 알 수 있고 이러한 변화에 따른 사회적 효과도 아울러 이해할 수 있을 것이다. 즉, 미국의 역사적 경험에 비추어 비영리부문의 존재와 발전요인, 그러한 과정에서의 성격변화와 사회적 영향을 포괄적으로 이해하려 한다. 그리하여 미국에서 제시된 이론의 문제점을 이해하고자 한다. 아울러 단일사례에 대한 설명과 경험적 연구가 갖는 한계를 이해하여 비교사례연구의 필요성을 밝히고자 한다.

1. 비영리부문의 개념과 영역

미국 내에서의 논의와 관심의 대상은 거의 정부와 기업 또는 공

리조직의 국제적인 분류(International Classification of Nonprofit Organizations)에 따르면 문화와 오락, 교육과 연구, 의료, 환경, 주택, 종교, 복지서비스 제공기관 등을 포함한다(Smith et al., 1995).

부문과 사부문이라는 두 가지 부문이 주류를 이루고 있다. 그러나 세 번째 조직구분으로서 '보이지 않는 부문'인 사적, 자발적 비영리 조직의 집단이 시민사회의 주요한 기능을 담당하고 있다. 이들은 교회, 학교, 사립대학, 연구기관, 병원, 재단, 복지기관, 예술문화조직, 지역공동체개발기구, 공제조합 등을 포함한다. 이러한 조직에 대해 일관된 정의와 영역구분이 어려운 만큼 소극적인 방법으로 이 부문을 정의하는 것이 일반적이다. 즉 비영리부문은 정부의 일부분도 아니고 수익사업을 위한 것도 아닌 조직들을 일컫는다. 이러한 개념 규정은 주로 조직의 사명이나 목적이 타 부문과는 다르다는 점을 강조한다. 기업이 이익을 위해 존재하고 정부가 법과 질서 및 일반적 복리를 증진하고자 하는 데 반해, 비영리부문은 특정 서비스의 제공이나 특수한 주의, 주장을 내세우기 위해 존재한다. 그런데 이러한 서비스나 주장의 직접적 수혜자가 특정 계층을 주대상으로 하는 경우에도 사회적 복리와 연관된 경우가 많으므로 이들 조직을 박애적, 자선적 공익조직이라고 부른다. 이 때문에 조직특성에 의한 개념규정은 변별력이 낮다고 볼 수 있다.

이 부문에 대한 연구의 진전과 더불어 좀 더 적극적이며 특징적으로 부문을 규정하기 시작하였다. 비영리부문은 공식적이며, 정부와는 독립적으로 자치적이고, 이윤을 그 구성원에게 배분하지 않는 자발적 조직들로 규정된다(Salamon & Anheier, 1993). 이 중 이윤배분억제의 측면이 가장 특징적이며 정확한 정의로 받아들여진다(Hansmann, 1980).

보다 현실적인 개념규정은 미국세법(Internal Revenue Code) 501(c)(3)와 501(c)(4)에 의해 조세감면을 받는 조직을 지칭한다. 양자의 공통된 특성은 이러한 조직은 이윤을 조직구성원에 배분할 수 없으며(nondistribution constraint) 조세감면을 받는다는 점이다. 501(c)(3)는 "종교적, 자선적, 과학적, 공공안전의 검사에 관련되었거나, 문예적, 교육적 목적을 갖는" 조직이거나, "국내외의 아마추어 스포츠 경기의 증진 또는 어린이나 동물의 학대를 방지하기 위한" 조직을[2] 대상으로 여기서 발생하는 이익을 구성원에게 배분하지 않고, 입법에 영향을 미치려 하지 않으며, 공직선거에서 특정 후보의 선거운동에 개입하지 않는 조직을 대상으로 한다. 501(c)(4)는 주로 시민연대와 사회복지조직이며, 주로 조직구성원의 이익을 위한 조직을 대상으로 한다. 두 가지 조직들의 또 다른 차이는 501(c)(3)의 적용을 받는 조직에 대한 기부는 세금공제를 받을 수 있으나 공제적(mutual benefit) 성격의 조직에 대한 기부는 이런 혜택이 없다는 점이다. 이런 연유에서 박애적 비영리조직과 공제적 비영리조직을 구분하기도 한다.

이러한 조직들로 구성된 비영리부문은 독립된 국가로서의 미국 성립 이전부터 시민생활에 중요한 역할을 해 왔으나 조직의 수효는 1960년대 중반부터 폭발적으로 증가[3]하기 시작하였다(〈표 2-1〉 참

〈표 2-1〉 비영리조직들의 특정연도별 증가추세 (단위: 천)

1940	1946	1950	1967	1977	1980	1990	1998
12.5	27.5	32(18)	309	406(333)	449(336)	632(351)	874(354)

주: 종교조직을 제외한 비영리조직들의 숫자이며 괄호 안의 숫자는 종교조직의 숫자임. 비영리부문에 관한 첫 공식자료는 1967년 자료이다. 여기에 포함되지 않은 조직들은 전문직업조직, 노동조합 등 특정한 집단만을 위한 조직들이며 1977년 이후의 통계숫자에 비추어 볼 때 조직의 수(약 378,000개에서 399,000개)는 지극히 안정적이다.

자료: 1940년, 1946년, 1950년은 1952년 미 하원의 Cox Committee에서 증언한 국세청측의 추정자료. 1967년은 Weisbrod(1988). 1977년 이후는 Hodgkinson & Associates(1992), p. 23. 1998년 자료는 Weitzman et al. eds.(2002), pp. 4-5.

---

2) 부문 전체의 구성숫자로 보아 비교적 미미한 이러한 조직들을 규정에 내포하고 있는 반면에 비영리부문의 고용과 재정의 반 이상을 차지하는 의료부문에 대한 언급이 없는 것이 문제점으로 지적된다.

3) 종교조직을 제외한 비영리조직들 중 60%는 1971년과 1992년 사이에 설립되었으나 대부분의 종교조직들은 1970년 이전에 설립되었고 약 20%만이 1970년 이후에 설립된 것이다(Hodgkinson & Associates, 1993).

조).[4] 이들이 시민생활에서 차지하는 비중이 얼마나 큰지 알 수 있는 보다 나은 자료는 이 부문에서 고용되어 있거나 보수 없이 자발적으로 일하는 사람들의 수를 알아보는 것이다. 1998년에 1억 8천만 명이 이 부문에서 일하고 이 중 35%는 보수 없이 노동력을 제공하였다. 〈표 2-2〉에서 알 수 있듯이 이는 정부부문 고용인구의 64%이며 영리부문의 16%에 이른다. 더욱이 1982년과 1984년 사이의 전체고용비중에서의 감소를 제외하고는[5] 타 부문에 비해 꾸준하게 고용비중이 높아지고 있음을 알 수 있다.

비영리부문의 규모를 알 수 있는 또 하나의 방법은 국민소득 중에서 차지하는 비중을 평가하는 것이다. 1990년에 전체국민소득(4.6조 달러) 중 비영리부문의 비중은 6.8%이며 이 역시 증가추세를 보이고 있다(〈표 2-3〉 참조). 1977년에서 1982년 사이에 비영리부문의 증가는 85%로 각각 58%, 55% 증가한 정부와 영리부문에 비해 상대적으로 급속한 팽창률을 보이고 있다. 1982년과 1984년

〈표 2-2〉 전체 고용 중 세 부문의 상대적 비중 (단위: %)

연도 / 부문별	1977	1982	1984	1987	1990	1998
비영리	9.3(5.8)	10.6(6.2)	10.3(6.0)	10.7(6.1)	11.4(6.7)	11.7(7.6)
영 리	72.2(71.3)	71.3(70.5)	72.1(71.4)	71.3(70.7)	70.9(70.1)	72.2(71.8)
정 부	18.6(17.8)	18.1(17.1)	17.6(16.6)	18.0(16.1)	17.7(16.0)	16.0(14.5)

주: 전시제(full-time) 자발적 노동자를 포함해서 계산된 것이고 괄호 안의 비율은 자발적 노동을 제외시킨 것임.

자료: Hodgkinson & Associates(1992), pp. 29-30. 1998년 자료는 Weitzman et al.(2002), p. 21.

4) 비영리부문 내 조직의 숫자를 파악하는 것은 쉽지 않다. 종교조직은 연방정부에 보고하지 않아도 조세감면을 받으며, 5,000달러 이하의 수입으로 운영되는 조직 역시 조세감면을 위한 보고의무가 없기 때문이다.

5) 이 기간 동안에도 보수를 받는 사람의 숫자는 2% 증가하였고 자발적 노동도 4.7% 증가하였다. 영리부문의 피고용자는 6.5%, 정부부문은 2.2% 증가하였다 (Hodgkinson & Associates, 1992: 18).

〈표 2-3〉 국민소득 중 세 부문의 상대적 비중 (단위: %)

부문별 \ 연도	1977	1982	1990	1998
비영리	5.5	6.4	6.8	6.7
영 리	79.1	78.6	78.2	80.0
정 부	15.4	15.0	15.0	13.3

주: 여기서 국민소득은 자발적 노동시간을 환산하여 포함시킨 것임.
자료: Hodgkinson & Associates(1992), p. 35. 1998년 자료는 Weitzman et al.(2002), p. 14. 자발적 노동의 환산에 대해서는 Hodgkinson & Associates(1992), 제1장, 특히 pp. 38-39 참조.

사이에는 이러한 증가추세가 둔화되었으나 1984년 이후 이러한 추세는 다시 반전되어 1990년까지 비영리부문은 60% 증가한 반면, 정부와 영리부문은 각각 52%, 46% 증가하였다(Hodgkinson & Associates, 1992: 17). 그리고 비영리부문의 상대적 비중은 1990년대에 들어서서 안정된 모습을 보이기 시작하였다.

국민소득이 재화와 서비스생산에 있어서 노동 및 자산 소득을 포함하는 전체요소비용을 측정한 것이므로 비영리부문의 이러한 비중을 감안할 때 자연 이들 재원이 어디서 생기는가에 대한 의문을 갖게 된다. 〈표 2-4〉는 각 하위부문별로 가용재원의 출처를 나타낸다. 개인적 기부금이 대부분일 것이라는 일반적 생각과는 상당히 다르다는 것을 〈표 2-4〉에서 알 수 있다. 1997년의 자료에 의하면 개인 기부금은 20% 정도에 불과하고 정부지원이 31.3%, 서비스에 대한 요금과 사적 부담이 37.5%에 이르고 있다. 무엇보다도 하위부문별로 사적 부담이나 정부지원이 상당히 달라서 비영리부문에서 상당한 비중을 차지하는 의료부문의 경우에는 개인기부금이 거의 없고 주로 공적, 사적 부담금에 의존하고 있다. 따라서 많은 비영리조직들, 특히 서비스제공과 관련된 조직은 정부의 재정지원에 크게 의존하고 있음을 알 수 있다. 이는 전술한 바와 같이 정부의 역할이 확대되면서 비영리부문의 크기도 커졌다는 사실을 뒷받침하는 것이

〈표 2-4〉 비영리부문의 하위부문별 연간 재원출처 (1977년, 1997년)[1)]

(단위: %)

하위부문 \ 출처	개인 기부금	사적 부담 요금	정 부	기금과 투자소득	교 회	기 타	총액(10억 달러)
의 료	*7.8* 4.0	*49.1* 46.9	*32.4* 42.2	*1.2* 2.6	*6.6* 1.6	*2.9* 2.8	*51.3* 326.3
교육/연구	*8.8* 13.4	*52.9* 56.1	*18.2* 19.4	*5.5* 5.9	*6.2* 2.3	*8.4* 2.9	*27.4* 119.0
종교조직[2)]	*125.0* 95.4	— 8.9	—[4)]	*44.0* 3.0	*-40.0* -11.0	*9.6* 3.7	*13.6* 76.3
사회적/법적 서비스	*32.0* 19.6	*9.7* 18.9	*54.4* 52.1	*1.9* 2.5	*1.0* 0.5	*1.0* 6.4	*10.3* 76.9
민간조직/공제조합	*28.6* 35.2	*11.9* 20.7	*50.0* 30.2	*2.4* 6.1	*2.4* 0.6	*4.8* 11.7	*4.2* 17.9
예술/문화	*41.2* 43.5	*29.4* 27.9	*11.8* 9.7	*5.9* 6.5	— 0.6	*11.8* 11.7	*1.7* 15.4
재 단[3)]	*-73.0* -41.2	*96.2* 47.9	—	*76.9* 32.4	— 0.0	— 60.9	*2.6* 33.0
합 계	*26.3* 19.9	*37.5* 37.5	*26.6* 31.3	*4.6* 4.9	*0.0* 0.0	*5.4* 6.5	*111.1* 664.8

주: 1) 이탤릭체의 위 수치는 1977년 자료임. 각 하위부문의 합, 즉 횡렬의 합은 100%. 맨 마지막 열은 현재 화폐가치를 기준으로 한 수입액을 나타냄.

2) 교회는 기부금을 받을 뿐 아니라 이를 다른 비영리조직들에 배분하기도 한다. 음의 부호는 이를 의미하며 교회고유의 성직활동에 쓰이는 재원이 조정된 백분율임. 그러므로 이 행에서 보이는 %의 합은 100이 아님.

3) 재단의 주요활동이 비영리조직들에 대한 기부이며 이 역시 음의 부호로 나타나 있다.

4) 5천만 달러 이하이거나 해당사항이 아닌 경우.

자료: Weitzman et al.(2002), pp. 96-99.

다. 아울러 재정의 측면에서 부문 전체는 20여 년간 거의 6배에 달하는 양적 팽창이 있었다는 사실도 알 수 있다.

재원의 구성비에서 알 수 있는 것은 비영리부문과 정부 또는 영리부문이 완전히 격리되어 있고 근본적으로 적대적이라는 생각(Nisbet, 1962: 98, 109)은 잘못된 것이며 세 부문이 서로 긴밀히 연관되어 기능한다는 것을 알 수 있다. 역사적으로 특별하게 격리되는 방향으로 진전된 종교부문이나, 사회적으로 논쟁의 대상이 되어 온 사적 재단을 제외하고는 정부의 보조와 개입이 거의 모든 분야에서 두드러진다. 역사적으로 산업사회의 사회적 문제나 욕구에 대한 정부의 대응은 항상 직접적인 정부조직의 확충과 개입보다 오히려 사적 조직에 대한 재정적 지원을 통해서 간접적인 개입의 형태를 취하였다.

영리부문과도 밀접한 관계를 맺고 있다. 비영리조직들은 이들로부터 재화의 구매를 통해 고용을 창출할 뿐 아니라 영리부문 역시 비영리부문으로부터 서비스를 사들이고 재단을 통해서나 기업별로 이들에게 많은 재정적 지원을 하고 있다. 뿐만 아니라 기업인은 비영리조직의 위원회의 구성원이 되기도 하고 교육연구기관은 영리조직들에게 연구결과와 훈련된 인력을 제공함으로써 인적 교류도 활발하게 이루어지고 있다.

2. 존재이유와 사회적 효과에 관한 이론적 설명

160여 년 전 Tocqueville이 경이롭게 관찰한 미국사회의 다양한 자발적 조직은 오늘날 훨씬 더 광범위하게 존재하고 있다. 1930년대에서 1980년대에 이르기까지 미국인구가 1.5배 증가한 반면 연방정부의 사회복지비 지출은 20배로 증가한 사실에서 보듯, Tocqueville이 그토록 위험시했던 국가역할의 엄청난 확대에도 불구하고 우려했던 전체주의적 국가가 출현하기보다는 소위 복지국가와 자발적 조직이 공존하고 있다. 여기서 생기는 의문은 '이익추구라는 유인(사기업)이나 조세에 의한 보장된 수입원도 갖고 있지 않은 비영리부문은 왜 존재하며 또 어떻게 지속적으로 확대되어 왔는가'이다. 이러한 존재이유나 확대이유에 대해 1970년대부터 20여 년간의 초기 연구를 통해 다양한 이론적 설명이 제시되었다(Anheier & Seibel, 1990).

미국의 비영리부문에 관한 연구에 일대 전기를 마련한 것은 재무성이 주관한 Filer위원회의 1975년 보고서이다(the Filer Commission Report: 공식적 명칭은 the Report of the Commision on Private Philanthropy and Public Needs). 이 위원회가 설립된 근본적 이유는 부호들이 설립한 사적 재단들이 조세감면을 받으면서도 공적인 책임을 망각한 채 사적 이익을 위해 이익단체 활동에 몰두한다는 사회적 비판이 있었기 때문이다. 이런 비판 때문에 1969년의 세제개혁안은 사적 재단과 공적인 자선조직을 구별하여 사적 재단에 새로운 규제와 세금을 부과하는 것이었다. Filer위원회는 재단뿐만 아니라 조세감면 혜택을 받는, 즉 501(c)(3)의 적용을 받는 모든 자선적 자발적 조직을 조사대상으로 하였고, 이런 조직을 통합된 비영리부문으로 취급하였다(Hall, 1992: chap. 8).

Filer위원회의 활동 이후 비영리부문에 대한 관심은 극도로 고조되어[6] 비영리부문에 관한 연구는 폭발적으로 증가하기 시작하였다. 이러한 배경에는 정부의 정책변화도 크게 작용하였다. 예를 들어 의료부문의 경우, 1950년대까지만 해도 주로 전통적인 자선사업의 수준에서 서비스전달이 이루어졌다. 1960년대 Medicare와 Medicaid가 시행되면서 기부금의 의존에서 벗어나게 되었고 재정적 문제도 해결되었으며 오히려 이윤을 남길 수 있는 사업이 되었다. 여기에 1969년의 세제개혁에 의한 세금혜택은 이 부문에 대한 관심을 더욱 고

6) 많은 대학에서 연구소를 설립하여(Programs on Non-Profit Organizations at Yale, Indiana University Center on Philanthropy 등) 현재는 20여 개를 상회한다. 이 부문에만 연구노력을 쏟는 학회와 학회지도 생겨나기 시작하여 Nonprofit and Voluntary Sector Research, Nonprofit Management and Leadership, Voluntas: The International Journal of Voluntary and Nonprofit Organization 등이 발간되고 있다. 뿐만 아니라 1980년에는 모든 자선적 조세감면 조직들이 이해관계를 대변하고 연구를 지원하며 연관된 통계자료를 수집하는 전국적 조직인 Independent Sector가 결성되었다(Smith, 1993; Hall, 1992).

조시켰다(Hall 1995). 특히 비영리부문의 지도자들은 세금감면조항에 대한 입법부의 비판에 직면하면서 학술적 연구에 의한 방어책을 강구하였고, 이런 요구 때문에 연구가 확대되는 계기가 되었다. 비영리라는 용어가 널리 쓰이게 된 것도 이런 배경을 갖고 있다고 간주되며, 미국의 정의와 이론이 지나치게 미시경제적인 정향을 갖게 된 것도 이런 배경에서 비롯된다.

이 연구들은 대체적으로 두 가지 유형으로 구분해 볼 수 있다. 주로 경제학이나 사회학적 정향을 갖는 연구는 비영리조직을 종속변수로 보아 이들의 존재와 발전요인을 설명하는 데 치중하며, 이러한 정향의 설명은 어떤 분야에서 비영리조직이 발달되기 쉬운가를 밝히는 데 많은 도움이 되었다. 그러나 경제학적 설명은 시장실패의 관점에서 설명함으로써 제도적 구조나 정부정책의 영향을 고려하지 못하였다. 반면 사회학적 연구가 이런 측면을 강조함으로써 경제학적 연구의 결점을 보완한다고 볼 수 있다(DiMaggio & Anheier, 1990). 둘째, 일부 정치학적 정향을 갖는 연구들은 비영리조직들을 독립변수로 보아 국가정책이나 사회에 미치는 영향을 설명한다. 특히 일부 사회학자에 의해 시도된 미시적 사회자본론이 1990년대 이후에는 거시적 관점에서 이들 조직의 사회적 효과를 평가하는 연구로 확대 발전하였다.

1) 합리적 선택이론

가장 먼저 제시된 이론들은 주로 제도적 선택의 틀로 설명하였다. 주요 행위자들을 구분하고 이들 간의 관계에 대한 설명을 시도하였다. 이런 이론에서는 사회의 특정목적을 달성하는 데 어떤 제도적 장치가 가능하며, 이 제도들이 어떻게 형성되는지, 서로 다른 제도들의 비교적 우위는 무엇인지를 설명하려 한다. 이런 이론 중의 하나는 공공재이론 또는 정부실패이론(Weisbrod, 1975; 1977; 1980)이다. 정부는 다수의 필요에 따라 공공재를 제공하려 하고, 그 요구가 동질적인 경우 정부가 세금에 의해 무임승차자를 배제할 수 있으므로 중간층 선거권자(median voter)는 정부에 의한 서비스공급을 선호하게 된다. 그러나 소수 인종이나 교파의 특수한 요구에 대해서는 정부의 서비스를 기대할 수 없다. 비영리조직은 이런 특수한 요구를 충족시키기 위해서 생겨난다. 그러므로 이들 조직은 정부서비스를 보완하는 역할을 한다. 동일한 맥락에서 비교연구를 통해 제시된 이론이 이질성 이론(Heterogeniety theory)이다(James, 1990). 즉 인종적, 언어적 또는 종교적 이질성이 높을수록 비영리조직이 많아진다고 설명한다. 이는 비영리조직이 소수집단에 대해 서비스를 제공하는 보완적 역할을 한다는 정부실패이론의 연장으로 이해될 수 있다. 그러나 이런 이론에 대한 의문은 비영리조직에 의해 제공되는 의료, 탁아 등 많은 서비스들이 공공재라기보다는 사적 재화이고, 정부실패의 영역에 왜 영리조직이 아닌 비영리조직이 생기는지 그 이유를 설명하기 어렵다는 점이다(Hansmann, 1987). 경험적 자료에 비추어 보아도 동질적 사회인 스웨덴과 이질적 사회로 분류되는 네덜란드가 둘 다 아주 높은 수준의 조직결성이나 참여율을 보이는 것은 중요한 반증이 된다.

이상의 비판에 기반을 두고 제시된 이론이 시장실패이론(또는 계약실패, 정보비대칭이론)이며(Hansmann, 1980) 주로 비영리와 영리조직 간의 선택에 관해서 설명한다. 소비자들은 많은 영역에서 제공되는 서비스의 질을 평가할 만큼 정보를 갖고 있지 않으므로 영리추구를 하지 않는 조직을 더 신뢰하게 된다. 바로 조직구성원들에게 이윤배분을 못하게 하는 규제가 비영리조직을 신뢰하게 하는 근간이다. 소비자들은 지불하는 돈이 제공되는 서비스의 목적 외에는 사용되지 않으며 이윤을 극대화하기 위해 질을 낮추지도 않을 것으로 믿는다. 이에 대한 비판도 많은데, 많은 국가들에서 비영리부문의 주 경쟁자는 영리부문이라기보다는 정부부문이기 때문이다. 게다가 이런 관계에 있는 정부로부터 다양한 공적 보조금을 받고 있는 사실은 설명하지 못한다는 약점이 있다(James, 1990). 또 이 이론에서 내세우는 신뢰의 문제는 신뢰라기보다는 위험의 개념이라는 점도 지적된다. Anheier(1995)는 신뢰는 계산하는 것이 아니라 생산자가 정직한가, 믿을 만한가에 대한 가정을 내포하는 것이며, 이 때문에 신뢰를 받는 종교집단들이 비영리조직을 결성한다고 말한다.

정보의 비대칭에서 비롯되는 문제를 소비자의 측면에서 설명한 것이 시장실패이론이라면 이를 공급자의 측면에서 설명하는 시도가 있다. Kranshinsky(1986)는 소비자와 공급자의 관계는 양자 간의 관계 외에 다른 중재자가 필요한 경우가 많다고 한다. 양자가 면대면으로 만나는 상황이 아니고 소수의 기부자와 익명인 다수의 수혜자가 존재하는 상황에서는 거래비용이 지나치게 높게 된다. 이런 경우에 다른 중재자가 필요한데 이 역할을 하는 것이 바로 비영리조직이라는 설명이다.[7] 이런 논리전개는 비영리조직이 왜 출현하는지에 대한 설명이라기보다는 이런 유형의 조직이 어떻게 활동하는지를 설명하는 것으로 보인다. 뿐만 아니라 시장실패이론에 대한 일반적 비판 역시 극복하기 어려운 것으로 보인다.

이상의 실패이론들은 비영리부문을 전적으로 경제적인 이유로 설명하려 한다. 이들 이론의 가장 근본적인 문제는 영리부문이나 정부부문이 서로의 약점을 보완하지 않고 왜 비영리부문이 보완적 역할을 해야 하는지에 대한 설명을 못하고 있다(Salamon, 1995). Salamon의 주장에 의하면 미국의 경험에 비추어 볼 때 비영리부문이 정부

7) 정보의 비대칭에서 유발되는 문제가 소비자와 공급자 모두에게 문제가 되는 상황에서 보다 보편적으로 설명하려는 시도는 Ben-Ner와 van Hoomissen(1991) 참조.

실패나 시장실패의 소산이 아니라 자발적 노력이 실패한 경우에 정부가 개입한 사실을 알 수 있다. 정부의 비영리부문에 대한 지원은 독립 이전부터 있었던 것이지만 당시에는 공공영역과 사영역의 구분이 분명치 않았다. 그럼에도 불구하고 사회적 문제가 확대되기 시작하면 새로운 관료제도를 도입하기보다는 기존의 조직을 이용하였고, 주로 정부보조금의 형태로 비영리조직들을 지원하는 정책적 정향을 갖고 있음을 지적한다. 그는 이러한 이론의 적용범위에서 상조조직은 물론 재단과 종교적 조직을 제외시켰는데 이는 이 부문을 설명하는 이론으로서의 보편성을 제한하는 것이다. 역사적으로 재단은 다른 종류의 비영리조직들의 재정지원에 중요한 역할을 하였고, 미국의 비영리조직뿐만 아니라 모든 자발적 조직의 뿌리가 종교조직인 점을 감안하면 이론으로서의 중요성은 반감될 수밖에 없다.

경제적 설명과 일맥상통하는 것이 정치적 이론이다. 정치학의 관점에서 보면 결사체는 공식적 정치제도 바깥에 위치하는 정치활동의 잠재적 자원이다. 제도외적 위치에서 연유되는 것인지는 몰라도 비영리부문에 관한 연구는 항상 변두리에 머물러 있었고 다른 주요 이론들의 테두리 내에서 설명되었다(Clemens, 2006). 적어도 결정요인에 관한 이론은 주로 민주주의에 관한 합리적 선택이론이 거의 유일하다. Douglas(1987)가 제시한 이론에서 시민은 공공서비스에 대한 확실한 선호를 갖고 있으며, 투표를 통해서 이를 표현한다. 이 상황에서 다수가 선호하는 공공재의 경우에는 국가가 이를 제공하고 세금을 강제함으로써 무임승차자의 문제를 해소할 수 있다. 그러나 소수가 선호하는 서비스의 경우에는 비록 정부가 재정적인 지원을 하더라도 비영리조직에 의해 제공된다. 보다 구체적으로 일정 집단의 요구나 생각을 공유하는 사람들이 소수일 경우에는 이를 충족시키고 널리 알리기 위해 자발적 조직을 결성한다. 하지만 다수의 지지를 받을 경우에는 정부의 강제력을 동원하여 재정을 확보하려

한다는 것이다. 이런 설명은 정치적 활동에 대해 고려한 점이 특기할 만하지만, 주로 공공재의 생산과 제공에 대해서 초점을 맞추고 있으며 다른 경제적 설명에서 크게 벗어나지 못한다.[8)] 따라서 경제적 설명과 정치적 설명 모두가 제삼부문에 관한 설명이라기보다는 사회적 서비스에 대한 설명이며, 서비스가 어떻게 제공되는가에 대한 이론임을 지적할 수 있다. 아울러 이상의 이론적 연구가 특정 사회의 역사적 배경과 문화를 반영하고 있음을 부인할 수 없다.

2) 사회학적 설명

이런 경제적 설명과 동떨어진 관점을 제시하는 것은 사회학적 설명이다. 사회학의 분야에서 이루어진 연구들은 일부 보편적인 이론을 지향하기도 하였으나 주로 조직사회학의 영역에서 연구가 이루어졌다. 비영리조직의 형성요인에 관한 경제학적 설명이 역사적으로 다양한 유형의 조직형태를 설명하는 데 한계가 있음을 지적한다. 이런 이유로 기존의 역사적 연구에서 이론적 설명을 도출하려고 노력하였다. DiMaggio와 Anheier(1990)에 의하면 비영리조직의 발달과정을 세 단계로 구분할 수 있다. 1800년대 후반에 등장한 조직들은 새롭게 등장한 상류계급이 비참한 도시환경을 통제하기 위한 것이었는데, 20세기에 들어서는 이들 조직이 전문화되었고, 다시 1960년대에는 정부가 주된 후원자가 됨으로써 이들 조직이 성장할 수 있었다. 그러므로 비영리조직의 형성과 성장에는 조직운동가, 공공정

8) 유럽의 정치적 이론도 제도적 선택의 틀 안에서 설명되고 있지만 경제적 선택이 아니라 정치적 선택이라고 설명한다(Hood & Schuppert, 1990). 미국보다 유럽에서는 교회와 국가가 더 많은 역할을 하였고 시장이 그리 지배적인 위치에 있지 않았음을 반영하고 있다. 유럽에서 제삼부문은 전통적으로 시민권의 부산물이고, 다른 두 부문의 실패의 결과가 아닌 제도임을 암시한다고 볼 수 있다.

책 및 여론이 결합적으로 작용하고 있으며, 영리, 비영리, 공공부문이 서로 경쟁하고 협력함으로써 가능하였다는 사실을 지적하고 있다.

조직사회학의 연구는 분석단위에 따라 세 가지 정향을 구분 해 볼 수 있다. 개별조직(organization), 특정 영역의 조직들(industry), 거시적 수준에서 제도의 영향력(nation-state)으로 구분해 볼 수 있는데 후자의 두 가지 연구가 주를 이루었다(DiMaggio & Anheier, 1990). 그리고 이에 관한 연구는 주로 개별 조직이 어떻게 환경에 적응하는가에 초점을 맞추는 적응이론(Zald, 1971), 거시적 수준에서 조직의 생존과정을 강조하는 생태이론(Hannan & Freeman, 1989), 조직의 틀과 행태에 영향을 미치는 제도적 틀을 중요시하는 제도적 이론(Powell & DiMaggio, 1991) 등의 세 가지 접근방법에 의해 이루어졌다. 이들 연구의 특징은 비영리조직을 다른 유형의 조직과 특별하게 구분해서 연구하지 않았을 뿐만 아니라 모든 조직이 근본적으로 유사하다는 가정하에서 진행되었다. 그렇기 때문에 경제적 설명에서처럼 비영리조직에 관한 설명이 따로 존재하지 않고, 광범위한 조직이론의 일부에 불과하였다.[9] 즉 대부분의 사회학적 연구들은 비영리조직을 보편적 조직론의 틀에서 이해하였다.

이 밖에 조세감면이나 기여금의 조세공제조항 같은 정부보조가 비영리부문의 확대에 결정적인 역할을 한다고 보는 견해도 있다(Fama & Jensen, 1983). 실제로 비영리조직의 조세감면을 규정한 1894년 관세법 이후 수차례에 걸친 개정을 통해 1954년 현재의 국세법 501(c)(3)와 501(c)(4)의 조항에 이르기까지, 그 후의 세제개혁 등 세법의 변화는 비영리조직에 큰 영향을 끼쳐 왔다(Block, 1987). 뿐만 아니라 정부역할이 확대된 1930년대 이전이나 이후에도 비영리조직

---

9) 많은 조직학자들은 제삼부문이 다른 부문과 다르지 않으므로 세 번째라거나 부문이라는 용어도 적합지 않다는 것을 주장하고 있다. 그렇기 때문에 이들 조직유형에 대한 독특한 정의도 존재하지 않는다.

들은 꾸준히 정부보조를 받았다. 특히 1960년대 이후의 사회보장법 개정을 통해서 정부기관이 아닌 비영리조직들이 사회서비스의 제공을 본격적으로 담당하게 됨으로써 급속히 팽창하였다(Abramson & Salamon, 1986).

이러한 이론적 설명을 종합해 보면 비영리부문은 정부부문이나 경제부문의 변화와 밀접한 관련하에서 변화해 왔음을 알 수 있고, Salamon의 설명에서 보듯 미국사회의 문화적 배경 또한 중요한 요인임을 파악할 수 있다. 문화적 배경의 중요성은 미국의 연구에 이어 시작된 구미의 비교연구(Gidron et al., 1992; Anheier & Seibel, 1990), 특히 1980년대 이후 복지전달체계에서 비영리부문의 역할을 확대시키려는 복지다원주의의 연구(Johnson, 1987)에서도 나타난다. 즉 정부의 권한과 시장기능에 대한 사회의 전통적 견해가 중요하며(James, 1989), 특히 법체계의 형태, 교회와 정부 간의 역사적 관계 및 공공복지의 분권화 정도가 중요요인으로 간주된다.

3) 사회적 효과에 관한 설명

이상의 논의는 비영리부문을 주로 종속변수로 간주하여 그 존재와 확대요인을 정치적, 경제적, 문화적 배경에서 설명하는 것이지만, 이러한 변화과정에서 이 부문의 성격은 어떻게 변화하였는지 그 사회적 역할이나 영향은 무엇인지 역시 중요한 의문으로 남는다. 그럼에도 불구하고 이런 유형의 조직이 사회과학의 연구대상으로 부상한 배경에는 긍정적 평가가 큰 동인이 되었음을 부정할 수 없다. 비영리부문은 다양성과 혁신의 근원이 되는 것으로 묘사되곤 한다. 정부나 사기업이 유망한 분야에만 투자하는 반면에 비영리부문에서는 사회적 개혁을 위한 실험적 투자가 이루어질 수 있다. 그러나 비영리조직들이 이런 긍정적 역할만을 하는 것은 아니다. 이는 조직 자체의 성격이 변하는 데서 연유된 것으로 알려져 있다. 1960년대 이후 복지서비스 전달에 비영리부문이 중요한 역할을 하기 시작하였고 막대한 정부보조가 있었다. 이런 과정에서 비영리조직은 전문화·관료화되었을 뿐 아니라, 1980년대 보수적인 Reagan행정부가 자발적 노력을 강조하고 정부보조를 대폭 삭감하자 시장지향적인 행태를 보이기 시작하였다. 한정된 재원을 둘러싼 경쟁, 효율성의 강조 및 생존을 위해 수익사업에 열중함으로써 비영리부문의 존재의 정당성을 의심하게 된 것이다(Estes & Alford, 1990). 적어도 미시적 수준에서는 긍정적 평가와 부정적 평가가 공존한다고 볼 수 있다.

그러나 거시적 수준에서는 긍정적 평가가 대부분이며 최근에는 국가 수준의 비교연구가 활발하게 이루어지고 있다. 서로 다른 이념과 가치를 갖는 사람들이 결속하고 자신들의 생각을 표현하게 함으로써 친지나 지역공동체의 중요성이 반감된 산업사회에서 개별적 욕구를 충족시키는 중요한 기구가 되는 것이다. 따라서 자발적 조직들은 개인의 사회적 소외를 막고 사회적 통합을 촉진하는 매체가 된다(Smith, 1973; Berger & Neuhaus, 1977). 즉 이러한 조직들이 정부에 영향을 미치는 구심점이 되어 다원주의의 근간을 이룬다. 이런 사변적 주장이 획기적인 전환점을 맞게 된 것은 사회자본론에 관한 연구라고 볼 수 있다. Putnam(1993)의 저술 이후 이들 조직의 정치적, 사회적 효과에 관한 연구는 가히 폭발적이라고 할 수 있다. 조직 내에서 이루어진 교류와 관계에 의해서 조직구성원 간의 신뢰가 증진된다. 그리고 이런 조직 내의 신뢰에 의해 조직의 목표달성을 쉽게 할 뿐 아니라 이 신뢰와 협동적 관계가 사회전반에 걸쳐 일반화된다. 따라서 정치적 발전이나 경제성장이 촉진되는 등 그 긍정적 효과가 사회전반에서 나타난다는 설명으로 확대되었다.

3. 미국의 역사적 경험

이런 학제 간 연구와 관심을 통해서 비교적 짧은 시간에 비영리부문에 대한 연구는 많이 진전되었고, 점증하는 국가 간의 비교연구로 이론적 설명의 적실성을 판단하는 데도 어느 정도 진전이 있었다. 그러나 비영리부문의 역사적 변화과정이나 이에 따른 역할과 성격변화를 설명하는 데는 미흡하다고 평가된다(Anheier & Seibel, 1990). 따라서 비영리부문에 대한 포괄적인 설명은 전술한 두 방향의 이론적 설명을 연계시키면서 부문 자체의 변화와 그 영향을 파악할 수 있어야 할 것이다. 이를 위해서 우선 미국의 역사적 경험에 비추어 제시된 여러 이론적 설명의 적실성을 알아보아야 할 필요가 있다. 초기의 이론적 노력의 문제점을 파악함으로써 보다 나은 접근방법을 모색하고자 한다. 그러나 단일사례로서 미국의 역사적 경험을 일별하기 위해서는 중요한 변화나 변수를 기준으로 하는 시대적 구분을 통해서 통시적(diachronic)으로 이해하는 것이 필요하다(Gerring, 2006).[10]

기존연구의 시대적 구분은 대부분 정부부문에 초점을 맞추고 있다. 즉 사회적 문제의 해결이라는 측면에서 초기의 공동체적·집단적 접근방식에서 1930년대 이후에는 정부에 의한 문제해결방식으로, 1980년대 이후에는 다시 공동체적 접근방법을 강조하는 입장으로 회귀하는 커다란 변화의 흐름을 말한다. 그러나 비영리부문의 변화를 중심으로 볼 때 이와는 다른 시대적 구분이 의미가 있다. 식민지시대에는 자발적 조직은 많지 않았고 주로 지역의 교회조직과 연계되어 있었으나 독립전쟁을 통하여 실제적 협력의 가치를 배웠고, 남북

10) 단일사례연구에서도 하나의 관찰에만 의존하는 경우는 없다. 방법론적 측면에서 시대적 구분은 관찰의 수를 늘리는 것이기도 하다.

전쟁 이후에는 연방정치제도를 본뜬 자발적 조직들이 나타났다. 하지만 독립전쟁 이후 비영리부문은 주로 영리조직과 구분되는 법적 지위를 확보하는 데 많은 시간이 소요되었다. 남북전쟁 이후에는 전국적 조직이 급증하는데, 이전에 확보된 법적 지위를 바탕으로 새로이 확립된 국가적 정체성이 이를 가능하게 하였다(Shlesinger, 1944; Skocpol, 2000).

여기에 덧붙여 위에서 논의된 통계자료를 바탕으로 사회적 서비스의 영역에서 정부의 역할이 확대된 1950년대 이전과 이후를 구분할 수 있다. 1930년대가 정부역할이 확대된 시기이기는 하지만 사회적 서비스의 영역에서 정부역할이 확대된 1950년대를 전후로 구분하는 것이 더 의미가 있다. 따라서 공사의 영역구분이 모호하던 초기에서 비영리부문이 정립되고 확대된 시기, 남북전쟁 이후 본격적인 전국조직의 출현과 성장, 1950년대를 전후로 한 또 다른 성장과 변화 등 세 단계의 변화에 따른 매개변수로서의 비영리부문의 역할과 성격의 변화를 살펴보기로 한다.

1) 비영리부문의 정립: 정부와 영리부문과의 관계[11)]

미대륙에 대한 이주의 역사에서 암시되듯 대표적인 초기 자발적 조직은 교회였다. 그러나 18세기 동안 상업과 시장의 확대와 더불어 전통적인 가부장적 가족구조에 변화가 생기면서 직종 간 엘리트 중심의 호혜적인 자발적 조직들이 생겨나기 시작하였다. 이 시대에는 공사조직 간의 구분이나 영리, 비영리조직 간의 구분이 거의 없

11) 비영리부문에 관한 일관된 역사적 설명은 그리 많지 않다. 여기서 대부분의 논의는 Hall(특히 1987, 1992)과 O'Neill(1989)에 근거한 것이다. Hall의 저술은 주로 시대적 논쟁의 추이에 관한 것이며 O'Neill은 역사적 사실을 각 하위부문별로 서술하고 있다. Hall은 비영리부문의 역사에 관한 가장 많은 연구업적을 쌓았다.

었다고 볼 수 있다. 19세기 중엽까지의 미국의 역사는 사적 영역을 정부로부터 구분하고 법적인 지위를 확보하는 과정이었고, 이런 과정에서 비영리조직의 법적 지위도 확보되었다.

이러한 구분과정에서 가장 먼저 정부영역으로부터 독립적 지위를 갖게 된 것은 종교조직이다. 18세기 말에 이르러 미국은 매우 다양한 종교와 교파로 구성되었으며, 뉴잉글랜드 지방을 중심으로 종교적 자유에 대한 사상이 받아들여지기 시작하였다. 이러한 현실과 사상이 정교분리의 원칙과 종교선택의 자유를 규정하는 1791년의 수정헌법 1조로 표현되었다. 이 조항은 결사와 표현의 자유를 포함함으로써 종교적 자유뿐 아니라 차후 비영리조직의 독립적 지위를 보장하는 근간이 된다.

19세기에 들어 미국은 또 다른 지대한 변화를 거치게 된다. 1820년대부터 시작된 이민자의 대량유입에 따라 종교적 이질성이 더욱 심화되고 종교 간, 종파 간 경쟁 역시 심화되었다. 다양한 종교조직은 경쟁적으로 교육, 사회복지, 의료사업을 확대하였을 뿐 아니라 금주운동 등 여러 측면에서 창도적(唱導的) 역할을 수행하였다. Tocqueville도 자신의 미국 방문 당시 광범위한 금주운동에 대한 인상을 글로 남겼다. 이 시기에 또 하나의 대표적인 사회운동은 노예해방운동이다. 이 사회운동은 종교나 종파들이 애매한 입장을 취하는 가운데 진행되었고, 최초의 세속적인 도덕적 사회운동으로 규정할 수 있다. 이런 이유에서 후일 미국의 여러 사회운동의 근간이 되었다.[12)]

종교조직은 비교적 빨리 법적으로 독립적 지위를 갖게 되었으나 다른 비영리조직이 법적 지위를 확보하는 데는 상당한 시간이 요구되었다. 독립전쟁 중에 자발적 조직은 전쟁수행에 있어서 중요한 역

---

12) 서비스제공조직에 대한 통계에 비해 이들 창도적 조직에 대한 통계는 지극히 빈약하거나 존재하지 않는다. 이들 조직들의 경제적 비중이 낮은 것도 이유이지만 이들이 자주 사회적 안정을 해치는 존재로 받아들여지기 때문이다.

할을 하기도 하였으나 분파적 원심력으로 작용하기도 하여 건국 이후에도 상당 기간 이들에게 법적 지위를 부여하는 것을 주저하였다. 당시 대표적 자선조직으로 간주되던 유수한 사립대학의 경우에도 주지사나 주의회 의원들이 대학이사회의 구성원이 되었다. 영리조직의 설립에서도 주정부의 통제가 상당하였고 정치적으로나 종교적으로 신뢰할 만한 사람에게만 설립허가를 내주었다. 뿐만 아니라 주정부가 주식의 상당부분을 소유하고 이사를 지명하기도 하였다. 즉 사적인 조직이 법적인 지위를 갖고 재산을 소유하는 법인체가 되면 공적 조직으로 간주되었다. 사적 조직이 가장 빠르게 발달한 뉴잉글랜드의 주들이 이런 정도였고, 주정부 규제는 펜실베이니아, 뉴욕 및 Thomas Jefferson의 영향하에 있던 남부에서 훨씬 심했다. 버지니아주의 경우 사적 법인체에 공적인 역할을 부여하기보다는 공적 조직을 설립하는 방향으로 추진되었고, 기업도 전적으로 정부의 예속적인 존재로 간주되었다. 이러한 지역적 특성은 상당 기간 지속되었다.

이 과정에서 사적 영역을 정부로부터 구분하고 독립적 지위를 갖게 하려는 노력과 갈등은 계속되었다. 커다란 법적 전기가 된 것은 뉴햄프셔주가 Dartmouth대학의 조직과 명칭을 바꾸고 주지사와 의회가 지명하는 이사들로 대거 교체할 뿐 아니라 주지사에게 정기적인 결과보고의 의무를 갖게 하려고 한 시도에 대한 저항이었다. 1819년에 내려진 연방대법원의 결정은 이 사례를 대학의 이사회에 재산을 기부한 개인들의 권리에 관한 것으로 간주하고, 이사회와 기부자 간의 사적 계약을 손상하는 주의 입법행위를 위헌으로 판정하였다. 이러한 결정에도 불구하고 사적 결사체들이 법적으로 독립적 지위를 확보하는 데는 더 많은 시간이 필요하였다.[13] 특히 남부의 주정부

---

13) 1819년의 Philadelphia Baptist Association v. Hart's Executor의 소송에서 당시에는 조직적 성격과 구성원이 불분명하기 때문에 Hart의 유산의 법적인 수혜자가 될 수 없다는 결정을 함으로써 재정적 지원을 어렵게 하였다. 1844년

들은 이후에도 본래의 관행을 계속하였다.

사영역의 독립성 확보과정에서 차츰 전국적 조직연계를 갖게 된 종교조직과, 보스턴을 중심으로 국제적 교역에 몰두함으로써 전통적인 가족적 상행위에 한계를 느끼게 된 상인계층이 중요한 역할을 하였다. 이와 더불어 특히 남북전쟁 중 사적 영역에서 충원된 인력과 조직형태의 효율성이 입증되면서 사적 영역의 법적 지위는 공고해지기 시작하였다.

2) 국가적 정체성 확립 이후 비영리조직의 변화

1865년 이후 사영역의 변화와 발전은 두 방향으로 진전되어 전국적 규모의 기업이 출현하고 사적 자선조직들의 법적 특권과 규모가 커지게 된다. 이러한 두 가지 변화는 필연적으로 연계되어 나타나는데, 대규모 기업조직이 훈련된 인력과 기술을 필요로 하게 되고 이는 사적 고등교육기관으로부터 얻을 수 있었다. 이런 이유에서 기업이 본격적으로 교육에 대한 재정지원을 하게 된다. 1870년대에는 사적 자선조직의 공익성이 인정되면서 매사추세츠주의 교육기관을 시작으로 다른 주와 다른 목적의 비영리조직까지 조세감면 혜택이 확대되었다(An Act Concerning Associations for Religious, Charitable, Educational and Other Purposes, 1874).

19세기 후반의 미국사회는 대량이민과 산업화, 도시화의 진전에 따른 빈곤과 실업 등의 문제가 심화되기 시작하였는데, 이러한 사회적 필요에 대한 일차적 반응을 비영리조직이 주로 담당하였다. 이런 시대적 상황과 맞물려 진보주의운동(Progressive movement)이 활발하게 진행됨으로써 여러 형태의 창도적 조직들과 서비스제공조직의 활동

Vidal v. Girad's Executors의 결정으로 사적 비영리조직은 확고한 법적 지위를 갖게 된다.

이 매우 왕성해져서 여성해방운동, 아동복지, 노조운동, 복지개혁운동 등이 나타났다. 지방정부에 의한 전통적인 구빈체계보다 더 활발하게 인종적·종교적 집단에 의한 조직적 사회서비스 활동이 이루어졌고 지방정부의 부분적 재정보조도 시작되었다. 새롭게 등장하기 시작한 거대기업과 부호들에 의한 자선활동도 왕성하게 이루어져서 교육기관뿐 아니라 병원이나 사회복지기관도 적극적으로 지원하였다. 그들은 기금[14]을 조성하기도 하고 재단을 설립하여 체계적인 재정적 지원을 도모하였다.

이렇듯 사영역의 주도로 사회적 문제를 해결하려는 경향은 정부권력이나 기능이 확대되는 것을 두려워하는 미국의 역사적 경험과 고유한 정치적 문화에 기인하는 것이다. 연방정부에 의한 문제해결의 경험도 없었기 때문이지만 무엇보다도 영리부문의 지도자들이 이러한 방식의 문제해결을 싫어하였던 것도 큰 요인으로 작용하였다. 사영역에 의한 문제해결을 위한 노력은 두 가지 방향에서 진행되었다. 먼저 산업자본가인 Andrew Carnegie가 기회균등을 강조하고 부의 세습을 죄악시하는 박애정신을 근간으로 재단을 설립하였고, 이후 이를 모방하는 많은 재단들[15]이 설립되어 사회적 목적을 위한 비영리조직에게 재정지원을 하게 되었다. 또 다른 노력은 1880년대 이후 등장한 복지자본주의(welfare capitalism)에 의한 기업의 자선활동을 들 수 있다. 이는 주로 협동과 공동체적 정신을 강조하여 노사관계를 중심으로 의료, 교육, 연금 등의 서비스를 제공하였고, 상당수의 기업들은 자선조직에 대한 직접적인 재정지원도 병행하였다(Gilbert, 1983).

---

14) George Peabody Fund(1867)나 John F. Slater Fund(1882) 등을 들 수 있다.
15) 초기 재단설립허가는 상당히 까다로워서 애매한 자선목적이 아닌 특정한 목적을 내세우지 않는 한 설립이 어려웠다. 이러한 제약을 벗어나 개방적인 목적으로 설립된 최초의 재단은 1907년의 Russell Sage Foundation이라고 할 수 있다.

이렇게 상당 기간 비영리부문과 영리부문은 사회문제의 해결에 있어서 협력자의 관계를 유지하였고, 유럽과는 다르게 사영역에 의한 문제접근을 주도하였다. 당시 비영리조직의 재원에 관한 추정통계자료에 비추어 볼 때, 소수의 기업인이나 부자들이 얼마나 지대한 역할을 했는지 알 수 있다. 이에 비해 일반 개인들의 기부는 상당히 미미했던 것도 알 수 있다(Hall, 1992: 58). 20세기에 들어서 비영리조직의 수가 급속히 팽창했다. 그런 만큼 이들 소수에 대한 의존도도 높아 갔다. 1917년에는 개인기부금에 대한 세금공제의 혜택이 주어졌으나 기업의 자선기부금에 대한 세금공제는 1936년에야 가능했다. 몇 개의 주는 이런 기부행위를 불법화했음에도 기업의 기부금이 비영리조직 재원의 상당부분을 차지했었다.

대공황 이전에 이미 사회적 서비스의 영역에서 비영리조직이 주도적 위치를 차지하였으며 새로운 사회적 욕구를 충족시키는 데도 선구적 역할을 담당하였다. 그러나 1930년대 경제적 위기가 닥치고 사회문제가 심화되는 새로운 상황에서는 이들의 역할이 불충분할 수밖에 없었다. 자연 연방정부의 개입이 불가피하였고 공적·사적 사회서비스의 영역이 급속히 팽창하였다. 당시 지역적 수준에서 행해지는 사적 재단과 사회복지 활동은 크게 미흡하였고, 영리부문에 너무 의존하는 것 역시 커다란 문제점으로 표출되었다. 비록 1936년의 조세법 개정으로 기업의 자선기부금에 대해 세전소득의 5%까지 세금공제를 받을 수 있게 하였으나 기업의 기부금은 큰 변동이 없었고 재단의 숫자만 늘어났다(Smith, 1973).[16] 경제적 위기상황에서 기업이 비용절감을 위해 세금공제혜택을 초과하는 기부금이나 복지활동을 가장 먼저 축소시켰기 때문이다. 이런 상황이었기 때문에 연방정부의 개입은 불가피하였다.

---

16) 1936－1980년간 기업의 기부는 거의 항상 2% 이하였으나 1930년대에 재단의 수효는 거의 배가 되었다(Hall, 1992: 60-61).

경제적 위기와 연방정부의 적극적 개입은 사영역의 테두리 내에서 활동하던 비영리부문에 지대한 영향을 미치게 되었다. 교육부문의 경우 19세기 중에 시작되고 확대된 공교육의 범위가 재정적 난관에 봉착한 사립학교들을 대신하여 급속히 확대되었다. 재정기반이 취약한 군소 사립대학들은 정리되기 시작하였다. 그 결과 고등교육부분을 제외한 초중등교육은 대부분 공공부문에 의하여 대체되었다. 의료영역에서도 문제는 심화되었다. 19세기 말 이래 의학이 급속하게 발달하면서 의료서비스의 가격이 훨씬 비싸져 경제적 위기에 처한 대부분의 국민이 의료 혜택을 받을 수 없게 된 것이다.

3) 1950년대 전후의 변화: 정부의 역할변화와 비영리부문의 확대

이차대전 이후에 연방정부는 연구개발에 특히 많은 예산을 배정하기 시작하여 다수의 사립대학들이 재정지원을 받았다. 특히 참전자들의 등록금을 보조하는 GI법안으로 인해 공립학교뿐 아니라 사립학교도 큰 수혜자가 되었다. 이런 결과 공립초중등학교는 수요자의 90% 이상을 수용하고, 80% 이상이 공립대학에 등록하게 되었으나 대학의 경우 사립학교는 여전히 중요한 위치를 점하고 있었다. 의료영역에서도 큰 변화가 있었다. 연방정부의 사회보장법과 공·사의 의료보험은 의료서비스를 보다 쉽게 소비할 수 있도록 하였으며 1946년의 Hill-Burton법안으로 병원의 건축과 설비에 대한 보조가 본격화되면서 비영리 의료시설이 확대되기 시작하였다. 1960년대의 Medicare와 Medicaid 프로그램은 노년층과 저소득층의 의료혜택을 보다 확대시켰다. 이런 정부보조와 보험으로 인해 영리적 의료서비스도 1960년대 이후 확대되어 비영리 의료기관의 주요한 경쟁자로 등장하게 되었다. 특히 Johnson행정부의 Great Society 프로그램 이래로 보조금이나 서비스구매를 통한 비영리 사회서비스 조직들의 양적 확대는 놀라운 것이었다. 정부 재정지원의 확대로 영리조직도 급속히 팽창하였다.

이러한 변화과정 중에서 비영리조직의 역할과 기능에 대한 논란은 지속되었다. 1930년대 초부터 언론이나 사회적 비평가들에 의한 재단의 정치적 · 사회적 권력행사를 의심하는 비판의 목소리가 높아지기 시작하였다. 특히 이 기간 동안 급속하게 늘어난 재단에 대한 사회적 관심과 의구심은 여러 차례 정부차원의 조사와 규제입법으로 이어졌다. 이차대전 이후 미국기업의 국제적 관심과 정부의 외교적 관심이 일치하면서 기업과 재단의 정치적 · 사회적 영향력에 대한 사회적 의심이 증대되자 의회도 본격적으로 조사에 나섰다. 1952년의 하원조사위원회(Cox Committee), 1954년의 조세감면재단과 이에 상당한 조직들에 대한 특별조사위원회(Reece Committee) 등이 대표적이다. 조사 결과 설립자에 의한 상당한 내부통제와 특정한 보조금 지급 행위가 민주주의에 해를 끼칠 수 있다는 점이 분명해졌다. 이러한 일련의 조사와 사회적 여론 때문에 1969년의 조세법 개정을 통해 재단의 정치적 행위와 기업의 간접적 통제[17]를 규제하였다. 그러나 규제입법의 진전에도 불구하고 사회적 의심이 지속되어 1973년에는 재무성과 국회 및 사영역의 협조하에 보다 포괄적인 조사위원회인 사적 박애와 공적 욕구에 관한 위원회(the Commission on Private Philanthropy and Public Needs)가 결성되었다. 이 Filer위원회는 처음으로 비영리조직들을 통합된 제삼의 독립적 비영리부문으로 간주하였다. 우려와는 달리 1975년의 보고서는 상당히 긍정적인 평가를 내놓았다. 비영리부문이 미국사회의 구조에서 지극히 중요한 역할을 수행하며, 특히 정부와 기업이 지원하기를 주저하는 새로운 사고와 이념을 지원하고, 정책분야에서 지도력을 발휘할 뿐 아니라

17) 실제로 Ford는 Ford Foundation을 통해서 기업을 통제하려 했다.

대규모 공적, 사적 제도로 인해 유발되는 소외와 무력감을 해소한다고 결론지었다(Filer, 1975). 뿐만 아니라 비영리조직이 고용주, 여러 가지 사회적 서비스의 제공자 및 정치적 세력으로서 긍정적인 사회적 역할을 한다는 점을 분명히 하였다. 비록 재무성 내에 영국자선위원회와 같은 준정부기관을 둠으로써 자선과 박애적 활동을 정치과정에서 격리시키려 했던 시도는 실패했지만, 이 위원회의 활동 이후 비영리부문의 집단적 방어 활동이 강화되어 Independent Sector가 결성되고 학술적 연구도 크게 늘어났다.

이외 1950년대 후반 이후에 특기할 만한 현상은 세계대전과 경제적 위기 속에서 잠잠해졌던 사회운동을 주도하는 조직들이 크게 늘어난 점이다. 인권, 반전, 환경, 소비자 운동 등 여러 창도(唱導)적 비영리조직들이 급격히 늘어나기 시작하였다. 이는 해결되지 못한 사회적 문제에도 기인하였지만 시민사회가 성숙해 가고 있다는 증거이기도 하다(Jenkins, 1987). 하나의 사회운동에서 양성된 인력이 다른 사회운동을 주도하고 이러한 경험 속에서 자발적 노력과 기금조성의 기술이 축적되었다. 즉 예전의 사회운동보다는 조직, 재정, 인력의 측면에서 훨씬 세련된 방법으로 진행되었고 정치적 영향력의 행사나 대중매체의 이용도 정교하게 이루어졌다.

박애와 자발적 정신을 내세우는 Reagan행정부의 등장은 또 다른 변화를 예고하였다. 정부영역의 확대로 인하여 자발적 부문이 위축되어 왔다는 단순한 보수적 논리를 기반으로 대폭적인 연방예산의 삭감이 먼저 이루어졌다. 축소된 복지서비스는 경제회복과 지방정부의 노력 및 비영리부문의 확대에 의해 보완될 것으로 생각하였다. 이를 위해 1981년에는 기업의 자선기부금에 대한 조세공제점을 5%에서 10%로 상향조정하였다. 그러나 불확실한 기업환경 때문에 영리부문의 기부금은 확대되지 못하고 여전히 2% 이하에 머물고 있었다. 이런 변화는 수입의 삼분의 일에서 이분의 일까지 연방보조금에 의존하는 비영리조직에 커다란 재정적 손실을 의미하는 것이었다(Abramson & Salamon, 1986). 뿐만 아니라 경제회복을 위한 조세율 인하 역시 자발적 조직들에 대한 기부금축소의 결과를 가져왔다. 납세자의 입장에서 기부금의 실질비용은 기부금으로 지출된 경비와 기부행위가 없는 경우 납세자의 담세비용 간의 차이다. 그런데 자선적 기부금의 경우 세금공제를 받을 수 있으므로 조세율이 인하되면 실질비용은 높아지게 되고 기부금은 줄어들기 때문이다(Clotfelter, 1990).[18)]

예산삭감과 조세율 인하가 갖는 부정적 효과를 인식한 정부는 1981년 말 사영역 주도를 위한 대통령특별위원회(A Presidential Task Force on Private Sector Initiative)를 구성하였으나 이 역시 수사적 역할이나 공공관계에만 몰두하였다. 이외에도 정부지원을 받는 조직들이 정치적, 창도적 기능을 수행하기 어렵게 하였고, 지역중심으로 자발적 조직들의 진흥을 위해 운영되었던 지역서비스청(Community Services Administration)도 폐지되었다.

이러한 부정적 환경에서도 보수적인 행정부의 민영화정책은 공공서비스를 사영역으로 전환시키면서 주로 비영리조직에게 용역계약으로 맡겨짐으로써 초기의 비영리조직의 감소는 다시 증가추세로 반전되었다(〈표 2-2〉 참조). 예산삭감과 민영화에 의한 용역계약은 비영리부문의 조직특성을 많이 바꾸어 놓았다. 비영리조직들은 재정적 불확실성을 극복하기 위하여 재정기반을 확대해야 할 필요가 있었기 때문에 자선적 기여, 보조금 이외에 용역계약을 따려고 노력하였고 서비스의 판매에 주력하였다. 따라서 판매, 회계, 기획 등의 기술을 강조하여 관리의 전문화가 이루어지고 조직목적에 대한 재해석도 이루어졌다. 이러한 전문화는 이사회가 아닌 관리자의 영향력을 확대

18) 예를 들어 70% 조세율의 적용을 받으면 1달러 기부금의 실질경비는 30센트이지만 40% 조세율의 적용을 받으면 그 비용은 60센트가 된다.

시키는 결과를 낳아 비영리조직의 근본적 사명에 충실하기보다는 조직의 생존과 확대를 일차적 목적으로 하기 쉽다. 뿐만 아니라 관리자가 조직 내에서 지배적 지위를 차지함으로써 구성원의 측면에서 비영리조직이 갖는 특징적 다양성이 상실될 수 있다. 정부의 이러한 정책은 한때 비영리부문의 고유 업무로 간주되던 교육, 의료, 사회적 서비스, 문화, 예술의 영역에서 다수의 영리조직이 강력한 경쟁자로 출현하여 세 부문 간의 경쟁이 가속화되기 시작하였다(Salamon, 1995).

이러한 변화의 영향은 하위부문별로 다양하게 나타났다. 의료부문은 Medicare의 확대와 더불어 정부의 재정지출은 점진적으로 늘어났다. 문화, 예술에 대한 지원은 큰 변화가 없었으며 사립대학의 지원은 크게 영향을 줄 만큼 줄지 않았다. 종교조직이나 창도조직은 역사적으로 정부지원이 전무했었던 만큼 전혀 영향을 받지 않았다. 가장 영향을 크게 받은 영역은 사회적 서비스 영역이다. 의료나 사회보장정책은 특정 행정부나 정치철학에 영향을 받기 힘들 만큼 수혜집단들의 정치적 세력이 강한 반면, 사회적 서비스는 수혜집단의 집단화나 정치적 영향력은 미미하나 정부보조에 대한 의존도는 가장 높기 때문이다.

4. 평가와 비교연구의 필요성

이상의 논의에서 알 수 있는 것은 비영리조직에 대한 인식과 법적 지위는 19세기 후반에야 정립되었고 대부분의 사회적 역할은 비영리조직, 영리조직 및 정부조직의 뚜렷한 구분 없이 수행되었다는 사실이다. 더군다나 비영리조직을 하나의 부문으로 간주하고 개념화와 연구가 진행된 것은 1970년대 이후이다. 그러나 초기 30여 년간의 이론적 연구는 경험적 자료의 체계적 축적 이전에 이루어짐으로써 상당부분 단편적이고 미국의 사고와 전통의 틀을 벗어나지 못하고 있다는 것을 알 수 있다. 미국의 역사적 경험에 비추어 보아도 선험적 이론의 문제점을 확인할 수 있다.

우선 자발적 조직들은 종교조직의 후원 아래서 발달하였다. 아울러 광범위한 사회적·경제적 변화와 더불어 하위부문별로 분화되었으며, 자본주의 경제와 시민사회가 발달함에 따라 새로운 형태의 조직들이 성립되고 성장해 온 것을 알 수 있다. 이민자의 대량유입, 산업화, 도시화에 따른 사회적 문제의 심화, 여기에 정부권력에 대한 불신을 기조로 하는 정치문화와 같은 여러 변수들이 작용하였다. 뿐만 아니라 지역적, 인종적, 정파적 차이도 작용하고 있고 이런 변수들이 비영리부문의 하위부문별로 상이한 영향력을 미쳤다고 볼 수 있다. 각 하위부문에서 비영리조직은 대개가 선도적 역할을 수행하면서 당시에는 사회적 수요와 수혜자가 불분명한 영역에 대한 서비스를 주도하였다. 이런 과정에서 사회문제와 요구가 분명해지고 이에 대한 사회적 접근이 필요하다는 인식이 광범위하게 확산되면서 정부에 의한 개입이 본격화되었다. 교육부문이나 특히 사회적 서비스의 영역, 즉 육체적·정신적 불구자에 대한 치료와 감호, 어린이 학대문제, 탁아소 등에서 보여 준 비영리조직들의 활동이 이를 예증하는 것이다.

이런 측면에서 보면 미국의 비영리조직에 관한 설명은 소위 자발적 조직이 문제해결에 미흡할 경우에 정부조직의 역할이 증대된다는 자발적 실패(Salamon, 1987)에 관한 설명이 타당한 것으로 보인다. 그러나 1960년대에 정부의 복지역할이 커지면서 자발적 조직들도 폭발적으로 증가하였던 추세에 비추어 볼 때 정부가 이들 조직을 전달체계로 활용하려는 의지도 중요한 변수가 된다. 따라서 이 설명은 연방정부의 복지역할이 본격적으로 확대되면서 그 타당성이 반감되었다고 볼 수 있다. 아울러 미국의 문화적 배경을 중심으로 한 것이기 때문에 국가의 영역을 넘어선 일반적 설명으로서의 한계를 갖는 것일 수도 있다.

문화적 배경 외에 정부부문의 정책방향이 갖는 중요성을 고려할 때 비영리부문에 대한 기존의 설명들은 지나치게 단순하며 역사적 발전과정을 고려하지 못하고 있음이 분명하다. 즉 정부보조에 크게 의존하는 의료나 사회적 서비스의 영역과 정부보조와는 무관한 종교조직이나 창도적 조직들의 확대요인은 전혀 고려하지 못하고 있다는 것도 알 수 있다. 비영리조직들의 사회적 역할에 대한 최근의 비판도 전자의 조직들에만 타당성을 갖는 것이다. 다시 말해서 비영리 의료조직과 사회적 서비스를 전달하는 조직들은 조직들 간의 경쟁이 심화되면서, 시장지향적인 행태를 보이고 전문화와 관료화의 방향으로 진전되는 부정적 효과 때문에 비영리조직으로서의 정당성을 잃어버리고 있다는 비판이 어느 정도 타당하다. 그러나 종교조직과 창도적 비영리조직들은 여전히 관료적 거대조직과 개인 간의 긴장을 해소하고 사회적 문제를 노정함으로써 주요한 기능을 수행하고 있기 때문이다.

그러면 미국의 연구의 문제점은 무엇인가? 먼저 지적될 수 있는 것은 부문의 크기를 주로 경제적인 관점에서만 파악하고 있다는 점이다. 사회적으로나 정치적으로 중요한 역할을 하는 수많은 창도적 사회운동조직들이 상대적으로 무시되었다. 이는 재단을 포함하는 서비스제공조직들의 자구노력이 본격적인 연구가 이루어지게 된 배경이었다는 사실에서도 기인하는 것으로 보인다. 그렇지만 이런 시각은 자칫 이 부문 고유의 특성을 망각하게 하는 것이다. 무엇보다도 미국의 연구는 몰역사적인 시각에서 이루어진 것이 특징이다. 미국의 연구에서 제시된 설명처럼 소비자나 공급자의 합리적 선택에 의해 비영리조직이 확대된다고 보기는 어렵다. 역사적, 문화적 배경이 훨씬 더 적절한 설명이 된다. 적어도 서비스의 영역에서는 미국적 복지모형이 큰 영향을 미치고 있다. 의료, 사회적 서비스 등을 실시함에 있어 방대한 관료조직을 구성하여 이에 의존하기보다는 사적 영역, 특히 비영리조직을 개발함으로써 그 목적을 성취하려는 모형으로 간주될 수 있다. 이런 점에서 미국의 경험과 연구가 다른 국가들의 비영리부문 연구에 적절한 것인지도 의심스럽다. 서구국가나 민주적 이행기에 있는 국가들의 비교연구에서도 그 적실성에 한계가 있다는 것은 잘 알려진 사실이다(Wuthnow, 1991; Anheier & Seibel, 1990; DiMaggio & Anheier, 1990).

이렇게 미국적 연구와 경험의 한계를 이해하는 것이 다음에 제시되는 역사적 비교연구의 기반이 된다. 보다 나은 연구는 비교적 시각에서 축적된 경험적 자료를 바탕으로 진행되는 것이 바람직하다. 이를 위해서 보다 체계적인 개념적 틀과 접근방법이 요구된다.

제 3 장

비교연구를 위한 개념과 접근방법

1. 개념, 분류 및 측정방법
2. 비교연구에 의한 이론적 설명과 바람직한 연구방법
3. 비교연구의 방향

제 3 장 비교연구를 위한 개념과 접근방법

비영리부문의 연구에 있어서 가장 근본적인 문제점으로 지적되는 것은 어떤 조직들을 비영리부문으로 간주하고 연구대상으로 삼을 것인가이다. 이는 이 부문을 어떻게 정의하는가의 문제이며 이에 따라 그 영역과 범위가 상당한 차이를 보이게 된다. 미국의 연구에서 벗어난 비교적 시각에서 다른 국가들의 연구와 역사적 경험에 주목하면 연구자는 상당한 혼란을 겪게 된다. 먼저 수많은 용어나 개념이 사용되고 있다는 사실을 알 수 있다. 관심의 방향에 따라 상이한 개념정의와 접근방법이 사용된다는 것도 알게 된다. 이 분야의 연구에서 사용되는 용어들을 보면 미국에서 사용되는 비영리조직, 영국에서 사용되는 자발적 조직, 프랑스의 사회적 경제 등이 있고, 가장 역사가 오래된 시민사회라는 용어도 구분 없이 사용된다. 이외에도 NGO, 사회운동, 중재적 조직, 제삼부문 등 다양한 용어가 쓰이고 있다. 이 부문을 지칭하는 다양한 용어들이 의미하듯 이 부문은 공공부문과 시장부문이 아닌 것, 그리고 가계를 제외하는 공식적 또는 비공식적 조직들을 포함하는 것으로 인식되어 왔다. 다만 이에 관한 연구가 진행되면서 보다 구체적으로 개념을 규정하려는 시도에 의해 다양한 용어가 출현한 셈이다.

그러므로 보다 체계적인 비교연구를 위해서는 무엇보다도 이 부문에 관한 개념정의가 선행되어야 하며, 이를 기반으로 바람직한 연구접근방법을 밝히고자 한다. 미국의 역사적 경험에서 알 수 있는 것처럼 비영리부문의 존재와 확대요인을 제도적 선택으로 설명할 수 없다는 사실이 분명하다. 무엇보다도 역사적 배경 특히 종교적, 정치적 요인이 작용하고 있음을 알 수 있다. 서비스를 제공하는 조직과 타 조직 간에는 상당한 차이를 보이고 있다는 점도 고려되어야 한다. 이는 비교연구 이전에 개념정의와 더불어 상이한 조직을 분류하여야 할 필요성이 있고 이를 기반으로 하는 측정방법 등에 대한 설명도 있어야 한다. 아울러 지금까지 비교연구에서 제시된 여러 설명들을 바탕으로 비영리조직들의 확대요인을 설명하기 위한 접근방법을 제시하고자 한다.

1. 개념, 분류 및 측정방법

1) 다양한 용어들과 정의

비영리부문이라는 용어는 미국에서 쓰이기 시작하였으나 미국이 이 부문에 대한 연구를 주도하고 있기 때문에 세계적으로 널리 쓰인다. 이는 주로 조세감면의 혜택을 받을 뿐 아니라 기부금의 경우 조세공제혜택이 주어지는 조직들을 일컫는다. 여기에 조세감면혜택만 받는 조직들도 포함되는데 양자의 차이는 정치적 또는 상업적 활동이 허용되는지의 여부에 달렸다. 이런 법적 정의는 중요한 많은 자발적 조직을 제외시킴으로써 이 부문에 관한 자료수집과 연구를 왜곡시키고 있다는 비판을 많이 받았다(Smith, 1997). 이런 단순한 정의를 벗어난 새로운 시도는 Johns Hopkins 비교연구이다. 다양한 경제발전수준, 법적 규제, 제도적 경험을 가진 여러 국가들을 효과적으로 비교하기 위해 조직의 기본적인 구조와 운영에 초점을 맞춘 개념을 바탕으로 연구가 시작되었다. 그리하여 비영리조직은 다음과 같은 다섯 가지 특성을 가진 것으로 규정하고 있다. 첫째, 조직의 형태를 갖추고 있어야 한다. 즉 조직구성원의 정기적인 회합, 운영 등에 관한 규정을 갖고 있는 조직을 지칭한다(Salamon & Anheier, 1997). 둘째, 제도적으로 정부와 분리된 사적인 조직이어야 한다. 이들의 재원이 상당부분 정부로부터 지원될 수는 있지만 재원과 더불어 조직의 통제가 거의 전적으로 정부에 의해 이루어지는 조직들은 제외된다. 셋째, 조직의 운영으로 발생한 이익을 조직의 소유자나 이사회의 구성원에게 분배하여서는 안 되며 조직의 본래의 목적에 쓰여야 한다(nondistribution constraints). 그리고 이들 조직에 대한 참여와 통제가 자발적이며 자율적으로 이루어지는 것을 전제로 한다(self-governing and voluntary).

그렇지만 이런 개념규정은 많은 문제점을 안고 있다. 불문법 국가에서 공식적이라는 의미는 무엇이며, 순수하게 사적인 조직이 얼마나 있을까 의문이다. 이미 언급하였듯이 많은 자발적 조직들이 공적인 역할을 수행할 뿐 아니라, 본질적으로 무엇이 사적이며 공적인지를 결정하기 쉽지 않다. 특히 이윤배분에 관한 정의로 인해 많은 협동조합과 상조조직들이 배제된다. 자율적이라는 것도 문제가 있다. 정부보조를 받으면 규제가 따르게 되는데 이들 조직은 어떻게 분류되어야 하는가? 대학과 병원과 같은 많은 조직은 전문가들을 고용하고 이들에게 임금과 수당을 지불한다. 조직의 특징으로 내세우는 자발성에 대해 동일한 의문이 생기게 되는 것이다. 이에 비해 Hall(1987)의 정의는 주로 수행하는 기능으로 정의함으로써 보다 광범위하다. 즉 정부에 의해 위탁된 공적 업무, 정부나 영리기관이 하지 않는 요구를 충족시키기 위한 공적 업무, 정부, 영리, 비영리기관의 정책 방향에 영향을 미치는 업무 등을 수행하는 조직 모두를 지칭한다고 정의한다. 다시 말해서 개인들이 정치적 수단에 의존하거나 스스로 공적 업무를 수행하기 위해 조직화하는 것을 일컫는다. 그러나 이후의 연구에서 Hall의 정의보다는 Salamon과 Anheier의 정의가 널리 통용되면서 이런 경제적 · 법적 개념규정으로 한정되었다.

개념규정 중 가장 문제가 되는 측면은 이윤배분을 억제하거나 금지하는 점이다. 대부분의 공익적 조직의 뿌리는 조직구성원의 이익을 위한 조직들이 사회적 문제에 대응한 결과로 나타났고 사회적 문제가 심화되면서 정부의 재정적 · 조직적 개입이 뒤따르는 형태를 취하고 있다. 이런 역사적 경험에 비추어 볼 때 상당부분 공공이익에만 관련된 조직으로 한정하는 문제점을 극복하기 위해 조직구성원의 이익을 위한 조직을 포함하기 위한 수정이 필요하다(Smith, 1991; Billis, 1993). 이외에도 다양한 정의와 용어들이 일반적으로 재단법인이나 사단법인의 성격을 갖는 조직을 포함하고 있지만, 이들의 차이는 상조조직, 자조조직, 협동조합이나 종교단체와 사회운동을 어떻게 취급하는가에 있다. 따라서 이 분야의 연구에서 쓰이는 다양한 용어들과 그 내용을 살펴보고 새롭게 개념을 정의할 필요가 있다.

우선 국가, 시장, 제삼부문으로 구분하는 정의는 1973년 Amitai Etzioni의 저술에서 비롯되었고 1977년 Filer위원회가 다시 이 정의를 사용하였다. 여기서 Etzioni는 이미 관료제와 영리추구에 의해 발생되는 문제점의 대안으로 제삼부문의 역할을 제시하였다. 그러나 이 개념에는 비공식 네트워크와 가정이 포함되어 있다. 이 용어도 널리 쓰이기는 하지만 지나치게 광범위한 개념규정으로 학술적 용어로서의 가치는 상대적으로 떨어진다.

가장 오래된 개념이면서 사회과학의 모든 영역에서 광범위하게 쓰이는 용어는 역시 시민사회이다. 시민사회의 개념은 시민사회, 국가 또는 비영리부문의 연구에서도 그렇지만 역사적으로도 다양한 의미로 쓰여 왔다. 가장 오래된 의미는 polis를 지칭하는 고대 희랍에서 통용되던 의미이다. Koinonia politikhe(Unity of the town)와 라틴어 societas civilis(association of the citizens)는 정치적으로 조직화된 공동체를 의미하였다. 시민사회는 개화된 인간사회를 의미하였고 야만에 반대되는 의미로 쓰였다(Ehrenberg, 1999).

중세기에는 시민사회를 기독교적 공동체로 정의하여, 교회와 국가의 독립성 또는 국가의 교회에 대한 의존성 등을 논의하였다. 동일한 맥락에서 중앙과 지방의 이분적 논의가 이루어지고 그 후 시민사회의 논의에서 중심적인 주제가 되어 왔다. 종교개혁기에 사제직의 지위가 약화되면서 교회제도의 역할이 평가절하되었고 개인의 독립성을 정당화하였다. 개인의 독립성을 강조하는 Luther의 사상에서도 시민사회가 권력과 권위를 갖지 않기 때문에 새로운 정치적 질서의 필요성을 강조하였다(Ehrenberg, 1999: 62-90). 비슷한 맥락에서 Machiavelli와 Hobbes도 시민사회를 공공의 이익과 개인적 이익이 조정되는 하나의 장으로 간주하였으며 주권을 가진 군주가 시민사회의 옹호자라고 생각하였다. 반면, 자유주의적 관점에서는 교회나 국가가 더 이상 시민사회의 중심이 아니며, 시민사회는 자유로운 시민의 사회로 간주되었다. Locke와 Adam Smith에게 시민사회의 중추는 개인의 재산이며 이런 이유에서 시장이 시민사회의 중심이 되고 국가는 이를 뒷받침하는 제도이다. 이렇게 시장의 독립성을 강조하면서 국가와 시민사회의 구분이 생기기 시작하였다. 즉 종교개혁과 계몽주의에 의해 교회로부터 독립된 시민사회가 강조되었고, 자유주의자들은 이를 국가로부터 독립된 존재로 부각시켰다.

Hegel에 이르러 국가와 시민사회를 동일시하는 오랜 시각이 불식되기 시작하였다. Hegel은 시민사회의 특징을 다양성과 경쟁으로 보았고, 구성원의 차이점이 무시되는 가족과는 상반된 존재이며 국가가 양자를 조화시키는 역할을 한다. 따라서 Hegel의 시각은 자유주의자들의 시각과 상당히 일치하고 있다. 그러나 Marx적 관점은 시민사회와 부르주아사회를 동일시하며 국가는 부르주아 시민사회의 이익을 옹호하는 강압적 기구로 간주된다(Cohen, 1982).

Marx적 관점과는 상이하게, Tocqueville은 시민사회의 긍정적 효과를 주장하며, 이는 자발적 조직들로 구성된다고 보았다. 이러한 Tocqueville의 생각이 미국적 사상의 중심이 된다. 그의 주장은 시민사회를 국가와 개인의 중재적 역할을 하는 조직들로 보는 Montesquieu의 사고에서 비롯된다. 미국은 유럽의 구체제와 같은 경험이 없었기 때문에 자발적 조직이 중재적 제도로 기능하였고, 개별적 목표를 추구하고 일반적으로 광범위한 정치적 관심과는 동떨어져 있었다. 따라서 미국적 사고에서는 정치적 속성을 배제하는 것이 일반적이다. 가장 최근의 시민사회에 대한 관심과 논의는 동유럽의 정치적 상황이 급변하면서 시작되었다. 1980년대 동구의 전체주의적 국가에 반하는 개념으로 이해되었고, 실존하는 사회주의에 대한 신마르크스주의적 논의에서 사용되며, 자유주의적 개념과 유사하다.[1)]

이런 과정을 거치면서 형성된 시민사회의 개념에는 자발적 조직뿐만 아니라 가정과 개인적 행위도 포함되는 것으로 이해된다. 자유주의적 개념에서 지칭하는 것처럼 경제적 영역을 포함하기도 하지만 Cohen과 Arato(1994)처럼 경제적 영역을 배제하는 정의도 설득력 있

---

1) Tocqueville에서 Habermas에 이르는 민주주의이론에서 시민사회의 개념은 개인이 상호관심사에 대한 견해를 나누는 공공영역의 역할로 규정되었다. 이를 통해서 다양한 조직 간의 이익과 견해를 조정하고 사회적 규범을 창출하는 기능을 수행한다. 따라서 시민사회의 구성요소로 다양한 자발적 조직뿐만 아니라 신뢰, 관용 등과 같은 공동체적 규범 및 공적 의사소통의 네트워크를 들 수 있다(Burbidge, 1998). 그러나 미국에서 이루어지고 있는 시민사회의 연구는 전통적 가족을 포함하는 자발적 조직만을 시민사회의 구성요소로 전제하면서 시민사회의 구성요소인 자발적 조직의 긍정적 역할이 정부의 간섭에 의해 약화되거나 부정된다고 주장한다. Cohen(1999)은 이러한 시민사회에 대한 이해는 이론적으로 빈곤하고 현실적으로나 정치적으로 의심스러운 것이라고 주장한다. 이런 관점의 시민사회론에서는 자발적 조직이 그 구성요소의 일부분에 불과하다.

게 쓰이고 있다. 때로는 국가를 포함하는 정치적 영역을 포괄하기도 하고 경제적 영역이 포함되는가 하면, 가정이나 비공식 조직이 포함되기도 한다. 요컨대 시민사회의 개념은 연구자와 연구주제에 따라 지극히 유연하게 정의됨으로써 많은 이론가들로부터 지나치게 비이론적이며 정리되지 않은 개념으로 간주된다(Alexander, 1993). 확실한 것은 시민사회의 개념은 제삼부문이나 비영리부문이라는 개념보다는 훨씬 광범위하고 포괄적인 개념이라는 점이다.

자주 쓰이는 또 하나의 용어는 영국에서 널리 쓰이는 자발적 조직이다. 이 용어는 근본적으로 자선과 박애의 개념과 관련되어있다. 자발적이라는 단어는 본래 자유의지에 대한 종교적 관심 및 교회에 대한 봉사를 지칭하는 것이었다. 그러다가 공동체가 위기에 처했을 때 비용에 관계없이 지원하는 것을 말하였다. 이 용어는 항상 '전문적'이라는 용어와 대립적으로 인식되어 왔고, 업무수행에서 어느 영역이 더 나은가는 항상 논쟁의 대상이었다. 가령 Dickens의 소설에서도 정부에 의해 조직된 냉혹한 빈곤구제사업과 온정적이면서 자발적인 자선사업이 대치되어 있다. 제도적인 자선사업이 오랫동안 존재했지만 중요한 역사적 전기를 맞으면 자발적 자선사업으로 바뀌기도 했는데, 가장 대표적인 전환점은 종교개혁과 산업혁명이었다. 이 시기에는 전통적 기성구호제도가 무너지고 개인이나 집단에 의한 자선에 더 의존하게 되었다(Karl, 1984). 자발성은 항상 강제성·전문성 등과 대치되는 개념으로 사용된 것이다. 따라서 자발적 조직에는 시민의 필요를 충족시키기 위해 자유롭게 결성된 모든 조직이 포함된다. 이런 의미에서 자발적 조직은 다른 개념에 비해서 광범위하고 다양한 조직을 포함한다고 볼 수 있다. 정부조직 내에서나 비공식적 네트워크 내에서도 이런 성격의 조직이 가능하고 또 존재한다. 그럼에도 불구하고 오늘날 많은 자발적 조직이 전문가를 충원하고 이들에 의해 운영될 뿐 아니라, 보다 전문적인 영역으로 세분되는 추세로 인해 이 개념이 차츰 본래의 의미를 잃어 간다고도 볼 수 있다.

이 밖에 유럽에서 널리 통용되는 개념은 프랑스에서 쓰이기 시작한 사회적 경제(social economy; économie sociale)라는 용어이다. 이 개념은 19세기 초부터 사용되기 시작하였으나 프랑스 내에서도 정확한 정의는 없었고 용어의 사용도 퇴조하였다. 그러다 1970년대에 여러 사회운동이 확대되면서 널리 사용되기 시작하여 프랑스 관료들도 이를 공용어로 받아들였다. 뿐만 아니라 유럽의 다른 가톨릭 국가들도 이 용어를 사용하였고, 유럽연합도 미국에서 쓰이는 비영리부문이라는 용어에 대항하여 이를 공식적 용어로 채용하기에 이르렀다. 이런 역사적 과정에서 그 내용이 조금씩 변하였지만 오늘날에는 상조조직, 협동조합, 비영리조직과 같은 세 가지 유형의 조직이 포함되는 것으로 이해된다. 이들 조직의 특징은 법적으로 국가로부터 독립적이며, 일인일표의 평등한 원리를 기반으로 하여 사회적 활동을 하는 조직이다. 아울러 결사의 자유, 민주적 통제, 유대성, 정의와 평등한 기회와 같은 가치를 표방한다(Defourny, 1992).

이외에도 UN이 처음 사용하기 시작한 NGO라는 용어가 있다. 국가 간 협의에 의해 구성된 국제적 조직이 아니면서 UN의 경제적·사회적 목적과 부합하는 조직을 일컫는다. 보다 구체적인 정의는 일시적이 아닌 공식적 조직으로서 정부와는 독립적이며 자율적이고 이윤을 추구하지 않는 조직을 말한다. 특히 UN과 적극적 관계를 맺으면서 국제적 목표를 추구하는 조직들을 의미한다(Gordenker & Weiss, 1995). 앞서 설명된 여러 가지 용어들과 NGO는 상당한 공통점을 갖고 있다. 비록 시민사회의 고전적 의미에는 국가가 포함되는 경우도 있었지만 가장 중요한 공통점은 국가와 구분된다는 사실이다.

최근의 사회과학 연구에서 관심대상이 되는 사회운동(social movements)은 시민사회의 중심으로 이해되며, 활동의 자원으로서 조직이 중시된다. 그러나 사회적 존재로서보다는 과정과 이념에 더 큰 무게가 있다. Montesquieu가 처음 사용하기 시작한 중재적 조직(intermediary organizations)이라는 개념도 있다. 그러나 그 뿌리는 중세도시체제에서 찾을 수 있고 이후 Hegel의 사상에서 보다 정교하게 전개되었다. 즉 사회의 주요 제도는 가정, 국가 및 시장인데 이러한 세 가지 제도의 중간에 위치하여 국가와 시민 사이의 중재적 역할을 하는 것이 이들 조직이다.

이상의 논의를 통해서 시대적, 문화적 배경에 따라 쓰이는 용어와 내용이 달라지는 것을 알 수 있다.[2] 오늘날 때로는 구분 없이 사용되는 다양한 용어들이 국가별 사회적, 문화적, 역사적 맥락에 따라 다른 의미를 내포하면서 사용되었던 것이다. 어떤 용어를 선택하든지 분명한 정의는 쉽지 않은 일이다. 하지만 가장 포괄적이며 가치중립적인 용어는 제삼부문이다. 그렇다고 해서 가족을 포함하는 비공식부문을 여기에 포함시키는 것은 아니다. 오히려 이들을 제사부문으로 간주하는 것이 본 연구의 목적에 부합한다. 그렇게 정의하고 보면 미국적 용어인 비영리부문보다는 유럽적 용어인 사회적경제와 유사한 정의가 된다. 광의적 정의가 이 부문에 대한 국제적 비교연구를 수행하는 많은 연구자들의 공통적 정의로 보인다. 2000년 학술회의의 준비과정에서 International Society for Third-Sector Research는 제삼부문에 NGO, 비영리조직, 자발적 조직, 사회경제적 조직, 공동체조직, 상조조직, 시민사회조직, 노동조합, 종교조직, 협동조합 등이 포함된다고 하였다. 따라서 Etzioni의 정의에서 가정과 같은 비공식 조직이 배제된 모든 조직을 포함하는 광의의 개념정의

2) 문화적, 역사적 배경을 갖는 용어들만 존재하는 것은 아니다. Lohman(1992)은 개념적 혼란뿐 아니라 비영리, 비정부, 제삼 등의 용어가 부정적 의미를 내포하고 있다고 비판하면서 commons라는 용어를 제시하였다. 자유참여, 공동의 목표, 공공소유, 상호주의 및 사회적 관계 등 다섯 가지 차원을 내포하는 것으로 정의한다.

임을 알 수 있다. 본 연구에서도 이런 광의의 개념정의를 따른다. 하지만 비영리조직 또는 자발적 조직이라는 용어도 차별 없이 사용하는데, 이는 이들 용어가 일반적으로 많이 사용되고 있으며 특히 비영리라는 용어는 우리나라에서 법률 용어로 널리 쓰이기 때문이다.3)

2) 비영리조직들의 분류와 측정방법

개념규정 못지않게 중요한 문제는 비교하고 설명되어야 할 종속변수인 비영리부문의 규모를 어떻게 측정하는가의 문제이다. 규모를 파악하고, 발달과정을 이해하며 이론적 설명을 검증하는 데 매우 중요한 선행 단계이다. 그런데 기존연구에서 경직된 선험적인 개념규정의 문제는 경험적 자료의 축적에 또 다른 형태로 반영되었다. 공식적 조직화를 강조하고, 조직구성원의 이익을 위한 조직들이 큰 비중을 차지하지 못하게 된 것도 문제이지만 더욱 심각한 문제는 조직운영의 경제적인 측면만을 측정한 것이다. 즉 수입, 고용효과, 운영비 등만을 측정함으로써 비영리, 자발적 조직들의 경제적 효과에만 치중하였고, 다른 연구들에서 강조되는 사회적·정치적 효과에 대한 고려는 거의 없다고 할 수 있다.

이런 개념정의와 측정방법은 유럽의 학자들로부터 상당한 비판을

---

3) 민법 제32조는 "學術, 宗敎, 慈善, 技藝, 社交 其他 營利 아닌 事業을 目的으로 하는 社團 또는 財團"을 비영리법인으로 규정하고 있다. 뿐만 아니라 2000년 1월 제정된 비영리민간단체지원법에서는 비영리단체의 여섯 가지 요건을 규정하고 있다: 1. 사업의 직접 수혜자가 불특정다수일 것; 2. 구성원 상호간에 이익분배를 하지 아니할 것; 3. 사실상 특정정당 또는 선출직후보를 지지·지원할 것을 주된 목적으로 하거나, 특정종교의 교리전파를 주된 목적으로 설립·운영되지 아니할 것; 4. 상시구성원수가 100인 이상일 것; 5. 최근 1년 이상 공익활동 실적이 있을 것; 6. 법인이 아닌 단체일 경우에는 대표자 또는 관리인이 있을 것.

받았다. 유럽에서 역사적으로 중요한 역할을 한 많은 조직이 무시될 수 있다는 것인데 대표적인 조직형태의 예로 조직구성원의 이익을 주목적으로 하는 협동조합적 성격의 조직(co-operative, mutuals)을 꼽고 있다(Perri 6, 1994; Morris, 2000). 아울러 유럽의 토양에서는 공익을 위한 조직들보다 이러한 형태의 조직들이 시민사회의 근간이 되었다는 점도 지적되고 있다. 이런 역사적 맥락에서 비영리부문을 정의하는 가장 큰 특징은 자발성이라고 할 수 있다.[4] 국가 간의 비교연구에서 어느 정도 비교의 틀이 필요한 것이 사실이지만 경험적 연구가 일천한 상태에서 영역과 개념의 정의가 너무 엄격하게 적용되면 정의역 이외 각 국가의 특유한 주요 조직들을 간과하게 되는 문제가 있다(Hall, 1992). 효과적인 비교연구를 위해 표준화된 개념으로 연구대상을 한정한 점이 국가별 사례연구에서 상당한 약점으로 작용하였다. 이러한 문제점은 변수중심적 연구를 지향하는 대부분의 국가 간 비교연구에서 공통된다. 변수중심적 연구에서는 각각의 사례와는 분석적으로 별개인 측면으로서, 모든 사례에 동실석인 변수를 상징한다. 모집단은 경험적으로 주어진 것이며 모든 사례에 동질적인 인과관계를 가정한다. 이에 비해 사례중심적 연구에서는 각각의 사례가 하나의 통합된 구성(configuration)이며 모집단 역시 연구축적과 더불어 규정된다(Ragin, 1987; 2000). Johns Hopkins의 비교연구는 전자의 접근방법으로 사례연구를 함으로써 상당한 한계를 드러내게 되었다.

이러한 문제점은 자발적 조직들을 연구의 영역에 포함시키는 시민사회론이나 사회적 자본(Social Capital)[5]에 관한 연구들을 참조하

---

4) 자발성을 이런 유형의 조직들의 가장 큰 특징으로 간주한 연구는 많다(Dekkar & van den Broek, 1998).

5) 사회적 자본론은 Coleman(1988, 1990)에 의해 가장 분명하게 설명되었다. 인적·물적 자본과 비교할 때 사회적 자본은 공공재적 성격을 갖는 것으로 사회적 관계와 환경에 대한 신뢰와 규범이 그 구성요소이다. 그리고 신뢰와 규

면 더욱 두드러진다. 이런 연구들에서 자발적 조직 자체가 연구의 주 대상은 아니지만 그 정치적·사회적 효과를 고려할 때 전통적인 지역적, 상부상조조직 또는 친목조직, 이해관계를 대변하는 조직들이 중시된다. 그러나 Johns Hopkins 비교연구에서는 경제적 효과의 측정에 치중함으로써 자연히 공익적인 서비스를 제공하는 조직이 과대평가되었다.6)

이런 비판과 논의를 통해서 비영리부문이라는 큰 영역구분에 다양한 하위부문이 존재함을 알 수 있다. 따라서 보다 나은 이해를 위해 하위부문 간의 차이를 체계적으로 밝힐 수 있는 분류가 선행되어야 한다. 기존연구를 통해 비영리조직을 가름하는 두 가지 중요한 차원을 말할 수 있다. 첫째는 조직구성원의 이익을 위한 조직과 공공의 이익을 위한 조직으로 대별해 볼 수 있다. 역사적으로 보아 조직구성원을 위한 조직이 차츰 제삼자, 공중을 위한 조직으로 확대되어 온 것을 알 수 있고, 사회경제적 발전 수준이 낮을수록 전자의 조직이 주류를 이루고 있다. 두 번째는 서비스를 제공하는 조직인지 또는 이해관계를 표출하고 대변하려는 조직인지에 의해 구별할 수 있다. 이 두 유형의 조직들은 구조기능적 측면에서도 상당히 다른 모습을 보이게 된다(Smith, 1991; Billis, 1993). 이런 구분은 Johns Hopkins 비교연구 중 최근의 이론적 연구에서 서비스조직과 표출적(expressive) 조직으로 구분하는 경향에서도 알 수 있다

범의 공유를 통해 협력적 사회행위가 가능해지고 이를 기반으로 효율적 정부와 사회적 제도가 발달한다. 이러한 사회화를 가능하게 하는 것이 전통적인 자발적 조직들이다. 따라서 사회적 자본론에서 자발적 조직은 제일 중요한 하나의 독립변수로 간주된다.

6) 사회과학의 영역에서 상이한 관심을 가지고 이루어지는 자발적 조직에 대한 연구성과에 대한 인식이나 지적 교류가 거의 없다는 점을 지적할 수 있다. 물론 주 연구대상이 비영리부문의 동일한 하위부문을 지칭하는 것은 아니다. 사회적 자본론, 시민사회론, 새로운 사회운동에 관한 연구, 자발적 조직에 대한 역사적·제도론적 연구 등이 존재하지만 비영리부문의 연구는 이들 연구경향과는 상당히 격리되어 있어서 지적 교류를 통한 연구가 거의 없었다.

〈표 3-1〉 비영리부문의 분류

역 할	조직구성원(member-benefit) 또는 집단적, 배타적	공익적(public-benefit)
서비스제공	종교조직 조합 (mutual-aid, cooperative)	복지, 의료, 교육, 기업재단(주로 foundation)
이익표출	노동조합, 기업연합 등 이익집단	환경단체 등 공익집단 (주로 association)

(Salamon & Sokolowski, 2001).

이러한 두 가지 차원에 의한 분류가 〈표 3-1〉에 제시되어 있다.[7] 여러 국가들에 대한 역사적·경험적 연구에 의하면 조직구성원에 대한 서비스(집단적 서비스)제공을 위한 조직이 차츰 구성원들의 이익표출(집단적 이익표출)을 위한 조직으로 또는 공익조직으로 확대되어 가는 것을 알 수 있다. 예를 들어 종교조직이 빈민구제와 같은 사회문제를 해결(공익적 서비스)하는 데 큰 역할을 하게 되었고, 상부상조적인 길드조직이 노동조합이나 기업주들의 조직으로 변모해 온 것도 알 수 있다. 이보다 늦게 나타난 조직이 환경단체, 국제적 원조를 위한 단체와 같은 공익을 위한 조직이다.

이런 분류를 기반으로 지금까지의 비영리부문에 관한 연구를 살펴보면 Johns Hopkins 비교연구는 공익적 서비스조직을 위주로 진행되어 왔다는 사실을 알 수 있다. 이 때문에 비영리부문과 하위부문에 관한 이론적 설명도 한계가 있고 부분적 설명에 머무를 수밖에 없다. 이러한 문제점은 다음의 두 표를 통해서 더 분명하게 설명될 수 있다. 〈표 3-2〉는 대체적으로 Johns Hopkins 비교연구에서의 측정방법인데 이 표에만 의존할 경우 스웨덴의 비영리부문이 상

---

7) 이 분류에서 각 하위부문은 이상형 또는 유형개념(type concepts)으로 간주될 수 있다. 하위부문 내에서의 변이, 즉 다양한 조직이 존재할 수 있으며, 구체적으로 조직들이 유형개념에서 얼마나 벗어나는지를 연구하는 기준이 된다 (Bailey, 1994).

〈표 3-2〉 비영리부문의 GDP 대비 운영비와 이 중 복지서비스 부문의 비중(1990년)

	GDP 대비 비중(%)	복지서비스 비율(%)
이탈리아	1.2	62
프랑스	3.3	68
독 일	3.6	70
스웨덴	4.1	27
영 국	4.8	57
미 국	6.3	85
네덜란드(1995)*	15.3	(89)

출처: Lundtrom & Wijkstrom(1997), Salamon & Anheier(1996).

* The Netherlands의 자료는 1995년도 기준이며 복지서비스 비율은 전체 운영비가 아닌 고용비율을 기준으로 한 것임(Lester M. Salamon et al., 1999).

대적으로 작은 것으로 간주될 수 있다. 그러나 두 번째 열의 자료를 참조하여 복지서비스를 제외한다면 GDP 대비 운영비 비율은 스웨덴이 가장 높은 수준을 나타낸다. 이는 스웨덴의 경우 대부분의 복지서비스 전달체제가 정부의 직접적인 서비스로 구성되어 있음을 고려할 때 복지서비스를 제외한 비영리부문이 상대적으로 크다는 것을 의미한다.

이에 대비하여 자발적 조직들이 연구의 관심인 시민사회론이나 사회적 자본론에서 쓰이는 조직에 대한 가입과 적극적 참여의 비율과 서열이 〈표 3-3〉에 제시되어 있다. 이 표에서는 분명하게 스웨덴과 그 외 스칸디나비아국가들이 상위권을 형성하고 있다. 즉 이러한 유형의 조직에 대한 참여율이 일반적으로 알려진 활발한 조직활동으로 유명한 국가들을 더 잘 측정하는 듯이 보인다. 비영리부문이 특정 국가 내에서 차지하는 경제적 비중을 측정하는 것도 중요한 자료임에는 분명하지만 경제적 활동이 주목적이라고 볼 수 없는 이 부문을 경제적인 측면에서만 파악하는 것은 득보다는 실이 많은 측정방법이라고 볼 수 있다. 특히 경제적 비중으로 비영리부문을 측정함으

<표 3-3> 자발적 조직에 대한 회원가입과 적극적 참여의 서열과 비율*

	회원가입		적극적 참여	
	1981(%)	1990(%)	1981(%)	1990(%)
네덜란드	4(61)	2(84)	4(24)	5(36)
벨기에	10(41)	8(57)	7(21)	7(28)
독일(서)	9(48)	6(67)	7(21)	6(31)
프랑스	11(27)	11(38)	12(15)	11(23)
이탈리아	12(24)	12(34)	11(17)	10(24)
영 국	8(52)	9(52)	9(19)	12(16)
아일랜드	7(51)	10(49)	6(22)	9(27)
덴마크	3(64)	3(81)	10(18)	8(26)
노르웨이	4(61)	3(81)	5(23)	4(37)
스웨덴	2(67)	1(85)	3(26)	3(39)
캐나다	6(57)	7(64)	1(32)	2(43)
미 국	1(72)	5(71)	2(31)	1(47)

출처: World Values Study Group, World Values Survey, 1981－1984 and 1990－1993, ICPSR.

* 괄호 안의 전체 응답자 중 비율. 1990년의 설문조사에는 1981의 설문보다 많은 조직유형을 묻고 있으며 1995년에도 설문조사가 있었지만 위 12개 국가 중 독일, 노르웨이, 스웨덴, 미국만이 포함되어 있고 설문에는 지금까지의 설문조사 중 가장 적은 조직유형만을 묻고 있다.

로써 서비스를 제공하는 조직만을 과대평가함으로써 사회적 갈등을 표현하고 조정하는 중요한 영역을 제대로 측정하지 못하는 오류를 범하게 되었다. 그러므로 사회적 문제와 갈등의 표현, 이의 해결을 위한 집단적, 자발적 노력이라는 측면에서 비영리부문을 이해할 때 시민들의 참여도를 측정하는 것이 더 바람직하다고 할 수 있다. 이러한 정의와 측정방법으로 기존의 이론적 설명의 적실성을 알아보고 나아가 보다 광범위한 비교연구를 통해 그 기원과 성장요인을 알아볼 수 있을 것이다.

2. 비교연구에 의한 이론적 설명과 바람직한 연구방법

1) 기존의 비교연구와 설명

초기 비교연구를 주도한 것은 Yale대학교의 The Program on the Nonprofit Organizations(PONPO)이며 주로 기존 국가수준의 연구들을 비교하였다. 이 중의 하나가 James(1987, 1989)의 연구로 비영리부문의 국가 간 차이를 설명하기 위한 이론들에 대한 평가에서 비롯되었다. 교육부문을 예로 들면서 경제적 이론이 영리부문과 비영리부문의 경쟁관계를 가정하고 있는 데 비해, 주로 비영리부문과 정부 간의 경쟁이 있음을 알 수 있다고 한다. 뿐만 아니라 정부는 비영리부문의 주요한 재정지원을 담당하고 있고, 부문의 크기는 국가별, 영역별로 크게 차이가 나는 점을 지적한다. 이를 설명하기 위해 Weisbrod의 이질성이론을 수정하였다. 즉 보편성이 없는 이질적 수요(differentiated demand)를 충족시킬 수 없는 정부서비스 때문에 비영리조직들이 생겨난다는 설명은 선진국의 상황에 적합한 설명이다. 그러나 개발도상국에서 비영리 교육부문이 큰 이유는 정부의 서비스 제공이 일반적 수요를 충족시키기 못하는 데서(excessive demand) 기인한다고 설명한다. 비교연구를 위해서 이렇게 수요의 측면을 구분하였을 뿐 아니라, 공급의 측면을 강조하였다. 이런 수요에 직면하여 영리조직이 아닌 비영리조직으로 사회적 수요를 충족시키려는 사회적 기업가의 존재가 중요하다는 것이다. 또 이들의 존재는 종교적 전통과 깊이 연계되어 있으며, 특히 종파 간 경쟁이 치열할 경우 특정 교파에 대한 추종자들을 끌어들이기 위해 이들의 활동은 더욱 적극적으로 된다고 보았다. 이렇게 종교적 요소의 중요성을 지적한 점이 이론적 공헌으로 간주된다. 특기할 만한 사실은 이상의 이론적 설명이 보다 광범위한 비영리부문의 정의를 기반으로 이루어졌다는 점이다. 즉 비영리부문을 이윤배분이 금지된 조직으로 한정하는 본래의 미국적 정의에서 벗어나 서비스제공부문만이 아니라 다양한 이익집단과 종교조직을 포함하는 것으로 정의한 것이다. 그럼에도 불구하고 경험적 연구에 있어서는 서비스제공조직에만 한정함으로써 실제로는 미국적 정의를 따르고 있다.

1980년대까지의 비교연구를 종합하면(Anheiber & Seibel, 1990) 비영리부문의 국가 간 차이를 결정하는 세 가지 사회적 전통을 지적할 수 있다. 첫째, 국가 중심의 온정적 개혁주의와 가톨릭적 보충성(subsidiarity)의 원리가 혼재하는 보수주의적 전통이 있다. 이들 국가에서는 비영리조직이 공익을 강조하며 정부에 크게 의존한다. 둘째, 앵글로색슨 국가들에서는 시장지향적이면서 자발성을 강조한다. 끝으로 스칸디나비아의 사회민주주의 모형은 국가의 사회적 책임을 강조함으로써 비영리부문이 비교적 발달하지 못하였다고 한다. 이 사회적 전통과 더불어 종교적 이질성 및 정부의 집권화의 정도가 중요한 결정요인으로 지적되었다. 예를 들어 집권적인 국가일수록 비영리부문이 성장하기 어려웠다. 이렇게 경험적 연구들을 종합하면서 네 가지 연구방향을 제시하고 있다. 공적인 영역과 사적인 영역이 엄격히 구분되는 것은 아니고 비영리부문이 서비스제공부문뿐만 아니라 이해관계를 조정하는 조직도 포함해야 한다는 것이다. 이로써 기존의 정치적, 경제적 이론들이 지나치게 좁은 정의 아래서 이론적 설명을 제시하고 있음을 비판한다. 이 부문의 국가별 형태는 경제적 효율성보다는 정치적, 사회적 유산에 의해 결정되며, 특정 사회의 규제적 성향이 이들 부문의 행태에 영향을 미친다. 다시 말해서 제도적 전통을 고려해야 하고 기존 이론에서처럼 제도적 선택의 관점으로 이해하는 것은 설득력이 없다는 점을 분명히 하고 있다.

이상의 초기연구들의 특징은 대부분 기술적 연구였으며 제한적인 비교연구였다는 사실을 부정하기 어렵다. 본격적인 비교연구는 1990

년에 시작된 Johns Hopkins 비교연구이다. 이 비교연구는 비영리부문의 정의, 분류, 자료축적이라는 세 가지 목표를 가지고 시작되었다. Salamon과 Anheier(1993)에 의하면 기존의 정의는 주로 법적, 기능적 또는 경제적인 정의로 구분될 수 있는데, 비교연구를 위해서 새롭게 구조적·기능적 정의를 시도하였다. 비록 개념규정에 있어서 유럽적 정의를 자주 언급하고 시민사회 또는 제삼부문이라는 용어와 큰 차이가 없음을 강조하고 있지만 결국은 전통적인 미국적 정의를 따르고 있음을 알 수 있다. 더욱이 지나치게 방만한 비교연구를 방지하기 위해 정치적 조직과 종교적 조직들을 제외시켰다. 역시 이 비교연구의 초기에는 미국적 연구전통인 비역사적인 관점을 고수하고 있음을 알 수 있다. 특히 이들의 개념정의에는 경제적 속성이나 역할이 중요시되지 않음에도 불구하고 부문의 크기와 기능을 전적으로 경제적 측정에 의존한다. 즉 고용, 자발적 노동, 지출, 재정 등을 측정하고 비교함으로써 시장지향적인 미국적 편견과 전통을 고수하고 있음을 알 수 있다. 이러한 측정치들, 특히 GDP에서 차지하는 비율이나 수입 등은 서비스제공조직들을 비교하는 데 적합할는지 모르지만 이해관계를 조정하는 조직의 크기와 기능을 비교하는 데는 적합하다고 볼 수 없다. 자발적 노동 또는 자원봉사활동이 이 부문의 측정에 좀 더 바람직한 것처럼 보이지만 이 역시 다른 방법에 의한 조직활동 참여자들을 고려하지 못하고 있다. 예를 들어 다양한 회원의 가입과 이들의 지지에 의해 유지되는 조직들은 거의 비중을 차지할 수 없는 측정방법이다.

이런 제약에도 불구하고 처음 20개 국가를 비교한 결과(Salamon & Anheier, 1997)에 의하면 비영리부문의 결정요인으로서 다섯 가지를 들고 있다. 그리고 이들 요인들은 주로 비경제적 요인임을 알 수 있다. 먼저 법적 전통이 중요요인으로 지적된다. 성문법 국가의 경우에는 개인이나 조직의 권리와 의무가 명시되기 때문에 공적 제도로서 기능하기 위해서는 국가로부터 지위를 인정받아야 된다. 이에 비해 불문법 국가에서는 사적 제도가 공익을 위해 일하는 것은 하나의 권리로 인식된다. 이 때문에 불문법 국가에서 비영리부문의 활동이 더 왕성하다고 설명한다. 다른 하나는 경제발전수준으로 경제성장에 따라 심화되는 사회적 분화가 조직결성의 근간이 된다. 특히 조직결성에 결정적인 역할을 하는 도시엘리트와 전문가가 많아짐으로써 조직화가 용이하다. 뿐만 아니라 경제성장은 의사소통의 통로를 넓히므로 정보의 소외계층이던 농민과 도시노동자들이 정보를 공유하면서 동원과 조직화가 가능하다. 세 번째 요인으로 집권화의 정도를 들고 있다. 즉 집권화의 정도가 높을수록 비영리부문의 활동 여지가 그만큼 줄어들고, 국가와 교회가 단일체인 경우 이 부문의 기회가 제한된다고 한다. 네 번째 요인은 정부정책이다. 지배계층이 조직화된 행동의 가능성에 대해 부정적이면 비영리부문이 위축될 수밖에 없다고 한다. 엘리트들의 이런 비민주적 성향뿐만 아니라 프랑스의 경우처럼 길드와 교회의 영향력을 없앰으로써 민주주의를 신장시키려는 동기에서 비롯된 경우도 있다는 점을 지적하고 있다. 마지막으로 종교적 요인을 들면서 크게 기독문명권과 이슬람권을 대비해서 설명한다.

결정요인에 대한 이상의 설명은 누적된 자료의 분석결과에서 나온 사후적 결론에 그치고 있을 뿐 이들 요인을 일관되게 설명하는 이론적 틀을 제시하지 못한다. 예를 들어 국가나 종교의 역할을 각각의 역사적 배경과 이념적 측면에서 일관되게 설명할 틀은 제시되지 않았다. 또 경제발전을 중요 요인으로 간주하고 있으나 성장 그 자체가 아니라 오히려 성장에 의한 사회적 계급의 분화가 직접적인 요인으로 보인다. 따라서 국가, 종교, 계급 등의 역할을 역사적 배경을 중심으로 일관되게 설명할 수 있는 이론적 틀이 필요하다.

아마 이런 필요성에서 이들이 다음 연구(Salamon & Anheier, 1998)

에서 이론적 틀을 제시하게 되었을 것이다. 무엇보다도 크게 달라진 관점은 경제적 설명에서 제시하는 것처럼 제도적 선택이 시장에서 소비자에 의해 이루어지는 것이 아니라 역사적 발전과정에서 지극히 제한적인 선택이 이루어진다는 것을 강조하고 있다. 다른 이론들이 제도적 선택이 가능한 것처럼 가정하고 있으나, 역사적으로 살펴보면 주요 서비스가 정부, 시장, 비영리부문 중 어느 부문에 의해 제공될 것인가는 소비자의 선택에 의해 결정되는 것이 아님을 역설하였다. 그러한 선택은 이전의 역사적 발전과정에 의해 많은 제약을 받는다는 점을 분명히 한다(226쪽). 먼저 역사적으로 보아 자본주의적 시장이 존재하기 훨씬 이전부터 비영리조직들이 존재했다는 사실을 간과하고 있다. 지역적, 인종적, 종교적 상조조직들이 영리조직의 존재보다 훨씬 선행할 뿐 아니라 이들 조직이 공공재의 공급을 담당하는 조직으로 발전하였고, 영리조직들 역시 서비스 분야에 진출하게 된다. 또 정부, 영리조직, 비영리조직 등 서로 다른 형태의 조직들이 항상 갈등과 경쟁의 관계에 있는 것으로 가정하고 있으나 경험적 자료와 연구들은 이들 조직이 상호보완적이며 의존적인 관계를 보일 때가 많으며 특히 선진자본주의국가들의 경우가 그러하다. 이런 측면에서 볼 때 기존 설명은 비영리부문의 상대적 장점이나 특징을 설명하는 것에 불과하다고 볼 수 있다. 따라서 비영리부문은 특정사회의 사회경제적 구조의 역동적 생성물로 간주되는데 종교, 계급, 국가, 특히 복지부문의 역할 등의 발달과정에 의해 생성된 것이다. 그래서 Barrington Moore의 서로 다른 정치체제의 사회적 기원론을 원용하고, 특히 Esping-Andersen의 연구에 기초하여 비영리부문의 크기를 설명하는 이론적 틀을 제시하고 검증한다. Moore의 민주주의를 가능하게 했던 계급 간의 균형을 전제로 하고 있지만 궁극적으로는 Esping-Andersen의 복지국가모형을 원용하고 있음을 알 수 있다. 국가, 교회 및 귀족, 부르주아, 노동자 계급 간의 권력균형을 중심으로 서로 다른 네 가지 모형으로 분류함으로써 비영리부문이 모든 사회에서 깊은 역사적 뿌리를 갖고 있음을 분명히 하였다.

이러한 역사적 시각은 확실히 이전의 이론적 시각과는 다르고 의미 있는 새로운 인식임을 부정할 수 없다. 그러나 주 분석대상이 사회적 서비스의 틀을 벗어나지 못하고, 자료와 정의는 여전히 미국적 전통을 고수함으로써 많은 비판을 야기하였다. 민주주의나 복지국가의 출현과 같은 현상이 역사적 생성물로서 그에 합당한 설명이 필요하다는 인식에도 불구하고, 복지국가적 설명의 틀 안에 한정되어 서비스 제공의 측면만을 설명한 것이다. 따라서 비영리부문 고유의 설명이라기보다는 복지서비스를 제공하는 비영리부문의 일부와 정부의 역할에 대한 설명에 그치고 있다. 이 가설의 검증과정에서 사용된 종속변수에 대한 자료는 Johns Hopkins 비교연구에서 수집된 것이며, 경제적 측면만을 측정한 자료는 자연히 복지서비스의 영역만을 강조하고 있으므로 그 결과 역시 복지국가 비교연구의 틀을 벗어나지 못하고 있다(Salamon & Anheier, 1998).

뿐만 아니라 유럽 몇몇 국가의 분류는 설득력이 약해 보인다. 이탈리아와 네덜란드의 경우, 이탈리아는 사회민주주의 모형으로 분류되었다가(1998) 나중에 다시 코포라티스트 모형으로 분류되었고(Salamon & Solokowski, 2001), 네덜란드는 이탈리아, 프랑스와 더불어 코포라티스트 모형으로 분류되었다. 〈표 3-3〉에서도 보았듯이 네덜란드의 경우 대부분의 연구에서 비영리 자발적 부분이 매우 크다고 인정되었으나 이탈리아, 프랑스는 이 부문의 발달이 상당히 저조한 것으로 간주되어 왔기 때문에 이러한 분류는 설득력이 별로 없다. 이는 종속변수의 경제적 측면만을 측정한 것이 가장 큰 원인이며 이 문제점은 사회민주주의 모형으로 분류된 스웨덴을 위시한 스칸디나비아국가에서 표출적 조직이 잘 반영되지 못한 점을 인정하

〈표 3-4〉 유럽 4개국의 유형별 비영리조직 가입비율

	집단구성원		공익적	
서비스	스웨덴 23% 네덜란드 31%	프랑스 37% 이탈리아 36%	스웨덴 17% 네덜란드 30%	프랑스 31% 이탈리아 26%
이익표출	스웨덴 43% 네덜란드 16%	프랑스 19% 이탈리아 25%	스웨덴 17% 네덜란드 24%	프랑스 13% 이탈리아 13%

가입자수(중복적): 스웨덴 1,984명(189%의 표본크기 1,047명)/ 네덜란드 2,639명(259%의 1,017명)/ 프랑스 682명(68%의 1,002명)/ 이탈리아 1,185명(59%의 2,018명).
출처: World Values Study Group, World Values Survey, 1990－1993, ICPSR.

는 데서도 알 수 있다. 예를 들어 스칸디나비아에서는 문화와 레크리에이션의 영역에서 비영리조직의 활동이 매우 왕성하지만 미국과 같은 나라에서는 주로 영리조직이 이 영역을 담당하고 있다. 앞의 분류를 기초로 한 〈표 3-4〉에서도 알 수 있듯이 이들 영역과 종교조직을 Johns Hopkins의 비교연구에서와 같이 수입과 지출 등 경제적으로 측정한다는 것은 타당한 방법이라고 보기 어렵다. 경제적 설명도 부적절하지만, 이 부문을 경제적으로 측정하는 것 역시 동의하기 어렵다.

2) 바람직한 연구접근방법

비영리부문의 비교연구에 의하면 이러한 유형의 조직들이 의심할 여지없이 역사적 산물임을 웅변하고 있다. 그러나 구체적으로 어떤 요인들이 어떻게 작용하는지에 대한 체계적인 설명은 부족한 편이다. 그럼에도 불구하고 다양한 비교연구의 결과들은 적어도 국가와 종교의 상호작용과 역할, 계급 간의 갈등과 같은 몇 가지 요인들의 중요성에 대해서는 동의하고 있는 듯하다. 이들 요인이 어떻게 작용하는가에 대해 앞의 분류를 기반으로 서비스 영역에서 교육과 이익표출적 조직활동인 노동운동 영역에서의 발달과정을 살펴보고

자 한다.

근대적 국가의 발달과 함께 의사결정과정이 집권화하면서 시민적 권리와 의무도 평등화되었고, 이런 추상적 권리의 발달이 이해관계를 대변하고 새로운 서비스를 제공하는 다양한 조직의 발달과 병행하였다. 즉 중세의 전통적, 지역적 조직들이나 길드와 같은 직종별 조직이 국민국가의 발달과 함께 새로운 형태의 조직으로 대체되었다고 볼 수 있는데, 산업화의 진행과 더불어 더욱 가속화되었다. Tocqueville도 이러한 현상을 1830년대의 미국에 대한 관찰에서는 지적하면서도, 19세기 후반의 서부유럽에서 공식적 평등화가 제도화되면서 새로운 유형의 조직들이 대거 출현하는 현상을 예측하거나 일반화하지는 못하였다.

국민국가의 발달에 따른 집권화로 인해 산업화 과정에서 생겨난 새로운 사회경제적 균열구조와 전통적 균열구조 간의 관계가 새롭게 정립되었다.[8] 이러한 과정에서 유럽의 국가들은 서로 다른 속도와 모습으로 정치적으로는 민주주의가 발달하였고 자발적 조직들이 다양한 양태로 확대되었다. 국가형성과정에서 국가와 종교, 신구계층 간의 관계가 새롭게 정립되는데, 이 과정에서 찬성과 반대의 세력들의 조직화가 어떻게 허용되었는지가 분석의 초점이 된다. 다시 말해서 변화에 따른 사회적·정치적 갈등의 표출이 용이한 정치적 전통이나 정치적 관용의 차이점과 조직화를 용이하게 하는 교육, 지도자 등을 포함하는 사회적 여건이 중요하다.

교육 분야에서 교회의 역할은 중세기까지 소급된다. 교회에 의해 설립된 중세기의 수도원과 학교들이 교회의 역할에 중요한 전기가 되었다. 수도원의 교육이 수도자들에게 국한되면서 교회의 책임하에

8) 이런 관점에서 유럽국가들이 역사적 전환점들을 어떻게 경험하였으며 이러한 경험이 각 국가들의 정치적 발달과정에 어떤 영향을 미쳤는가를 연구한 대표적 학자는 Rokkan(1970)이다.

조직된 도시의 학교와 대학들이 세속적 교육을 담당하게 되었다. 수 세기에 걸친 이런 역사적 전통으로 인해 교육은 국가와는 독립적인, 교회의 영역이라는 생각을 갖게 하였다. 종교개혁은 이러한 사고에 변화를 가져온 계기가 되었다. Luther는 일반 대중에게 개방되고 이들의 재정부담으로 운영되는 공적 교육제도를 만들려고 했다. 이는 교육이 국가의 책임이 되는 새로운 모형으로서 넓은 의미에서 오늘날의 복지국가의 정당성을 제공한 기초가 되었다. 성경을 읽고 이해하는 것이 모든 사람들의 권리라고 주장함으로써, 문자해독능력이 강조되었고 독일 전역에 영주와 지방정부에 의한 새로운 학교들이 설립되었다. 이러한 주장은 칼뱅주의에서도 찾아볼 수 있다. 특히 30년 전쟁으로 인해 교조주의적 성향과 가톨릭교회의 통제에 대한 반감이 더욱 높아졌고, 개인적 경건주의와 이성을 중요시하는 계몽주의가 나타났다. 이는 교회의 통제하에서 고전 위주의 교육에 집중하던 대학들이 쇠퇴하는 계기가 되었고, 국가가 지원하는 교육기관들이 증가하기 시작하였다. 루터적 경건주의와 사회적 책임을 강조하는 루터교의 성향들이 북구적 복지모형의 기반이 되었다. 즉 교회가 주도적 역할을 하던 모든 영역에서 국가의 역할수행이 정당화되었다(Sørensen, 1998). 다른 측면에서 보면 일반인이 성경을 읽고 해석하는 것이 개인의 권리라는 Luther의 가르침은 북구의 오래된 민주적 전통과 부합하여 모든 북구국가들이 루터교로 전향하는 계기가 되었다고 볼 수 있다.[9] 북구국가에서 정부는 시민과 동떨어진 존재가 아니었다.[10]

---

9) 그러나 이에 반하는 루터의 친귀족적 성향도 농후하였으므로 지배계층이 스웨덴의 Gustav Vasa처럼 종교개혁을 그들의 목적을 위해 이용하는 가능성이 높았다. 이런 갈등의 결과물이 cuius regio, eius religio(He who owns the region, his is the religion)의 원리로 귀착되었다. 즉 군주가 교회의 수장이 되고 루터교회는 국가기관의 일부가 되었다.

10) 바이킹부족들은 국왕과 지방의회 또는 중앙의회의 대표자들을 선출하는 전통을 갖고 있었고 지방 수준에서 자유농민들은 교구의 성직자도 선택할 권한을

이런 흐름의 결과 많은 절대주의 유럽국가에서 국가 주도적 문제 해결방식이 선호되었고, 국가와 가톨릭교회 간의 갈등도 심화되었다. 독일에서도 1871년에서 1891년에 이르는 동안 Bismarck와 가톨릭이 우세한 지역 간의 갈등이 있었다. 이러한 갈등은 주로 교육, 문화, 복지 등의 영역에서 업무 분담에 관한 것이었다. 이 때문에 교황 레오 13세는 사회적 문제는 지역의 수준에서 해결되어야 한다는 "새로운 것들에 관하여"(Rerum Novarum)라는 칙령을 내렸다. 그 후 40년 뒤에는 Pius 11세에 의해 소위 보충성(subsidiarity) 원리가 발표된다. 즉 가정과 같은 하위수준의 사회적 단위가 해결할 수 있는 문제에 국가와 같은 높은 수준의 사회적 단위가 개입해서는 안 되며, 후자는 단지 전자가 책임을 수행하는 것을 도와주어야 한다고 규정하였다. 이런 방식으로 국가의 책임과 보호가 균형을 이루게 된다(Anheier, 1992).

영국의 전통은 18세기에 정립된 것으로 가톨릭과 루터교가 혼합된 형태를 보인다. 전통적으로 교육은 가족과 자선단체의 관심사로 여겨졌고 19세기 중반에 이르러서야 국가의 소극적 개입이 시작되었다. 이런 전통은 영국국왕과 토지귀속의 특수한 위치와 관계에서 기인한다고 설명한다. 국왕은 유럽 대륙국가들의 군주들처럼 경쟁관계에 있는 존재가 없었기 때문에 중앙집권화의 필요성을 느끼지 않았다. 토지귀족들도 그들의 권력이 비교적 확대되었을 때도 왕권에 대해 복종하는 편이었다. 이런 정치적 상황으로 인해 지방자치에 기반을 둔 행정체제가 발달하게 되었다(Thane, 1990). 빈곤구제에 있어서도 교회가 주체가 되기보다는 사적 기금과 단체가 주로 개입하였으며 이들의 활동이 미진한 부분과 재정에 대해 지방정부가 개입하는 체제를 이룩하였다.

노동운동의 전개과정을 살펴보면 지방자치의 전통과 의회제도의 역

갖고 있었다. 공동 책임과 의사결정의 전통은 매우 오래된 것이다.

사가 비교적 오래된 북구국가들과 영국의 차이를 알 수 있다. 영국의 노동운동은 영국국교에 반대하는 감리교파로부터 지도자들이 충원되고 정당성을 확보하였다. 이들 모임은 정치적 급진파와 노동조합을 조직하는 사람들의 훈련장이 되었다. 북구국가에서는 대부분의 부흥운동이 기존 교회 내에서 이루어짐으로써 기성교회에 대한 반대는 없었다. 따라서 노동운동은 종교적으로 뒷받침되는 정당성을 확보할 수 없었다. 이런 이유에서 노동운동의 교회에 대한 반감은 반사적으로 영국보다 더 컸고 서비스를 제공하는 비영리부문에 대한 태도도 비우호적이었다고 본다. 예를 들어 자선부문은 보수주의자들의 아성이고 기성교회의 도구로 보았다. 스칸디나비아의 민주적 전통과 루터교적 전통에 이런 배경이 더하여 북구적 복지모형이 가능하였다. 가장 광범위한 노동운동조직으로 발전한 스칸디나비아에서는 사적 조직들이 아닌 정부에 의해 사회적 서비스가 제공되기를 선호하게 된다.

미국에는 유럽의 다양한 종교적 전통과 갈등이 그대로 이식되었다고 볼 수 있다. 18세기 전반의 종교운동(Great Awakening 대각성운동 또는 신앙부흥운동)과 적극적인 전도활동에 의해 교파를 초월하여 전 식민지에 신앙의 불꽃을 타오르게 하였다. 이리하여 각 교파의 연대감이 깊어져 식민지 각 지역의 이해를 촉진시켰다. Hall (1982)에 의하면 남북전쟁 이전에 영리조직이나 비영리조직을 결성한 주된 집단은 복음주의 교파와 보스턴의 상인들이었다. 이들은 여러 조직을 결성하고 행정적 기술을 발전시켰으며 그들의 업무수행에 도움이 되는 개인적·조직적 연결망을 구축하였다. 특히 복음주의적 네트워크는 뉴잉글랜드 지역의 도시 엘리트에 의한 것이었다. 이들에 의해서 하버드나 예일과 같은 교육기관도 세워졌다. 복음주의적 네트워크는 일반 신도들에게도 큰 영향을 미쳤는데 신도들이 세속적인 여러 가지 영역에서 지도자적 위치를 점할 수 있는 능력을 신장시켜 주었다. 그리하여 남북전쟁이 발발했을 때 조직능력이나 지도력이 없었던 북군에게 필요한 여러 기능을 제공하게 되었다. 다른 지역의 종교적 성향과 추종자들에 의한 활동도 무시할 수 없는 것이었다. 19세기 초에는 가장 큰 종파를 형성하는 침례교와 다른 자유교회활동에 의해 진정한 기독교국가가 되었고 조직활동도 확산되었다. 특히 제2차 종교부흥운동이 미국 전역으로 퍼져 가면서 종파를 초월하는 여러 조직이 생겨났다. Yoder(1967)에 의하면 이러한 조직들은 두 가지 부류로 구분되는데, 하나는 전도의 목적을 갖고 있었고 다른 하나는 프로테스탄트, 특히 청교도적 이상에 따라 미국사회를 개혁하려는 의도를 내포하고 있었다. 이런 조직은 절주, 반노예제도, 평화 등의 개혁적 구호를 내세우고 사회개혁에 몰두하였다. 이상의 조직활동과 개혁적 성향으로 인해 이후의 대부분의 복지, 교육기관이 사적 비영리조직의 형태를 띠게 된 것이다(Hall, 1987).

위의 짧은 논의에서도 비영리부문의 크기를 결정하는 데 국가, 종교 및 계급이 중요함을 알 수 있다.[11] 그렇지만 역사적 전통에 따라 어느 부문이 어떻게 확대되는지는 상당히 다르다고 볼 수 있어서 이런 귀납적 접근방법으로는 일반화가 용이하지 않다. 따라서 가장 근접한 체계적인 이론적 설명을 원용하여 여러 사례에 접근하는 것이 보다 바람직하다고 생각한다. 그럼에도 불구하고 비영리부문의 성장에 중요한 변수들을 세 가지 서로 다른 차원의 변수로 요약할 수 있는데 이는 규제적, 규범적, 인지적 차원으로 구분할 수 있다. 대의적인 전통이나 정부정책을 포함하는 규제적 차원, 종교적 가치와 같은 규범적 차원 및 조직설립을 주도하는 사회적 기업가의 존

11) 사례연구는 일반적·통계적 분석과는 달리, 각각의 사례가 여러 가지 특성들의 통합된 구성(configuration)으로 간주되기 때문에(Ragin, 1987: 104-113) 각 사례의 인과적 이질성을 확인하기 위하여 보다 자세한 연구와 보다 많은 사례의 연구가 필요하다.

재 등의 인지적 차원이다. 이 세 가지 측면을 용이하게 설명할 수 있는 방법은 역사적 · 제도론적 접근방법이라고 할 수 있다(Scott, 1995). 이러한 접근방법이 기존의 단순한 이론적 설명들이 갖는 한계를 얼마나 극복할 수 있을 것인가는 보다 많은 경험적 사례들을 통한 실제 연구에서 밝혀질 수 있다. 이런 접근방법은 Seibel(1990)이 말하듯 비영리조직이 서비스의 제공자일 뿐 아니라 사회적 · 정치적 조정의 중요요인임을 인식하게 한다. 나아가 이들 조직을 기존의 사회경제적 구조와 깊이 연관된(embedded) 생성물로 이해한다.

3. 비교연구의 방향

이상의 논의의 요체는 조직구성원 간의 호혜적 비영리조직도 이해의 틀 안에 포용하고 경제적 측면보다는 참여를 중시하는 측정이 이루어져야 한다는 주장이다. 또 역사적 · 제도적 접근방법을 통해서 공공서비스를 제공하거나 이해관계를 대변하는 비영리조직이 어떤 요인에 의해 확대 성장하는지를 이해할 수 있다는 것이다. 뿐만 아니라 이러한 조직들의 변화가 기존의 이론이 암시하듯 단순히 정부와의 갈등 또는 상호의존의 관계가 아닌 규제적, 규범적, 인지적 차원의 제 변수에 의해 역동적으로 변화하는 것으로 이해하는 것이 바람직하다.

이러한 접근방법에 의해 비영리부문을 이해하려는 시도는 최근 미국의 실증적 연구에서도 나타났다. 이들 연구는 주로 새로운 사회운동(new social movements)에 대한 연구(Tarrow, 1998)나 사회적 자본론에 대한 반론(Tarrow, 1996; Skocpol et al., 1999)으로 시도되는 한계는 있으나 종속변수로서의 비영리부문을 새로운 측면에서 설명하고 있다. Skocpol(2000)에 의하면, 미국도 식민지시대에는 자발적 조직이 많지 않았고 주로 지역의 교회조직과 연계되어 있었다. 독립전쟁을 통하여 실제적 협력의 가치를 배웠고 연방정치제도를 본뜬 자발적 조직이 나타났으며 남북전쟁 이후에는 이들 조직이 급증하였다(Shlesinger, 1944). 남북전쟁은 연방제도에 보다 큰 정당성을 부여하였고 전쟁 이후 국가적 목표와 동원의 경험은 곧바로 조직구성의 원동력으로 작용하였으며 정부도 많은 보조를 하였다. 많은 시민조직들이 연방제를 모방하는 조직체계를 갖고 있었고, 이들 조직 중에서도 교회와 전국적 조직의 지방하부조직이 가장 생존기간이 길었다. 즉 자발적 조직이 활성화되고 전국화되는 데 국가의 역할이 결정적이라는 주장이다.[12] 이러한 경험을 제도적 이론으로 볼 때 정치적 기회구조(political opportunity structure)의 가설(Tarrow, 1996)과 조직적 모방(organizational imitation)의 가설(Powell & DiMaggio, 1991)의 맥락에서 이해할 수 있다.

그러나 이 설명은 사회적 자본론에 대한 반론의 논리에 치우쳐서 국가의 역할을 지나치게 강조하여 다른 요인의 중요성을 간과한 면이 있고, 실증적 연구가 미국의 토양에 국한된 한계를 안고 있다. 즉 규제적 측면에만 국한된 설명으로 간주될 수 있다. 보다 바람직하게는 규제적, 규범적, 인지적 차원의 요인들이 비교사례적 연구의 틀 안에서 설명되어야 한다.[13] 특히 어느 측면을 강조하는가에 따라 구

12) 이런 제도적 설명과 경험적 자료를 통해 정부, 정치, 사회가 서로 밀접하게 연계되었음을 알 수 있고 시민사회의 건강성은 사회적 자본론에서 주장하듯 지역적인 면대면의 상호작용에 있지 않고 강력한 전국적 조직과 지역적 조직이 어떤 식으로 연계되어 있는지에 달려 있다고 주장한다.

13) 서베이에 의한 미국의 시민참여에 관한 연구에서도 교육, 종교와 같은 요인에 따라 큰 차이를 보인다는 점을 알 수 있다. 프로테스탄트가 가톨릭보다 훨씬 참여적이며 프로테스탄트 중에서도 비교적 교육수준이 높은 성공회파(episcopal)가 가장 참여적이다. 따라서 다양한 제도적 측면이 시민의 참여적 성향에 중요한 결정요인으로 작용한다(Verba et al., 1995: 304-333).

별되는 역사적 제도론과 신제도론적 조직론을 병행함으로써 더 많은 시사점을 찾을 수 있다(Campbell, 1997). 전자의 경우 특정사회에서 비영리부문의 발달과정의 연구나 국가 간의 비교연구에 유용한 접근방법이 될 수 있다. 후자의 경우 이미 사회학자들에 의한 연구에서 보듯이(Powell & DiMaggio, 1991; Frumkin, 1998) 비영리조직들이 다른 유형의 조직들을 닮아 갈 뿐 아니라 환경적 요인에 의해 어떻게 관료화, 상업화해 가는지를 이해하고 처방하는 데 의미 있는 접근방법이 될 수 있다.

비록 역사적 경험을 공유하는 서구에 대한 연구결과를 직접적으로 원용하여 이러한 연구에서 밝혀진 독립변수들로 비서구사회의 발달과정을 이해할 수는 없지만, 이러한 접근방법이 한국을 포함하는 비서구사회의 연구에서도 타당할 것이라는 것은 지금까지의 연구에서 어느 정도 이해할 수 있다. 개발도상국들에 대한 경험적 비교연구를 예로 들자면, 개방적이고 분권화된 포용적인 관료체제, 상호 인지하는 규범에 의해 억제되는 정치적 경쟁, 그리고 비교적 평등한 사회구조가 자발적 조직의 확대에 중요하고, 이를 바탕으로 보다 효율적인 경제발전이 이루어진다고 주장한다(Evans, 1997). 즉 거시적 비교연구에서는 여전히 규제적, 규범적, 인지적 차원의 변수들이 중요하다. 또 한국의 비영리조직들에 관한 연구에서는 연고주의, 집권적 의사결정, 상업성, 관료주의 등의 문제점을 지적한다(박상필, 2001; 유석춘 외, 2000 등). 전통적 사회구조의 바탕 위에 분권적 민주정체를 도입하였던 국가들의 경우, 수직적 관계를 강조하는 많은 일차적 연고조직들이 잔존하면서 근대화를 위해 규제적 국가권력이 강한 사회이다. 이러한 국가에서는 사회적 엘리트와 일반 시민을 잇는 연결구조가 취약할 우려가 있다. 우리의 상황도 이런 평가에서 크게 벗어나지 않는다.

뿐만 아니라 조직수준의 미시적 분석에서도 시사하는 바가 크다.

예를 들어 복지영역의 확대에 따른 상업적 비영리조직의 문제점을 보다 적절히 이해할 수 있다. 전통적인 조직이론에 의하면 조직의 내부구조는 그 기능과 사명에 따라 다르다고 가정한다. 하지만 신제도론적 설명은 정당성 확보를 위한 강제적 동화(coercive isomorphism), 전문화와 연관된 규범적 동화, 불확실성에 대한 표준화된 반응으로서의 모방적 동화라는 조직의 제도화과정을 중요시한다. 따라서 정부보조에 크게 의존하는 하위부문일수록 효율성과 효과성을 강조하면서 관료화, 상업화가 심해지는 것이다. 서비스제공의 측면에서 혁신성, 다양성, 유연성이라는 비영리부문 고유의 특성이 사라지고 서비스제공부문 전체에 조직적으로 유사한 관행이 일반화된다고 볼 수 있다. 이러한 문제점들은 정부조직이나 영리조직의 문제점과 유사한데 이를 통해 신제도론적 설명의 타당성을 알 수 있다. 따라서 이러한 접근방법에 의해 비교적 시각에서 비영리부문의 발달과정을 이해하고 이를 바탕으로 하위부문의 특성을 이해한다면 보다 체계적인 이론적 설명이 가능하다.

제 4 장

비영리부문의 성장요인

1. 서구의 역사적 경험과 주요 변수
2. 비교사례분석
3. 불리안 비교분석

제 4 장 비영리부문의 성장요인: 서구의 역사적 경험

비영리부문의 성장요인에 대한 연구는 지금까지 여러 학문분과에서 기울인 관심과 노력에도 불구하고 기대된 만큼 큰 연구 성과를 거둘 수 없었다. 그 근본적인 이유는 설명되어야 할 종속변수에 포함될 수 있는 다양한 조직유형(이차적 면대면 조직, 호혜적 조직, 삼차적 조직)에 대한 합의가 없었기 때문이다. 마찬가지로 이를 측정하는 방법도 일관적이지 않아서, 경제적 비중, 참여율 또는 조직의 수 등 다양한 방법으로 측정하였다. 무엇보다도 어떤 개념규정이나 측정방법을 사용하는 간에 양적 분석이나 세련된 질적 연구를 가능하게 하는 체계적 자료나 역사적 자료도 존재하지 않는다는 결정적인 약점도 있다. 이러한 상황을 고려할 때 이 분야의 연구는 자료와 방법에 대한 신중한 고려가 필요하다는 것을 알 수 있다. 따라서 이 제한된 자료를 합당한 방법으로 분석하는 데 주력하여야 한다.

여기서는 전술한 비영리부문에 대한 개념적 틀과 접근방법을 기반으로 서구의 역사적 경험에 비추어 이 부문의 성장에 영향을 미친 요인들을 규명해 보려 한다. 서구의 경험에 초점을 맞추는 이유는 원활한 조직화를 위한 근본적인 토양인 집회와 결사의 자유 및 시민들의 다양한 욕구가 전제되어야 한다는 인식에 있다. 적어도 이 연구주제에 관한 한, 이런 기본적 시민권이 19세기, 혹은 그 이전에 확보되었던 서구의 경험을 후진국과 함께 비교한다는 것은 설득력이 약하다. 주로 복지국가연구에서 알려진 사실이지만 계량적 비교연구의 가장 큰 문제점은 변수에 비해 사례의 수가 상대적으로 적은 것이 문제이고, 이런 연유에서 선진국과 후진국을 함께 분석하는 경우 변이가 큰 경제적 변수가 가장 큰 역할을 하는 것은 자명한 결과였다(Uusitalo, 1984). 서구의 경험으로 비추어 봤을 때 자유를 위한 민주화와 산업사회로의 변화가 비영리조직들의 증가에 결정적인 역할을 했음을 부인할 수 없다. 그러므로 복지국가 비교연구에서처럼 선진자본주의 사회와 후진국들을 비교한다면 이들 변수가 가장 중요한 설명변수가 될 것은 자명한 사실이다. 그러나 본 연구의 주된 관심은 산업화나 민주화의 척도로 구별하기 어려운 선진자본주의사회에도 비영리부문의 크기에는 엄연한 차이가 존재한다는 사실에 있다.

무엇보다도 모든 국가에서 공통적인 변수가 일관되게 작용하고 있다는 것은 너무 단순한 논리일 뿐 아니라 변수 간의 상호작용에 의한 또 다른 결과를 설명하기에도 상당히 취약하다. 따라서 본 연구는 역사적 경험을 공유하는 서구국가만을 중심으로 역사적 요인이 어떻게 작용하고 있는지 규명하고자 한다. 우선 이들 간의 차이를 설명할 수 있는 변수들을 역사적 비교연구를 통해서 알아보는 것이 중요하다. 이는 기존 연구가 역사적 생성물로서의 비영리부문에 대한 인식을 결여하고 있을 뿐만 아니라, 서비스를 제공하는 데 역점을 둔 조직유형만을 분석의 대상으로 했다는 인식에 기초하고 있다. 이런 성찰을 기반으로 기존연구에서 중요시되는 네 가지 요인 또는 가설을 역사적 경험의 맥락에서 재구성함으로써 그 타당성을 밝히고, 여러 사례들의 비교 분석을 통해서 비영리부문이 확대되는 데 필요한 조건인지를 알아본다.

이러한 인과적 사례분석은 Mill(1974)의 간접적 차이법을 따른다(Ragin, 1987). 먼저 가장 활발한 조직활동의 국가로서 미국, 스웨덴,

네덜란드를 선택하고 가장 비활동적인 국가로서 이탈리아, 프랑스를 선택한다. 이 부분의 비교는 각국의 역사적 경험을 심층적으로 재구성하되, 활동적 국가의 공유된 요인들이 비활동적인 국가에서는 결여되어 있는지 확인하는 과정이다. 나아가 방법론적 제약과 소수사례의 분석에 의한 인과적 추론의 문제점을 극복하기 위하여 가능한 한 많은 국가들의 분석으로 소수사례분석의 결과를 검증하고자 한다. 이 경우도 분석대상의 수가 제한적일 수밖에 없으므로, 질적 연구방법의 장점을 취하는 한편 비교적 다수의 사례를 분석하는 불리안(Boolean) 비교분석으로 15개 서구국가들을 대상으로 역사적 요인을 밝힌다. 이 연구방법은 초기연구에서 독립변수와 종속변수를 측정하기 위해서, 아울러 잠재적 설명과 결과가 어느 정도 일치하는지 알아보기 위해 명목적(nominal) 비교를 하는 방법으로서(Mahoney, 2003), 주로 이론형성을 위한 시도로 간주된다. 대부분의 비교역사적 자료가 구체적으로 계량화되기보다는 이분화 내지는 범주화되어 있는 점을 감안하면 이 분석방법이 가장 타당한 방법이라고 생각된다. 나아가 분석결과에서 밝혀진 변수들을 Weber식 설명의 틀 안에서 재해석하고 이런 이론적 설명이 우리나라를 포함하는 비서구 국가들에 의미하는 바가 무엇인지를 알아본다.

1. 서구의 역사적 경험과 주요 변수

이미 설명한 것처럼 이들 조직에 관한 역사적 연구에서 논쟁의 중심이 되는 몇 가지 이슈가 있다. 우선 이들 조직이 세 부문의 경쟁적 또는 갈등적 관계에서 성장한 것도 아니고 제도적 선택에 의한 것도 아니라는 것을 지적하였다. 그러나 비교역사적 관점에서 비영리조직들의 발달과정을 설명하려는 시도도 합의된 개념이 없기 때문에 이론적 설명을 어렵게 한다. 그러므로 쟁점이 되는 개념에 대한 이견들을 다시 살펴봄으로써 설명하고자 하는 조직유형에 영향을 미치는 역사적인 주요 독립변수들을 알아볼 수 있다. 먼저 미국과 유럽의 연구경향을 비교할 때 가장 두드러지는 이견은 조직의 운영으로 발생한 이익을 조직의 이사회나 그 구성원들에게 분배하여서는 안 되며 조직의 본래 목적에 쓰여야 한다(nondistribution constraints)는 개념규정이다. 이런 미국적 정의는 유럽에서 역사적으로 중요한 역할을 한 많은 조직들이 무시될 수 있다는 점에서[1] 유럽의 학자들로부터 상당한 비판을 야기하였다. 오히려 공익을 위한 조직보다도 이러한 형태의 조직이 시민사회의 근간이 되었다는 점도 지적되고 있다. 그러므로 공익적인 조직뿐 아니라 조직구성원에 대한 호혜적 조직도 이 부문의 연구에 포함시켜야 한다.

그러나 전통적인 호혜적 조직과 근대적인 호혜적 조직 사이에는 중요한 차이가 있다. 예를 들어 연고조직이나 중세적 길드조직과 오늘날 비영리부문으로 불리는 조직은 그 성격이 전혀 다르다. 중세 길드조직의 경우 가톨릭교회와 깊은 연관을 가지고 있었고, 조직의 구성원이 되는 것은 자유의지나 선택에 의한 것만은 아니었다. 구성원 간에는 호혜적이었지만 특정 직종에 종사하기 위해서는 가입이 필수적인 일종의 계서적 조직이었다. 이 조직은 많은 신교국가에서 16세기 종교개혁 이후 공식적으로 해체되었지만(Lundstrom & Wijkstrom, 1998: 54), 중세 이후 이들 조직이 누려 왔던 영향력을 불식시키는 데는 더 많은 시간이 필요하였다. 즉 공식적으로 해체되기는 했지만 상조회로 남아 있으면서 전통적 속성을 버리지 못하였는데 이후의 경제적 · 사회적 발전에 의해 비로소 길드의 영향력이

1) 미국 내의 연구에서도 종종 지적되는 문제점이다(Smith, 1991).

사라지게 된다. 예를 들어 영국에서도 길드를 대체하는 공제조합들(friendly societies)이 자율적이면서 자발적인 조직으로 변모하고, 여러 직종에서 회원을 충원하게 된 것은 18세기 말에 이르러 가능하였다(Gosden, 1974). 프랑스와 같은 구교국가에서는 18세기 말, 프랑스혁명 시까지 길드가 잔존하였다(Archambault, 1997: 23-26). 상조회 역시 특정 직종을 대상으로 강제적으로 가입하게 함으로써 전통적인 속성을 버리지 못하였다. 이러한 조직결성을 뒷받침하는 가톨릭교회의 보충성의 원리 때문에 계서적 성격과 특권의식을 버리는 데는 더 많은 시간이 필요하였다(Esping-Andersen, 1990: 61). 소위 자발적 성격을 갖는 조직들은 대부분 이보다 뒤늦게 등장하기 시작하였다. 따라서 이런 유형의 조직들이 등장하는 것은 서구의 근대성 또는 국민국가의 형성과정과 그 궤를 같이한다고 볼 수 있다. 그러므로 근대적 국가형성기를 기점으로 종교개혁의 전개과정 등에서 나타난 사회적 갈등구조와 이후의 발전과정을 살펴보는 것이 필요하다.

두 번째로 지적할 수 있는 것은 대부분의 기존 설명들은 서비스(service)제공 조직만을 대상으로 하고 있고 비영리부문의 상당부분이 이해관계(voice)를 대변하는 조직들로 구성되어 있다는 사실을 소홀히 하고 있다. 그런데 이해관계를 대변하는 조직유형에 초점을 맞추면, 역사적 생성물로서의 비영리조직을 자연스럽게 계급 간의 갈등에 의한 산물로 보게 한다. 그러나 계급적 갈등도 중요한 요인이지만 이를 포함하는 다양한 사회적 갈등과 문제점들이 조직화로 이어지기 위해서는 제도적 여건이 이를 뒷받침하여야 한다. 따라서 근대적·자발적 조직의 기본적 동인도 제도적 여건과 계급 간 갈등의 맥락에서 이해하여야 한다. 이런 역사적 이해의 틀 안에서 이해관계를 대변하기 위한 집단의 조직화를 비교적 관점에서 설명한 사람은 Rokkan(1970, 1974, 1999)이다.[2] 그에 의하면 항변의 정치(politics of voice), 즉 항의의 표현 또는 반대와 저항의 운동을 가능하게 하는 제도의 발달에 있어서 가장 기본적인 것은 표현과 결사의 자유다. 즉 권력을 장악하고 있는 계층에 대해 집단적 행동을 할 수 있는 권리가 언제 어떻게 보장되었는가가 중요하다. Rokkan(1970, 1999)은 종교개혁기에서 프랑스혁명에 이르기까지 영토적 또는 계층적 대표의 기구를 유지하는 국가와 절대주의지배가 계속된 국가를 대비한 다음, 대의적 지배의 전통이 강할수록 반대세력의 합법화가 빠를 가능성이 높다는 것을 유럽 각국의 역사적 경험을 들어 주장하였다.

아래로부터의 저항의 조직화를 용이하게 만든 두 번째 요인으로 종교적 성격을 들 수 있다. Rokkan(1970, 1974)에 의하면 프로테스탄트국가들은 가톨릭과 단절하고 특정 교파를 국교화함으로써 자국민들로 하여금 저항의 대상을 분명히 인식하게 하였고, 문자해독률도 높았다. 이에 비해 가톨릭 국가들은 위로부터의 동원에 익숙하였고, 교육 문제에 대해 종교와 국가가 대립하면서 문자해독률도 낮았는데, 이러한 점들이 조직의 확대에 부정적인 요소로 작용하였다.

서비스 제공조직이 성장하는 데도 이들 두 요인은 중요한 영향을 미쳤다. 강력한 절대주의 왕권의 지배가 계속된 국가의 경우에는 개인이나 가정이 가부장적인 국가의 영향하에 있어야 한다는 생각이

---

2) Rokkan은 서부유럽국가들의 민주화과정에 대한 거시적 이론을 제시하고 있다. 그에 의하면 다원적이며 경쟁적인 대중민주주의의 정착과정의 차이를 설명하기 위해서는 제도적, 조직적 차이와 변화를 살펴보아야 한다. 이런 차이를 알아보기 위해 구체적으로 네 가지 역사적 전환점과 균열구조에 관한 모형을 제시하고 있다. 합법화(legitimation), 체재편입(incorporation), 대표성(representation), 행정권 통제(executive power) 등의 전환점을 언급하고 있는데 여기서는 동원과 조직결성을 가능하게 하는 합법화의 과정에 대한 가설만을 인용하고 있다(Rokkan, 1970: 79-96). 여기에 사회적 세력 간의 연합과 반대의 형성에 근간이 되는 균열구조에 대한 논의를 인용하였다. 그의 전체 모형은 상당히 복잡한 편이고 보다 많은 변수들이 포함되어 있지만(Rokkan, 1999: Introduction 참조), 이 연구에 인용된 변수들은 정치의 조직적 구조화에 직접 연계된 것들이다.

지배적이었다. 이런 전통이 강한 국가들 중에 직접적인 국가적 보호보다는 중세적 길드의 변형인 직종별 집단들이 배타적이며 상조적인 서비스제공을 조장하는 경우가 많았다(Esping-Andersen, 1994: 58-61). 이 전통은 근대적인 공익적 서비스조직의 출현과 성장을 저해하는 요인으로 작용하였다. 가톨릭 국가들에 있어서도 이러한 성향이 두드러진다. 가톨릭교회는 전통적 가정을 보호하는 데 역점을 두었고, 가정 내의 상호보호가 불가능할 경우 길드와 같은 상조조직의 집단적 유대를 강조하였다. 이런 과정에서 교회조직의 역할이 중요하고 최종적으로만 국가의 보완적 역할(subsidiarity principle)을 강조함으로써 교회와 국가가 대립하는 경우도 많았다. 무엇보다도 가톨릭국가에서는 길드제도가 오랫동안 유지되면서 배타적이며 특권적인 전통이 지속되었다. 이 때문에 계급의식보다는 계서적 질서가 오랫동안 유지되었다. 후에 노동계급의 상조적 조직에도 영향을 미치게 되어 특권적인 숙련노동자들의 필요가 우선시되고 가장 취약한 노동자계층에는 별 도움이 되지 못했다(Esping-Andersen, 1990: 39-45). 따라서 가톨릭 국가에서 자발적이며 공익적인 서비스조직의 성장은 더딜 수밖에 없었던 것이다.

이상의 제도적 틀과 정신적 기반을 배경으로 자발적 조직들이 발달하는 데 직접적 동인이 된 것은 프랑스혁명 이후 시작된 민주화와 영국에서 시작된 산업화에 의해 야기된 사회적 문제와 갈등이었다. 근대국가의 발달과정은 조세, 병역, 교육 등을 중앙정부에 대한 공식적 의무로 제도화하는 과정이었고 이를 위해 국가적 시민권을 보장하는 과정이었다. 즉 평등의 개념이 제도로서 확대 적용되는 과정이었다. 그리고 평등의 제도화를 통해서 지역, 혈연, 신분과 같은 전통적인 연결고리가 약화되었다. Edmund Burke는 프랑스혁명이 집권화를 위해 추상적인 시민의 평등권을 제도화하는 전환점이었다고 인식하였다. Tocqueville(1981: 제2부 2권) 역시 같은 맥락에서 이 과정을 단순한 시민권의 확대로 보지 않고 정부와 시민 사이에 존재하는 전통적 권위체들을 파괴하는 과정으로 인식하였다. 시민들은 평등을 요구하고 중앙정부가 이에 부응하는 과정에서 봉건적, 지역적 중간권위체의 개입을 막는 집권화가 가능하였다고 본 것이다.

그러나 Tocqueville은 이러한 민주화와 산업화를 통해서 새로운 형태의 다양한 이해관계를 대변하는 자발적인 중간조직들이 출현한다는 사실을 간과하였다. 그는 1830년의 미국에 대한 관찰을 통해, 자발적 조직들이 평등한 시민권의 보장으로 야기될 수 있는 부정적인 효과를 억제하고 건전한 민주주의가 작동하게끔 한다고 지적하였다. 그렇지만 19세기 중반 이후 유럽의 토양에서 새로운 자발적 조직들이 성장하는 커다란 흐름(Bermo & Nord, 2000; Putnam, 1993: 5장)을 예측하지는 못하였다. 이러한 과정에 촉매작용을 한 것은 산업화과정이었는데, 이 과정에서 농업을 기반으로 하는 지역적 권위가 쇠락하고 평등의 요구가 거세졌다. 평등화하는 정치적 여건을 배경으로 산업화에 의해 생겨난 갈등구조가 새로운 형태의 조직구성을 가능하게 하는 직접적 동인이었다고 할 수 있다.

산업화과정은 시기적으로 두 가지 갈등구조를 만들어 냈다. 먼저 토지소유계급과 도시의 부르주아계층 간의 갈등, 이보다 나중에 생긴 노동자와 사용자 간의 갈등이 그것이다. 토지소유계층과 도시민의 상반된 이해관계는 중세부터 있었던 것이어서 중세적 대의기구에서도 서로 독립된 계층으로 대표되고 있었다. 산업화는 귀속적인 사회적 지위를 강조하는 토지소유계층과 개인적 성취에 의한 사회적 지위를 주장하는 도시자본가 사이의 갈등을 심화시켰고(Rokkan, 1970: 107-108), 집권적인 국가가 누구의 편에 서는가에 따라 사회적 주도세력이 결정되었다. 모든 비영리부문의 역사적 연구에서 지적되는 19세기 후반의 새로운 사회현상은 주로 도시지역에 국한되어 있었고 주도적 역할을 한 이들은 도시자본가였다. 이에 비해 농촌지역에서는 이러한 조직결성의 열기가 훨씬 뒤늦게 확산되었다(Bermo & Nord, 2000). 도시자본가들이 이해관계를 대변하는 조직의 결성에 있어서 훨씬 적극적이었다는 사실은 의문의 여지가 없으며, 특히 도시자본가가 정부의 지지를 배경으로 우위에 선 경우, 자발적 조직들이 늘어나는 데 훨씬 유리한 조건이 형성되었다.

또 다른 중요한 갈등구조는 새롭게 등장한 노동자와 사용자 간의 갈등이었다. 그 갈등과정에서 조직화는 노동자집단의 가장 중요한 항변의 수단이었다. 뿐만 아니라 노동자들의 이해관계를 대변하는 조직이 약하면 그에 대응하는 사용자조직도 약하고 다른 이해관계에 관련된 조직 전반의 조직화 또한 강하지 않았다. 노조운동의 초기에는 거의 모든 유럽국가에서 이들의 요구가 적극적으로 거부되었으나 영국이나 스칸디나비아국가에서는 적극적으로 억압하지 않아 전국적인 조직화가 비교적 용이하였다. 프랑스에서는 이러한 운동이 탄압을 받아서 주류의 사회적 환경에서 격리될 뿐 아니라 노동조합운동 자체도 분열되었다.

자발적 서비스제공조직의 결성에도 이상의 갈등구조는 중요한 요인으로 작용하였다. 도시 부르주아는 부의 축적에만 몰두한다는 초기의 비판에도 불구하고, 사회의 극빈층에게 필요한 사회적 서비스를 제공하는 사회적 기업가로 활동하는 경우가 많았다. 18, 19세기에 영국이나 미국의 많은 자선조직들은 주로 도시지역 중류계급에 의해 결성되어 다양한 서비스를 제공하였다(Kendall & Knapp, 1966; O'Neill, 1989). 뒤늦게 산업화가 시작된 독일과 같은 국가에서도 부르주아는 교육과 같은 서비스 제공조직을 결성하는 데 앞장섰다(Anheier & Seibel, 2001). 이런 유형의 조직활동이 왕성해지는 또 하나의 동인은 사회적 약자인 노동계급 스스로의 자조노력이다. 19세기 말에 이르면 가난한 노동계급은 스스로 상조회를 결성하여 사회적 위험에 대비하기 시작한다.

이상의 논의에 비추어 비교대상 국가들을 적어도 네 가지 요인, 즉 지속적인 절대주의왕권의 지배여부, 종교(가톨릭, 프로테스탄트)적 특성, 토지소유계급과 도시자본가 및 정부 간의 관계, 노동계급의 결속력 등에 의한 비교가 필요하다. 이 요인들은 서구의 민주화 과정, 정당체제나 복지국가 발달과정[3]을 설명하는 다양한 연구에서도 접하게 되는 주요 변수들이다. 특히 종교적 특성과 도시의 발달은 시민사회의 발달과정에 관한 연구에서 중요한 요인으로 간주된다.[4] 시민사회의 가장 깊은 뿌리는 로마제국의 집권적 권력이 제거되면서 나타나는 분권화 양상의 시기까지 소급해 보기도 한다. 비교적 시각에서 봤을 때 가장 인상적인 것은 이념적 권력과 정치적 권력의 분화이다. 기독교는 로마제국에 이념적 정당성을 제공하기를 거부하였고 어떠한 정치권력의 도움도 없이 교세 확장에 성공하였다. 기독교는 주로 세속적 정치권력을 승인하는 방식으로 관계를 맺어 왔다. 특히 한 정치적 지배자에게 권력이 집중되는 것을 두려워하였다. 이것은 동양의 종교나 이슬람과도 상당히 다르다. 국가형성과정도 기존의 사회적 세력의 틀 내에서 진행되었다. 국왕은 확립된 재산권을 갖는 봉건적 귀족뿐 아니라 교회의 세력으로부터도 견제를

3) Esping-Andersen(1994)도 이런 종교적 요인의 중요성을 지적하면서 절대주의 국가가 어느 정도 지속되고 강력하였는지, 사회적 주도 세력이 부르주아인가 아니면 토지귀족인가, 강력한 노동계급의 존재와 사회적 중간계급과의 연계여부 등을 주요 변수로 들고 있다. 주 연구대상은 연금제도이지만 복지서비스의 영역도 포함하는 설명이다. 보다 구체적으로는 복지국가를 세 가지 유형으로 구분하고 이 중 자유주의모형은 절대주의 지배가 짧고 도시 부르주아가 지배적인 사회에서, 조합주의모형은 가톨릭교회, 토지귀족과 국가가 비교적 강력한 사회에서 형성된다. 이에 비해 사회민주주의모형은 노동계급의 결속력이 강하고 다른 중간계급과 연계된 경우에 가능하다고 주장한다.

4) 서구문명과 역사에서 기독교와 도시라는 두 어휘는 특별한 의미를 갖으며, 이 두 개념의 공통적 속성은 자발적 결사체라는 점이다(Parsons, 1971: 3장). 교회는 최초의 자발적 결사체의 성격을 갖는 조직으로 간주되어 종종 도시에 비유되는(St. Augustine, The City of God) 종교적 시민의 결사체였다. 이런 연유에서 기독교와 도시는 근대시민사회의 형성과정을 설명하는 두 축이 되었다.

받아야 했다. 이런 경우 국왕은 도시에 자치권을 부여함으로써 자신의 권력을 강화하려고 하였으므로, 도시는 자연스럽게 새로운 사고와 행동이 발달할 수 있는 거점이 되었다. 도시는 지배자가 없어서 매우 자유롭고, 이러한 자유는 단체결성권이라는 특권을 부여하는 법체계에 명문화되게 된다. 이렇게 분권화된 사회는 각각의 권력이 공동의 목적을 갖기 어렵기 때문에 자칫 정적인 사회가 되기 쉽지만 서구사회는 새로운 역동성을 갖게 된다. 기독교윤리가 제공하는 일체감이 신뢰와 협조를 가능하게 하여 중세기 동안 경제적 상호작용을 활발하게 촉진시켰다. 국가 내의 협조관계는 더욱더 그 중요성을 더해 갔다. 이는 유럽의 지배자들이 조직화에 관심을 가졌던 이유에서가 아니라, 대외적으로는 경쟁적인 전쟁수행이 필요하였지만 국내적으로는 정치권력이 분권화되었기 때문이었다. 기존의 사회적 관계 때문에 강제력 못지않게 협력이 요구되었던 것이다. 전쟁자금이 필요하자 사회 각 계층, 즉 교회, 귀족, 도시민의 집회를 소집하게 되었고 스웨덴이나 노르웨이의 경우에는 농민의 대표까지 회의에 참석하였다. 이러한 집회는 자연히 '대표 없이는 세금도 없다' 또는 '영향받는 사람들은 그 사안에 동의해야 된다'는 교회법의 일부를 답습하게 되어 법치의 관행을 세우게 된다. 더구나 국가형성의 초기에는 중요한 사회적 계층이 적대국가로 이주하는 경우도 있었다(Hall, 1995).

그러나 모든 유럽국가들에서 이런 관행이 확립된 것은 아니다. 중동부 유럽에서는 15, 16세기에 국왕이 귀족계급과 연합하여 도시민과 독립적인 농민들을 억압함으로써 사회적 다양성으로부터 멀어지게 된다. 그러나 북서유럽에서는 17, 18세기의 절대주의 지배하에서도 법치의 전통을 유지하였고, 기존의 다원성 때문에 종교와 통합된 정치권력을 꾀하는 시도들이 실패하였다. 여기서 가장 중요한 것은 바로 관용이라는 개념의 정착과 확산이다. 종교개혁을 억압하려는 시도가 실패한 곳에서는 종교적 다양성이 확보되면서 시민사회의 초석인 관용이 자리 잡게 되었다. 아우크스부르크(Augsburg) 평화조약(1555)은 가톨릭과 프로테스탄트(특히 루터교)가 동등한 법적 권한을 갖게 되어 국가 간의 종교적 다양성이 인정되었다. 여기서 한 행정 구역을 다스리는 제후의 종교가 루터교인가 가톨릭인가에 따라 그 지역의 종교가 결정되는 지역별 종교의 자유(cuius regio, eius religio)의 원칙이 체결되었다. 그러나 이후 30년 전쟁에서 보듯 이러한 원칙이 곧바로 받아들여지지는 않았다. 종교가 정치의 영역에서 배제된 것은 1648년의 Westphalia 조약이라고 볼 수 있는데, 여기서는 국가 내의 종교적 다양성까지 인정하게 되었다. 물론 현실적으로 종교적 다양성이 곧바로 정착되었다고 보기는 어렵다. 하지만 분명한 것은 유럽의 오랜 종교전쟁에서 어느 쪽도 승리할 수 없었고 정교일치를 향한 시도들은 여지없이 실패하였다. 이런 오랜 교착상태에서 태도의 변화가 나타나게 된다. 종교에 대한 어떤 구체적인 합의도 도출할 수 없다면 종교적 차이를 관용하는 것이 가장 나은 대안이었던 것이다. 어쩔 수 없이 받아들여진 결과가 중요한 가치로 자리 잡게 된 것이다. 따라서 시민사회는 합의와 갈등의 복잡한 균형으로 볼 수 있다. 많은 차이에 의한 갈등에도 불구하고 하나의 체재로 존속할 수 있는, 최소한의 합의에 의해 지지되는 그런 균형으로 볼 수 있다.

시민사회의 역사적 전개과정에 관한 이상의 논의 이외에도 조직유형의 발달과정을 보면 종교적 변수의 중요성을 알 수 있다. 역사적 관점에서 볼 때 조직구성원에게 유무형의 서비스를 제공하는 조직형태들이 가장 쉽게 결성되었다. 대표적인 조직은 자발적 결사체로서의 성격을 갖는(Parsons, 1968) 교회라고 할 수 있다(Smith, 1991; Parsons, 1971). 중세에는 교회가 빈곤을 구제하고 사회서비스를 제공하는 역할을 담당하였다. 산업화와 더불어 생겨난 사회문제에 대한 접근도 종교조직을 중심으로 이루어졌다. 특히 교회와 국가의 관계는 나중에 교육, 의료, 사회서비스 같은 공익적 서비스의 전달체계를 구성하는 데 중요한 결정요인이 되었다. 이 관계를 결정짓는 것이 가톨릭과 프로테스탄트의 구분이다. 대부분의 시민사회 연구에서 프로테스탄트는 모든 단체의 권리를 정당화함으로써 교황권이나 세속적 권력이 각각의 자치권을 침해할 수 없도록 하였고, 다양한 정치적 중심들을 가능하게 함으로써 자발적 조직들이 확대될 수 있는 기반을 제공하였다고 본다. 뿐만 아니라 이들의 교리는 혈연을 약화시킴으로써[5] 이러한 추세를 가속화하였다고 한다(Hall, 1985). 더 정교하고 구체적인 역사적 해석을 내린 사람은 Max Weber다. 그는 고대와 현대 서구사회 간의 제도적 교량역을 한 것은 교회와 도시(Weber, 1986)로 보았을 뿐 아니라 근대 시민사회의 형성에는 도시와 프로테스탄티즘, 특히 칼뱅주의가 중요한 원인이 되었다고 주장한다(전성우, 1996). 아울러 베버에 관한 연구에서 자주 간과되는 점이지만, 자율적 국가의 매개적 역할을 중요시한 점(Weber, 1978)은 이 연구에서 노출된 요인들에 비추어 봤을 때 중요한 함의를 가지고 있다.

2. 비교사례분석

1) 사례선택과 비교방법

시민사회나 비영리부문의 역사적 연구들을 종합하면 크게 두 개의 전환점을 발견할 수 있다. 하나는 19세기로 특히 중반 이후에 민

5) Weber는 도시의 발달로 인해 혈연이 약화되었다고 본다.

주화, 산업화, 개인화, 국제화(internationalization)의 추세와 맞물려서 자발적 조직이 폭발적으로 증가하였다(Bermeo & Nord, 2000). 또 다른 하나는 1960년대 이후이다. 서구사회에서 후기산업화, 다양화, 새로운 세계화(globalization)의 추세에 따라 새로운 형태의 조직이 나타나기 시작하였다(Salamon, 1995).[6] 그리고 이러한 설명에서 등장하는 증가추세와 국가 간 비교는 대부분 당시 연구자들의 주관적 판단에 따른 것이다. 1980년대 이후의 국제적 비교 서베이에서 보다 분명하게 국가별 조직활동의 차이점을 알게 되었지만, 19세기 후반에도 국가별 차이는 많은 연구에서 지적되고 있는 점이다. 위에서 열거한 역사적 변수들의 영향력을 평가하기 위해 우선 19세기 말 조직활동의 차이를 중심으로 대상 국가들을 선택한다.

가장 조직활동이 활발한 국가로 떠오르는 나라는 미국이다. 조직결성이 저조한 국가로 프랑스를 꼽을 수 있다. 이는 Tocqueville의 관찰과 저술에서 널리 알려진 것이며 이의의 여지가 없다. 이에 덧붙여 조직활동이 왕성하였던 국가로서 스웨덴과 네덜란드를 선택하고 저조한 국가로서 이탈리아를 추가한다. 오늘날에 있어서도 스웨덴과 네덜란드는 조직참여가 가장 활발한 국가들이지만 이런 현상의 뿌리는 오래전으로 소급하여 설명하는 것이 일반적이다. 스웨덴의 경우 19세기 말에 이르면 소위 "결사체 스웨덴"(association Sweden)이라는 말이 나올 정도로 전국적인 다양한 대중운동이 확산되었다(Scott, 1977). 이 대중운동의 특징은 가입한 회원들과 지역 기반의 공동체적 속성을 갖는 전국적 조직이었다(Klausen & Selle, 1996). 네덜란드는 조금 다른 형태의 조직결성으로 알려져 있다. 도시 중심의 교역에 의한 발달은 자발적 결사체의 결성을 용이하게 하였을 뿐 아니라, 19세기 후반에 진행된 분거화(pillarization)로 인해 각 분거 내

6) 이런 두 가지 커다란 사이클에 대한 논의는 이외에도 여러 저술에서 지적된 바이다. 다른 시각에서 이 두 시기를 비교한 저술로서 Fukuyama(1999) 참조.

에서 다양한 이익단체와 서비스제공조직들이 활발하게 결성되었다. 이에 비해 이탈리아는 정치적 통합의 문제, 남부지역의 낙후성, 가톨릭교회의 견제 등으로 이런 유형의 조직들이 저조한 것으로 잘 알려져 있다.

물론 미국을 유럽국가들과 함께 분석할 수 있는가에 대한 의문이 있을 수 있겠지만 대부분의 역사적 연구는 미국이 성립 당시부터 대서양 중심 공동체의 일원이었을 뿐만 아니라(Bonwick, 1999), 영국의 튜더적 전통을 계승한 것(Huntington, 1966)으로 이해할 때, 서유럽국가들의 역사적 분석에 포함시키는 것은 무리가 없다.

이상의 5개 국가를 전술한 네 가지 변수를 중심으로 비교한다. 비교사례연구는 먼저 연구의 초점이 되는 결과의 측면에서 유사한(발생빈도가 높은) 사례들을 고르고 이들을 중심으로 사례들이 공유하는 원인을 규명한다.[7] 이는 소위 종속변수에 의한 사례선택(selection on the dependent variable)이며 설명하고자 하는 현상에 이르는 잠재적 인과과정이나 변수를 밝히는 사례연구에서 사용되며, 특정 현상의 설명에 어느 변수가 필요조건인지 또는 충분조건인지를 밝힐 수 있다. 그리고 합치법(method of agreement)이라고 부르는 비교방법에 의해 원인변수를 규명한다. 이런 비교가 성공적이기 위해서는 비교의 초점이 되는 주요 변수 외에 다른 여러 측면에서는 상이한 대상들을 선택하여야 한다. 그런데 분석대상이 되는 국가들을 살펴보면 이런 요건을 만족시키고 있는 것을 알 수 있다. 다시 말해서 기

---

7) 긍정적 사례를 중심으로 인과적 유사성과 상이성을 연구하는데, 이는 통계적 용어로 '종속변수에 의한 사례선택'이라고 한다(King et al., 1994: 129-135). 이를 둘러싼 변수중심적 연구와 사례중심적 연구 간의 논쟁은 Ragin(2000: 2장)의 저술을 참조. 계량적 접근방법의 관점에서 문제점을 제기하지만 사례연구방법의 관점에서는 지극히 타당한 사례선택방법이다. 특히 나중 연구에서 종속변수의 변이를 기반으로 더 많은 사례들을 비교분석하여 소수 사례분석에서 밝혀진 결과를 검증할 수 있다면 더욱 바람직한 연구로 간주된다(Collier & Mahoney, 1996).

존의 비교연구(제3장 2절 참조)에서 지적되는 주요 요인이면서도 이 연구의 비교분석에서 고려되지 않는 다양한 변수의 측면에서 서로 다르다는 점을 지적할 수 있다. 먼저 인종적, 종교적 측면에서 세 국가는 서로 비교된다. 스웨덴이 동질적인 사회인 반면, 네덜란드는 종교적으로 다양하고, 미국은 종교, 인종의 측면에서 매우 이질적인 사회이다. 또 스웨덴과 네덜란드는 성문법국가인 반면, 미국은 불문법 국가이다. 스웨덴은 집권적 국가인 반면에 네덜란드는 전통적으로 지방자치가 잘 확립되어 있으며, 미국은 지극히 분권적인 국가라고 할 수 있다. 19세기 말의 상황에서 경제적 발전의 수준도 각각 다르다고 볼 수 있는데 스웨덴은 비교적 낙후된 국가로 간주된다.

이렇게 비교적 상이한 세 국가의 비교를 통해서 규명된 변수를 다시 확인하는 과정이 뒤따른다.[8] 그 다음 발생빈도가 낮은 사례들을 중심으로 이전 단계에서 규명한 요인들이 이 부정적·소극적인 사례에서도 존재하지는 않는지 알아본다(Ragin, 1987: 2000; Dion, 1998). 즉 조직활동이 지극히 저조한 국가로서 프랑스와 이탈리아의 역사적 경험에 비추어 규명된 변수들의 존재와 영향을 다시 확인하는 과정이다. 이 과정을 통해서 이러한 요인들이 필요조건인지를 규명하고자 한다. 사례비교에서 비교의 대상들이 모집단에 가까우면 긍정적 사례들의 결정요인을 살펴봄으로써 필요조건을 규명하고, 이들 요건의 결합이 부정적 사례에 나타나지 않음을 보인다면 충분조건을 밝힐 수 있을 것이다. 그러나 본 연구에서는 제한된 사례를 가지고 필요조건을 밝히는 데 그 목적이 있고, 이러한 필요조건의 논리에 의해 각각의 요인들을 이분적(dichotomous)으로 구별한다.[9]

---

8) 이를 간접적 차이법이라고 하는데 Ragin(1987)은 이를 합치법의 이중적용(double applicaton of the method of agreement)이라고 부른다.

9) 가장 전통적인 수학적 내지 철학적 필요조건의 논리는 "'오직 어떠한 조건하에서'(only if) 특정현상이 발생한다"라고 표현할 수 있다. 이런 논리에서 필요조건은 다분히 이분적이다(Goertz & Starr, 2003). 이 연구에서 비교사례분석

2) 비교대상국가들의 역사적 경험

(1) 적극적 참여의 국가들

스웨덴, 네덜란드, 미국 등을 비교할 때 우선 알 수 있는 점은 법체계, 집권화의 정도, 인종적, 종교적 다양성 등의 요인이 크게 작용하고 있지 않다는 것이다. 미국이 불문법국가이고 분권적이며 다인종 국가이지만 다른 두 나라는 성문법국가이고 미국보다는 집권적이며 비교적 동질적인 인종구성을 가지고 있다. 또 루터교 중심의 스웨덴에 비해 다른 두 국가는 다양한 종교들이 혼재하고 있다.[10] 이 세 국가 중에서 스웨덴과 네덜란드는 다른 유럽국가와 비교해도 상당히 오래된 정치체제이다.

① 네덜란드

네덜란드의 경우,[11] 의사결정에 대한 시민의 참여는 거의 12세기까지 거슬러 올라간다(Caenegem, 1999). 당시 이런 시민참여 때문에 중세적 공화주의가 확립되었다고 보는 지역은 주로 플랑드르(Flanders) 지방이었다.[12] 특히 길드는 상공업의 발달과 직결되어 도시공동체의 일부분이었고 도시자치권이 확대되는 데 중요한 역할을 하였다(Velheer & Burger, 1999). 12세기 말 북해연안 저지대(Low Countries)지역을

이나 나중의 불리안(Boolean)비교분석도 이러한 이분적 논리를 배경으로 하고 있다.

10) 이산적인 사례연구들의 종합적 비교연구(meta analysis)에서 지적되는 이들 요인이 별 의미를 갖지 않는 것으로 판단된다. 이는 단편적, 개별적인 연구를 종합하기보다는 체계적인 역사적 비교연구가 필요하다는 점을 잘 말해 주고 있다.

11) 영어로 쓰인 네덜란드의 전반적 역사에 관한 저서 중 가장 많이 읽히면서 시대적으로 보완적인 것은 Israel(1995)과 Kossman(1978)의 저술이다. 네덜란드에서 시민사회나 자발적 조직들의 역사에 관한 연구는 최근까지도 비교적 등한시되었던 분야이다(Vries, 2006).

12) 유일하게 비슷한 관행을 보인 지역은 독일의 군주지배를 거부하고 자치적 도시공화정을 수립했던 북부이탈리아의 도시국가들이었다.

지배하는 대부분의 왕조들은 내적·외적 갈등이 고조되면서 새로운 여러 가지 문제에 봉착하였다. 우선 지역을 기반으로 하는 지배귀족들이 서로 대립하는 상황 때문에 외세의 간섭이 시작되었다. 그 중 프랑스의 플랑드르지역에 대한 군사적 침략과 통제(1297-1300)가 좋은 예이다. 플랑드르지방은 경제적으로나 인구의 수에 있어서 1300년경에 가장 흥성했었지만 당시의 경제적 상황을 배경으로 사회적 갈등도 높았다. 지역의 대표적인 섬유산업은 도시지역을 통제하는 부유한 도매상인들의 행정적 통제하에 있었으므로 이에 대한 소상인과 공업인들의 불만이 만만치 않았다. 프랑스 왕과 지역의 지배귀족 간의 갈등이 상존하는 가운데 새로운 소비세가 부과되면서 사회적 갈등을 증폭시켰다. 1302년 파업으로 치달자 거상들이 용병을 투입하면서 폭력화되어 상공인들과 전투가 벌어지고 결국은 거상과 프랑스군이 패배[13)]하게 된다. 이 전투의 결과는 상당한 변화를 가져와 여러 도시들의 기존 정치적·경제적 체제를 바꾸었다. 거상들의 길드가 독점권을 잃고 도시민과 공업인의 다양한 길드가 독립적으로 성립되고 운영되었다. 플랑드르지방의 이러한 조직형태가 다른 지역의 도시로 계속 확산되었다. 그렇다고 한 번의 승패에 의해 혁명적 변화가 온 것은 아니었다. 그 후 프랑스의 성공적 재침공에 의해 내적 갈등이 또 다른 양상을 보이게 되었다. 이 과정에서 공업인, 상인계층, 귀족의 이합집산에 의해 1360년 협정이 맺어졌다. 귀족, 성직자, 시민의 세 계급에 의한 대의적 기구는 이즈음 자리를 잡기 시작하여 1464년에는 통일된 부르군디공국(Burugundian Netherlands)의 전국적 의회(Estate General)로 발달된다. 이 계층을 대표하

13) 소위 황금박차의 전투(The Battle of the Golden Spurs)로 직업군인의 패배는 군사의 역사에 일대 전기를 마련하였다. 로마제국 이래로 기마병이 전투의 주력이었으나 습지에서는 무력하였고 스스로의 권리를 옹호하고 자신들을 위한 공인과 농민의 군대가 훨씬 강한 측면을 보였다.

는 사람들이 도시행정기구를 삼분하였고 이러한 제도적 장치는 1540년까지 지속되었다. 갈등과 합의의 양태가 한 번 성립되면 다시 반복되는 경향이 있어서 14세기 중엽 플랑드르지방의 독립적인 도시공화체가 16세기(Calvinist Republic of Ghent, 1578－1984)와 18세기(1789)에도 반복되었다(Blom & Lamberts, 1998).

14세기의 정치적 변화와 더불어 경제적 발전도 돋보인다. 14세기는 유럽 전체에 위기의 시간이었다. 흑사병으로 인구의 삼분의 일이 줄어들고, 서부유럽의 신생국가들은 권력을 강화하는 수단으로 지속적으로 전쟁을 수행함으로써 인구감소, 약탈, 세금부담 및 통화의 평가절하로 이어지면서 빈민화와 폭동이 지속되었으나 중세 가톨릭교회 역시 이러한 갈등해결에 도움이 되지 못하였다. 이러한 위기상황에서 유럽의 강국들은 네덜란드를 수중에 넣기 위하여 서로 투쟁하였다. 신성로마제국, 프랑스, 영국 및 여러 봉건영주들이 서로 각축하면서 영향력을 행사하려고 노력하였다. 이런 정치적 혼란 속에서도 지역적으로 유럽의 지역 간 생산의 불균형을 보완해 줄 수 있는 지리적 특수성과 높은 상호의존성 때문에 네덜란드는 유럽에서 가장 중요한 경제지역으로 부각되었다. 14세기에는 시대적 혼란에도 불구하고 북부 이탈리아 도시에 버금가는 큰 규모의 도시들이 등장하였다. 많은 농촌인구가 도시에 유입되었고 부르주아 문화도 성장하였다. 대부분의 유럽에서 교회제도와 귀족이 문화적 주류였던 반면, 네덜란드의 문화는 도시의 상인들에 의해 주도되었다. 이를 기반으로 15, 16세기에 급속한 성장을 이루어 1532년 주식거래소가 설치되었고, 교역에서 발생한 상업적 채무에 대한 법적 권리를 보장하기에 이른다. 그러나 지역의 대부분이 처음에는 바바리아(Bavaria)의 통제에서 부르군디(Burgundy)로, 다시 합스부르크 왕조의 통제를 받으면서 집권화되었고 이에 비례하여 이에 대한 저항도 거세졌다. 이러한 저항은 도시지도자들과 중앙정부 간의 지속적 갈등과 종교개혁운동에 의해 더욱 복잡한 양상을 띠게 되었다. 이런 역사적 과정에서 네덜란드가 경제적 · 문화적으로 유럽에서 중요한 역할을 하였음에도 불구하고 정치적으로 대부분 외세의 영향 아래 있었다는 사실은 상당히 특이하다.

자유공동체, 지역적 자치, 법의 지배, 의회정부 등에 익숙해 있던 이들이 16세기 스페인의 지배를 받게 되었고 전제정치와 절대주의를 경험하게 된 시기는 가장 큰 시련이었다. 특히 16세기 말의 30여 년은 네덜란드의 역사에서 가장 심각한 위기상황이었다. 도시민의 자율성 및 종교개혁의 초기에서부터 다양한 종파가 자유롭게 표출되던 네덜란드의 분위기와 스페인의 절대왕권과는 양립이 불가능하였다. 특히 남부지역에서부터 확대되기 시작한 루터교와 칼뱅교의 종교개혁운동에 대한 탄압은 곧바로 네덜란드의 저항을 불러일으켰다. 스페인의 절대주의에 대한 저항은 성경의 진정한 해석에 관한 종교적 관심과 구체제의 자유 및 대의제도의 복원에 대한 정치적 관심이라는 두 축 위에서 진행되었다(Caenegem, 1999).[14] 1564년부터 윌리엄공(William of Orange)의 지도력 아래서 저항이 시작되었다. 윌리엄공은 1566년까지 가톨릭이었으나 지배자가 시민의 양심을 지배할 수 없다고 생각하였다. 이후 1588년까지의 투쟁은 외형적으로 프로테스탄트에 대한 탄압에 저항한 것이었다. 1577년에는 주요 도시의 길드들이 혁명적 위원회를 결성하고 친 칼뱅교적인 시의회를 결성하고 도시 간의 유대를 강화하여 스페인의 필립 2세에 저항하였다. 1585년경에 주요 도시들이 함락되었지만, 1588년 무적함대가 영국에 패배한 후에 새로운 국면을 맞게 되어 자율적 지역의 연합형태의 공화국으로 변화하였다. 따라서 국가형성과정에서 도시정부의

14) 이런 맥락에서 보면 영국과 그 과정과 체제가 상당히 유사하게 보인다. 그러나 중요한 차이가 존재한다. 영국은 통합된 국민국가인 반면에 네덜란드는 지역 정부의 연합이다.

연합형태가 상당기간 지속되었고 절대왕정의 기간은 상당히 짧았다. 특히 스페인으로부터 독립하면서 상인계층에 의한 도시연합체로 출발함으로써 후일 농촌지역을 통합하는 데 어려움이 있었지만 토지귀족의 지배를 피하는 데 있어서는 중요한 모범이 되었다(Parsons, 1971).

이 과정에서 종교적 균열, 특히 가톨릭과 프로테스탄트(Dutch Reformed Church) 간의 갈등이 더 분명해졌다. 그럼에도 불구하고 종파 간의 관용에 대한 논쟁과 실행도 가장 먼저 이루어졌다.[15] 16세기 후반과 17세기에 프로테스탄트국가들 중에서 종교적 관용과 자유에 대한 논쟁이 가장 격렬하였던 곳은 네덜란드와 영국이었고, 주로 프로테스탄트 교파 간의 문제에 집중되었다. 가톨릭 국가인 스페인과의 독립전쟁 과정에서 오렌지의 군주인 윌리엄공은 가톨릭에서 루터교로 나중에 칼뱅교파로 변신하였다. 그의 이런 행보는 교파 간의 공동투쟁을 위해서 신구교 간의 협력을 이루기 위한 정치적인 것이었다(politique). 그러나 그의 노력에도 불구하고 신구교 간의 평화는 칼뱅교파들의 불관용으로 실패하였다. 가장 단호한 군사력의 핵심이었던 칼뱅교파들은 독립투쟁이 어느 정도 성공을 거둔 1572년부터 가톨릭교도들을 억압하였다. 1579년에는 가톨릭이 주류인 남부지역이 투쟁을 포기하고 스페인의 지배하에 들어갔다. 1581년에는 북부 네덜란드만 연방공화국을 성립시키지만 이 지역에서도 여전히 가톨릭이 다수였다. 칼뱅적 개혁교회는 모든 주에서 개혁교회를 국

15) 16세기에는 가톨릭과 프로테스탄트 또는 프로테스탄트 교파 간의 종교적 관용에 대한 생각이 존재하지 않았다. 유럽의 일부 가톨릭 국가들에서 프로테스탄트와 공존하는 데 합의하기도 하였지만 이는 더 큰 해악인 내전을 피하기 위한 것이었고 종교적 관용과는 거리가 멀었다. 프랑스의 종교전쟁 중에 정치적인 것(politique)이라는 용어가 이런 관점을 표현하는 것으로 사용되기 시작하였다. 이 용어는 종종 종교보다는 국가의 이익을 우선시하여 일체성과 평화를 위해 필요하다면 프로테스탄트 교도들과 공존하려는 가톨릭들을 일컬었다. 이런 배경에서 독일의 가톨릭 군주들이 1555년에 Augsburg의 평화협정에 동의하였고, 프랑스의 앙리 4세가 1598년에 Nantes칙령을 발표하였다(Zagorin, 2003).

교화하였고 타 교파들의 예배를 금하였다. 그럼에도 불구하고 다수의 다른 교파(루터교, 재침례교 등)들은 굴하지 않았고 실제적으로는 종교적 관용의 분위기에서 이들의 예배가 허용되었다.16)

이것이 가능했었던 이유는 신학적인 측면과 제도적인 측면에서 찾을 수 있다. 종교적 관용은 여러 프로테스탄트, 특히 칼뱅교파들의 신학적 사상에서 박해는 그리스도의 정신에 위배되며 기독성에 큰 해악이라는 신념에 뿌리를 두고 있다. 제도적 측면에서는 분권적 공화체제가 사회의 종교적, 지적 관용을 포함하는 자유주의적 성격과 깊이 연관되어 있었다. 여기서 자유는 공화국 전체의 독립, 각 지역의 주권, 누구도 왕이 될 수 없다는 암묵, 양심의 자유 등을 내포하고 있었다(Kossman, 1999). 네덜란드는 연방공화국으로서 지극히 분권화된 헌법하에서 각 주는 대표들로 구성된 의회를 갖는 주권체였고 각 주로부터의 대표들이 모여서 중앙정부의 의회를 구성하였다. 군사력, 지도력을 위시한 많은 정치적 권력을 부여받은 총

16) Weber(1992)의 종교적 관용에 관한 진술도 네덜란드에서 관용이 처음으로 뿌리내릴 수밖에 없었다는 점을 더욱 확실하게 한다. 그에 의하면 서구사상에서 관용의 역사적 근원은 ① 순수한 정치적 편의(William of Orange) ② 중상주의(주로 암스테르담에서처럼 경제적 발전에 도움이 되는 여러 종파의 구성원을 받아들임) ③ 급진적 칼뱅주의(예정설로 인해 국가가 불관용적 태도로 특정 종교를 진작시킬 수 없게 되었다.) 설교자나 성찬식에 참여하는 사람들이 구원이 예정된 사람들이라는 점을 강조하면서 국가가 성직자의 임명에 관여하는 것을 용납하기 힘들었다. 성직은 개인적으로 종교적 쇄신의 여부에 관계없이 대학에서 신학적 훈련을 받은 사람들에게 부여되었다. 개혁적인 경건파가 실용적 경건성(praxis pietatis)을 주창하면서 교조적 정통성을 약화시켰고, 교회 밖에는 구원이 없다(extra ecclesiam nulla salus)는 원칙도 약화시키면서 이러한 경향이 강화되었다. 이들에 의하면 구원이 예정된 사람들도 교조적 오류나 죄를 범할 수 있고, 신학적 지식이 없는 기독교인들도 더 나은 신앙의 열매를 보일 수 있다는 것을 경험적으로 알 수 있다. 단지 신학적 지식에 의해 행위를 통한 신앙의 증거를 보일 수 없다는 것이다. ④ 침례파들은 처음 시작부터 종교적으로 쇄신된 사람들만이 교회에 들어올 수 있다는 원칙을 일관적으로 지켜 왔으므로 교회를 하나의 제도로 보지 않았고 어떠한 세속적 권력의 간섭도 배제하였다. 이런 종교적 이유에서 무조건적인 관용을 옹호하게 되었다.

독(stadtholder)이라는 준군주적 지위가 있고 주로 오렌지의 윌리엄공 가문에서 이 지위를 담당하였다. 지배계급은 귀족, 의원 및 행정장관 등이었으며 이들의 지위는 세습적이었고 열성적인 칼뱅교도가 아닌 에라스무스적인 인문주의자들이었다. 종교적 다양성을 옹호하지는 않지만 종교적 박해에 반대하는 온건주의자들이었다. 그러나 열성적인 칼뱅교파들은 종교적 순수함을 무기로 네덜란드 사회를 도덕적으로 재무장하고 신학적 정통성을 주장하면서 네덜란드에서 주된 역할을 수행하려고 하였다. 이런 이유에서 이들은 귀족계급과 긴장관계에 있었고 귀족들은 교회에 독립적인 권력을 부여하지 않았다. 귀족들은 교회가 국가에 종속적이어야 한다는 에라스투스주의(Erastianism)의 입장을 취하였다. 네덜란드의 귀족들은 국가의 지지를 받는 유일한 종교적 제도로서 개혁교회를 인정하였지만 절대적인 자율성은 인정하지 않았다. 그래서 국가가 교회의 재산을 관리하고 성직자를 임명하며 봉급을 지급하였다. 아울러 질서를 해칠 수 있는 교리적 논쟁을 완화하고 교회직무를 통제하였다. 이런 귀족의 우월적 위치와 이념으로 인해 17세기에 이르면 공식적인 종교적 관용 없이도 폭넓은 관용적인 사회로 성장한 배경이 되었다. 그리하여 17세기에는 네덜란드가 가장 먼저 종교적으로 관용적이었고 다원적인 국가가 되었다(Zagorin, 2003; Parsons, 1971).[17] 17세기에 이미 상공인들의 다양한 길드조직과 더불어 많은 종교조직이 혼재하는 다원적 사회가 된 것이다. 18세기는 네덜란드가 경제적으로 정체된 시기였지만 이런 결사체들이 사회를 결속시키는 기능을 하였다고 간주된다(Vries, 2006). 이들은 개방적 시민사회를 형성해 가는 데 공헌하였고, 네덜란드가 자율적인 지방정부로 균열되었음에도 불구하

17) 영국에서는 1640년 이래로 종교적, 정치적 갈등이 가장 심각한 문제로 등장하여 세기 말에야 진정되게 된다. 따라서 유럽문명에서 양 국가의 경험은 관용의 원칙을 실행해 가는 데 결정적인 역할을 하게 된다(Parsons, 1971).

고 국가적 일체감을 형성하는 데 지대한 역할을 하였다. 대부분의 조직들은 포괄적이었으며 평등을 기반으로 하고 있었다. 따라서 네덜란드는 근본적으로 부르주아사회였다고 볼 수 있다.

그러나 18세기 후반에 이르면 상당한 정치적 변화를 겪게 된다. 특히 1780년 영국과의 전쟁 이후 내란의 위기 속에서 외세의 개입도 빈번하였다. 서부지역에 자리 잡고 있던 소수의 구귀족들은 거의 사라지게 되었다. 대신에 소수의 프로테스탄트 정치위원(regents or patricians)들이 귀족적 생활방식을 영위하면서 부유한 상인들, 전문직업인들로 구성된 상류 부르주아층이 정치적 권력에 근접하는 것을 방해하였다. 그러나 당시의 자발적 조직들은 계몽적, 사교적 모임의 성격을 오랫동안 유지하였다. 이런 비정치적 성격 때문에 정치적 권력을 쥔 정치위원들이나 상류 부르주아들이 함께 활동할 수 있었다(Vries, 2006: 105-106). 그럼에도 불구하고 1787년에는 상류 부르주아 계층에 의한 반란이 있었으나 실패하였다. 1795년 프랑스가 네덜란드를 점령함으로써 군주제가 시작되는 계기가 되었다. 1813년에는 오렌지의 윌리엄 1세에 의한 군주제가 시작되어 정치적 권력은 소수에 집중되었다. 하지만 이 시기부터 권력에서 소외되었던 상류 부르주아들이 정치에 참여, 하나의 계층으로 성장하게 된다.

정치적 격동기이던 18세기 후반의 자발적 조직들은 두 가지 형태의 조직으로 구분된다. 하나는 취미모임(dilettante societies), 다른 하나는 개혁모임이다. 취미모임은 독서클럽, 문학모임, 토론클럽, 비밀공제회 등 주로 지식의 획득이나 예술적 취향을 만족시키기 위한 모임들이다. 회원은 상인, 관료, 정치가, 전문직업인, 학생 등을 포함하여 주로 도시의 중류계층을 포괄하였다. 이들 모임 중 문학모임이나 독서클럽들은 대개가 비정치적이었는데 1787년의 반란 이후에는 더욱더 비정치적인 모임임을 강조하였다. 그럼에도 불구하고 정부는 1790년대 초 거의 모든 취미모임을 역사상 처음으로 불법화하지만 1795년 프랑스의 침공으로 이 금지령은 유명무실해졌다. 이 짧은 기간이 처음이자 마지막으로 정부가 자발적 조직들에 대해 법적인 규제를 하였던 기간이기도 하다.

개혁모임으로 대표적인 결사체는 공공복지조합(the Society for Public Welfare: Maatsschappij tot Nut van't Algemeen 또는 줄여서 Nut)을 들 수 있다. 20세기까지 존속한 이 조직은 전국적 조직으로서 하층민들의 생활을 개선하기 위해 학교나 도서관들 설립하고 공동체 교육을 실시하였다. 이 조직은 주로 계몽적이며 자유주의적 이념을 지향하면서 지배적인 정치엘리트들의 지원을 배경으로 급속히 확대되었다. 이 조직의 활동은 후일 네덜란드 정부의 구체적인 정책으로 발전하였으며 자발적 구호활동에도 지대한 영향을 미쳤다(Burger & Veldheer, 2001). 무엇보다도 이들 조직은 다른 취미모임처럼 중류계층의 사회적 연결망이었다(Vries, 2006).

19세기에는 더 다양한 결사체들이 등장하고 확대되기 시작하였다. 이와 더불어 중하류계층이나 여성에게는 폐쇄적인 신사클럽이나 음악모임도 모두 도시에서 결성되었다. 그런데 이보다는 사회적・경제적 차이를 넘어서 회원들의 평등한 참여를 지향하는 조직이 더 많았다. 이런 유형의 조직으로는 문학모임의 후신인 암송모임, 극회모임 등을 들 수 있고, 대부분의 결사체들은 부르주아의 가치를 표방하고 있었다. 19세기 중반에 이르면 다양한 종교적인 모임이나 도덕적 개혁과 박애, 선교 등을 목적으로 하는 결사체가 급증한다. 이런 모임이 늘어나면서 각 도시에서 종교적 차이에 따른 조직의 차별화도 진행되었다. 1860년대에는 많은 문학관련 모임에서 상류 부르주아들이 탈퇴하기 시작하였다. 이는 자발적 결사체들이 점점 계급과 종교에 의해 균열되기 시작하였다는 것을 의미하고 이를 시작으로 소위 네덜란드 사회의 분거화(pillarization, verzuiling: 가톨릭, 정통프로테스탄트, 사회민주주의, 중도자유주의의 네 가지 하위문화)가 진행된다. 특히 이 시기에는 다양한 프로테스탄트 조직들과 단일조직인 가톨릭이 정부정책을 둘러싸고 정부와 대립하였다. 교육, 참정권, 그리고 도시빈민의 문제를 둘러싼 갈등과 이의 해결과정에서 종교적, 이념적 차이를 기반으로 하는 분거화가 나타난다. 이미 언급한 것처럼 칼뱅주의에 기초한 청교도주의가 적어도 프로테스탄티즘 내부의 종파적 다양성을 인정함으로써 종교적 관용의 측면에서 영국보다 훨씬 앞서 있었다. 그러나 상당히 많은 가톨릭교도가 존재하고 개혁교회 내에서도 신학적 논쟁(정통 칼뱅주의와 이에 반대하는 근본주의파)이 끊이지 않아 교파는 훨씬 다양한 편이었다. 이런 상황에서 로마 가톨릭이 부흥하면서 심각한 종교적 갈등을 야기하여 종교적 분거화가 이루어진다(Rokkan, 1970). 결국 개혁교회, 가톨릭 및 사회주의자들에 의해 정치적, 사회적 분거화가 진행되었으며 이를 기반으로 자발적 조직들이 급증하였다(Daadler, 1989). 각 집단은 그들 나름의 학교, 병원, 신문, 경제적 이익단체, 여성조직, 스포츠조직 등을 결성하였다.

이런 복합적 조직체제를 설명하기 위해서 분거화의 과정을 자세히 살펴볼 필요가 있다. 분거화란 인구집단이 종교적 또는 정치적 성향에 따라 수직적으로 분리된 상태를 일컫는다. 이는 결사체들이 여러 집단으로 묶여서 서로 격리된 상태를 지칭하는데 적어도 두 개 이상의 집단(pillar)이 존재한다. 첫째, 가톨릭 조직이 가장 광범위하고 동질적인 집단이다. 둘째, 프로테스탄트 또는 칼뱅주의 집단이 있다. 이들은 비교적 다양할 뿐만 아니라 가톨릭과 달리 단일의 지도체제를 갖고 있지 않다. 이 집단 내에 서로 별개의 네트워크들이 생겨났는데, 가령 느슨한 자유주의적인 프로테스탄트 조직이 있는가 하면 결속력이 높은 정통주의적 집단이 존재한다. 이외에도 자유주의자와 사회주의자들이 또 하나의 집단을 형성하고 있는 것으로 보는 시각이 있지만 이는 논쟁의 여지가 있다. 이들은 소수의 분야에서 아주 적은 숫자의 조직을 결성하고 있기 때문이다.

분거화의 가장 직접적 원인은 주로 교육의 문제에서 비롯되었다. 분거화 이전부터 교회와 부유층에 의해 사립학교들이 설립되었고, 특히 칼뱅주의자와 가톨릭은 그들의 사립학교를 세웠다. 정부와 종파 간의 관계를 결정짓는 중요한 계기는 이들 학교에 대한 정부의 재정지원 정책결정에서 비롯되었다. 18세기 이후 교육에 대한 국가의 개입이 확대되면서 지방정부는 공립학교를 설립하기 시작하였다. 19세기 초반에 이르러 정부가 공립학교도 보편적인 기독교적 성격을 갖고 있다고 주장하면서 이들 학교에 대한 재정지원을 늘리고 사립학교에 대한 지원은 하지 않았다. 이러한 주장과 재정지원방향에 대해 가톨릭과 칼뱅주의자들이 반발하고 세금부과에 대해서도 저항하였다. 그들의 이런 주장은 신앙적 배경에서 나왔다. 국가와 사회의 관계에 대한 가톨릭의 보충성(subsidiarity) 원리와 칼뱅주의의 집단주권(circles of sovereignty) 원리는 철학적으로 서로 달랐지만 현실정치에서는 정부의 작은 역할과 사적 영역의 활발한 공적 책임을 주장하는 점에서는 동일하였다. 전자의 경우 정치적 권위를 인정하는 반면에 후자는 로크적 관점에서 사회의 우월성을 주장한다. 칼뱅주의자의 집단주권론은 가족, 기업, 교육, 교회 등 다양한 사회적 단위들이 독립적으로 자결권을 가져야 된다고 생각한다. 가톨릭의 보충성원리는 근본적으로 사회를 하나의 유기적 존재로 상정하고 하위수준의 기관이나 개인이 할 수 있는 일을 상위기관이 개입해서는 안 된다고 생각한다(Dekker, 2004). 이들은 장기적인 투쟁 끝에 차츰 성과를 얻기 시작하여 1917년에는 종파적 정당과 자유주의자들 간의 역사적 타협에 이르게 된다. 이를 '수용'(accommodation) 또는 화해(pacification)라고 부르는데, 이를 통해서 자유주의자들은 보통선거권을 확보하였고 종파주의자들은 사립학교의 동등한 재정지원을 얻게 되었다. 이러한 타협과정이 이후 제삼부문의 발달에 결정적인 역할을 하게 되었다. 즉 국가와 자발적 조직들이 공공재를 위해 공동의 책임을 갖고 노력하는 과정이 이후 복지국가를 발달시키는 중요한 기초가 된 것이다. 현재 교육분야를 보면 초·중·고 학생의 70%가 사립학교를 다니고 이들 사립학교는 공립학교와 동일한 수준의 재정적 지원을 국가로부터 받는다.

분거화가 자발적 조직들의 발달에 중요한 영향을 미친 것은 의심의 여지가 없다. 주요 하위부문별 영향을 구체적으로 살펴보면 다음과 같다. 1870년 이전에는 성경학교나 주일학교 및 박애조직 등이 종교적 배경을 내세우고 있었으나 분거화가 시작된 1870년대를 기점으로 많은 다양한 결사체가 종교적 특성을 내세우게 되었다. 절주운동, 청소년조직, 극회클럽은 물론이고 노동조합이나 정치적 결사체까지 자신들의 종교적 성격을 표방하였다. 이들 결사체는 전국적 조직을 갖기 시작하였는데 이러한 과정은 20세기 초까지 진행되었다. 정통 프로테스탄트, 가톨릭 이외에도 자유주의자와 사회주의자가 서로 독립된 사회적 축을 이루게 된다. 이런 과정을 통해서 사회적 계급보다는 종교적 신념이 더 중요한 사회적 균열구조가 되었다. 이 과정(1870－1900)에서 결사체의 숫자는 엄청나게 증가되었다. 분거화가 가장 큰 원인이기도 하지만 이 시기의 급격한 산업화도 중요한 역할을 하였다. 빠른 속도로 도시화가 진행되면서 사회적 문제가 급증하고 심화되었기 때문이다. 따라서 이를 해결하기 위한 많은 자선조직들이 생겼으며 특히 중산계층의 활동이 두드러졌다. 이 시기 이들의 활동을 문명공세(civilization offensive)라고 부르는데, 중산층의 근검, 절약 및 자기통제와 같은 규범과 가치를 하층민들에게 주입시키기 위한 시도로 해석한다. 이와 같은 노력을 통해서 노동계층에서도 종교적, 이념적 배경이 다른 다양한 조직이 생겨나게 되었다.

정치적 결사체도 종교적 영향권을 벗어날 수 없었다. 1853년에는 16세기 후반 이후 존재하지 않았던 가톨릭 주교제도가 부활되었다. 당시 자유주의적인 정부는 이를 허용하였고 정통 칼뱅주의자들은 이에 극렬히 반발하여 국왕(William Ⅲ)에게 이를 막아 줄 것을 청원하기에 이른다. 그러나 국왕은 이를 거부하였고 같은 해에 이루어진 선거에서 좀 더 보수적인 정권이 들어서는 중요한 계기가 되었다. 이때의 선거를 기점으로 본격적인 선거권자의 결사체가 전국적으로 결성되었다. 이는 주로 개혁교회 내의 분파에 따라서 결성되었다. 그러나 가톨릭은 칼뱅주의자들의 적개심을 불러일으킬 우려에서 적극적으로 결사체를 만드는 것을 자제하였다. 그럼에도 불구하고 신자들의 투표성향을 지도하곤 하였다(Ertman, 2000). 1870년대에 이들 결사체들이 정당으로 발전하여, 1879년 정통 칼뱅주의 교회를 기반으로 하는 반혁명당이 결성되었다. 이후 자유주의자와 사회주의자의 정당도 출현하게 된다(Veldheer & Burger, 1999).

노조운동도 마찬가지 맥락에서 이해된다. 산업화의 진행에 따라 새로이 형성된 사용자와 노동자 간의 갈등구조에 의해, 거의 모든 유럽국가에서 이를 바탕으로 한 노동자조직이 출현하였다. 네덜란드도 예외가 아니었다. 종교적 균열을 중심으로 이루어진 분거화를 바탕으로 한 자발적 조직들은 위계적 구조와 폐쇄적인 성격을 갖는다. 따라서 노동자의 조직화는 각 분거(pillar) 내에서 이루어지게 되어 이들 조직의 전국화는 어려운 일이었다. 20세기 초의 통계에 의하면 사회주의적인 네덜란드 노조연합의 회원수는 84,000명, 가톨릭연합은 29,000명, 프로테스탄트연합은 11,000명이었는데, 142,000명은 이들과 관련이 없는 아주 느슨하게 조직된 노조들에 분산되어 있었다(Kossman, 1978: 479). 따라서 통합적인 노동운동이 어려웠을 뿐 아니라 가톨릭 노동조합처럼 종교적 분거 내에서 정치적 요소도 배제된 경우가 많았다(Therborn, 1989).

1900년에 이르러 결사체는 네덜란드의 모든 도시에서 광범위하게 활동하였다. 이는 당시의 기록에서도 확인할 수 있다. 예를 들어, 당시 주민의 수에서 평균적인 크기의 도시인 Haarlem(64,000명)에 대한 사례연구에서 결사체의 수는 500여 개에 이른다. 그러나 문화적 조직을 제외한 대부분의 조직에서 위원회는 주로 상류 부르주아계층의 남성들로 구성되어 있었다(Vries, 2006: 114-115에서 재인용). 이를 통해서 전통적 상류 부르주아들이 중하류계층과 노동계층의 조직들도 지도하였다는 사실을 알 수 있다.

결론적으로 네덜란드의 역사적 전통은 다른 어떤 유럽국가보다도 분권적이었다고 볼 수 있다. 16세기 스페인의 지배와 19세기 말 프랑스의 점령기간과 이후 짧은 왕정복고의 기간이 있었지만 자치를 전제로 한 여러 도시정부의 결속체로 존재했다. 네덜란드의 정치적 발전은 이러한 연방형태가 국가적 정체성을 확보해 가는 과정이었다고 할 수 있다. 이런 도시공동체 중심의 분권형 제도와 프로테스탄티즘의 상호작용으로, 법적으로 결사의 자유가 인정되기 훨씬 전부터 관용적 분위기에서 다양한 결사체가 허용되었다. 이러한 배경이 종교적, 이념적 다양성을 허용하였고 각각의 이질적 분거 내에서 여러 결사체가 공존할 수 있었던 것이다. 그리고 결사체의 성격에 관계없이 조직을 결성하고 발전시키는 데 주도적 역할을 한 것은 부르주아들이었음을 알 수 있다. 이에 비해 노동계층의 사회적 계급으로서 조직적 유대감은 종교적, 이념적 분거화에 묻혀 왔다고 볼 수 있다.

② 스웨덴

Tocqueville 이래로 미국은 항상 조직참여율이 가장 높은 국가(nation of joiners)로 간주되어 왔다. 그러나 1970년대 이후 시작된 여러 서베이를 통해서 미국이 아닌 스칸디나비아 국가들이 가장 높은 참여율을 보인다는 것이 분명해졌다. 1970년대의 조사결과에 의하면 스웨덴의 경우 80% 이상의 성인인구가 하나 이상의 조직에 참여하고 있었다. 2000년에 이르면 90% 이상의 성인인구가 조직활동을 하고 있다(Pestoff, 2004). 이런 결과를 새삼스럽게 받아들이면서 이에 관한 역사적 연구가 활발해졌다. 이들 연구에 의해 이미 19세기 말, 20세기 초에 광범위하게 다양한 결사체들의 전통이 확립되었다는 것도 알려졌다. 스웨덴에서 자발적 조직이나 비영리조직이라는 용어는 잘 사용되지 않는다. 오히려 대중운동(popular mass movements)이라는 용어가 자주 사용되며 법적인 용어가 아닌 역사적 성격을 띠고 있다. 대중운동은 가입회원을 기반으로 하며 민주적으로 운영되는 사회운동을 지칭함으로써 유럽에서 널리 쓰이는 사회적 경제(social economy)의 개념에 가깝다고 볼 수 있다. 여기에는 비영리조직 외에 협동조합, 상조회 등이 광범위하게 포함된다.

스칸디나비아국가에서 광범위하게 확산된 이들 대중운동은 다른 유럽국가의 자발적 조직과는 여러 가지 측면에서 구별된다(Klausen & Selle, 1996). 이들 조직은 부유층의 배타적 클럽이 아닌 일반 시민의 민주적 조직으로 설립, 운영되었다. 조직구성면에서는 강력한 지방조직의 기반을 갖고 있으면서도 전국적으로 이들의 활동을 조정하는 국가적 수준의 운동이었다. 대중운동은 19세기의 관료적이며 귀족적이고 자본주의적인 엘리트에 대한 저항운동으로 인식되었다. 이 운동은 사회변화를 추구하였는데, 이러한 변화는 아래로부터의 대중조직에 의해서 가능하다는 믿음을 전제로 하고 있었다(Rothstein & Stolle, 2003). 각각의 운동이 개별적이며 독립적이었다기보다는 잘 짜인 네트워크로 서로 연계되어 있었다. 예를 들면 노동운동은 사회민주주의 정당뿐만 아니라 소비자, 세입자, 연금생활자 등의 협동조합이나 성인교육을 위한 조직들과 긴밀히 연계되어 있었다. 또 대중운동은 중상류층의 자선조직에 대항하여 자조적 활동을 진작하였고, 나중에는 사회정책의 결정에도 대표성을 인정받음으로써 중요한 영향력을 행사하게 된다. 국가와 대립적 관계를 형성하기보다는 협동관계를 이룩함으로써 소위 조합주의적 국가의 기초를 쌓았다. 그러므로 스웨덴의 제삼부문은 사회운동에서 비롯되었고, 국가주도형의 복지국가를 형성하는 결정적인 동인이었음을 부인할 수 없다. 시대적 상황과 요구에 따라서 새로운 조직이 나타나기는 하였지만 스웨덴의 자발적 조직의 전형이 된 것은 초기 대중운동이다. 이는 이러한 유형의 조직에 대한 연구자들이나 역사가들이 전적으로 동의하는 바이기도 하다. 따라서 어떤 역사적 요인들이 스웨덴, 넓게는 스칸디나비아국가들의 특징적인 대중적 조직활동을 가능하게 했는지를 알아볼 필요가 있다.

도시연합형태의 네덜란드에 비해 스웨덴은 오랫동안 국왕의 지배체제를 유지하였으나 절대왕정의 경험은 다른 유럽국가에 비해 상당히 짧은 편이었다. 중세의 스웨덴은 침체의 시기였다.[18] 왕과 귀족 간의 유혈투쟁이 지속되면서 점차 집권화되었다. 도시의 발달도 서서히 이루어졌으며, 경제적으로는 독일 상인들에 의해 지배되었다. 단순한 농경제를 기반으로 하는 평등사회에서 차츰 신분사회로 변화하였다. 중세기 스웨덴은 정치적으로 자율적인 여러 지역의 연합형태를 취하고 있었다. 국왕은 선출되었고 여러 실력자로 구성된 위원회(council; Råd)와 더불어 국가적 공동관심사를 추진하였다.

14세기 초반에 스칸디나비아 3국의 통합과정이 이루어졌고, 14세기 말에는 일인 국왕의 지배를 받는 소위 칼마르동맹(Karlmarunionen)

---

18) 스웨덴의 중세 시기를 기독교가 자리를 잡은 11세기 또는 12세기 초에서 16세기로 본다. 이 시기에 가톨릭교회는 빈곤구제나 자선사업과 같은 사회적인 역할을 수행하는 중추적 존재였다. 다른 나라에서처럼 국민은 지역사회와 길드와 같은 여러 조직들의 구성원이었으나 16세기 종교개혁과 더불어 길드가 해체되기 시작하였다. 잔존하는 길드는 교회재산을 환수하는 과정에서 교회의 책임이던 많은 사회적 서비스의 책임을 떠안았다. 교회의 권한이 축소되었다고는 해도 교회지도자들은 여전히 빈곤구제와 교육의 영역에서 중요한 역할을 하였다. 따라서 교회의 책임이 줄어든 대신, 국가의 역할이 확대되었을 뿐 아니라 지배적인 루터 교회와 국가의 긴밀한 상호관계가 일찍부터 형성되었다.

이 결성되었다. 이 동맹은 한자동맹의 지배권에 대한 방어책으로 결성된 것이었으나, 왕위권은 덴마크에만 부여되었다. 이에 대한 불만과 세금 및 경제적 문제를 둘러싸고 충돌이 생기기 시작하였다. 1430년대에는 스웨덴의 농민 지도자 Engelbrekt가 덴마크 통치자들에 대항하여 반란을 일으켜, 칼마르동맹과 이 기구의 경제, 외교 정책에 반대하였다. 근본적으로 왕권의 전통이 뚜렷한 덴마크와, 선출된 왕과 이를 견제하는 위원회의 전통을 갖고 있는 스웨덴의 전통이 양립 불가하였던 것도 중요한 요인으로 지적된다(Scott, 1977: 93). 이러한 분할독립과 연합이라는 문제 때문에 1435년 첫 의회(Riksdag)가 소집되어 성직자와 귀족, 도시민, 그리고 농촌의 토지보유자 대표들이 참여하였다.[19] 이후 이러한 형태의 회합은 더욱 빈번해지고 중요한 정치적 결정들이 이곳에서 이루어졌다. 이 중세적 신분대표 기구들은 계속 잔존하면서 국가의 의사결정과정에 영향력을 행사해 왔다.

그 후 덴마크와의 완전 분리를 요구하는 소리가 고조되었고 양국의 갈등은 지속되었다 이 과정에서 동맹을 이탈하기도 하고, 때로는 자율성을 보장받으면서 동맹으로 복귀하기도 하였다. 1521년에는 스웨덴의 젊은 귀족인 Gustav Eriksson Vasa가 반란을 일으켜 성공함으로써 스웨덴은 완전히 독립된 왕국을 건설한다. 1523년에 왕위에 오른 구스타프 바사는 근대 주권 국가로서의 기틀을 확립하였다. 그는 1527년에 기독교에 대한 개혁을 단행하여 가톨릭교회와 절연하고 루터교를 받아들였다. 시기적으로 스웨덴의 종교개혁은 덴마크와 영국의 종교개혁과 일치한다. 그러나 다른 나라에서는 국민이 열성적으로 개혁에 동참한 반면 스웨덴에서는 국왕의 정치적 의도와 통제 아래 진행되었다. 국왕 구스타프 바사는 국가권력의 우월

19) 그 뿌리를 1359년 왕(Magnus Eriksson)이 문제에 봉착하여 소집한 고위성직자, 귀족의 회합까지 소급하여 추정하기도 한다(Scott, 1977: 111).

성을 확립하는 데 그 목적이 있었다. 물론 사회적 제도로서 교회의 중요성도 십분 인정하고 있었지만 루터교는 성직자들의 정치적 권위를 부정하는 중요한 기반이 되었다. 구스타프는 단계적으로 국가의 우월성을 확보하였고 교회로부터 재산과 권력을 박탈하였다. 구스타프를 계승한 여러 국왕들 사이에 신구교 간의 갈등이 없었던 것은 아니나 차츰 루터교가 국교로서 뿌리를 내리게 되었다(Scott, 1977).

구스타프 1세가 죽은 다음의 반세기는 내부적 혼란과 외국과의 전쟁으로 점철되었다. 1611년 구스타프 2세가 즉위하면서 질서와 안정을 찾기 시작하였고, 귀족과의 갈등을 끝내게 된다. 그는 내부 행정조직과 법률체제를 정비하였을 뿐 아니라 의회의 발전을 촉진시켰다. 그의 사후에는 다시 귀족계층에 권력이 집중되었고 왕권과 귀족들 간의 투쟁은 1670년경에야 왕권의 승리에 의해 절대주의 왕권이 등장하게 된다. 카를 11세의 절대주의는 경제적 발전과 효율적인 군대운영으로 잘 작동하였으나 그 후계자는 전쟁에 몰두하고 내정을 소홀히 하여 절대왕정은 1718년에 끝나게 되었다. 이후 50여 년간 귀족들의 주도에 의한 의회정치가 활발하게 진행됨으로써 자유의 시대라고 부르는 시기를 맞게 되었다. 이때 즉위한 국왕은 귀족들에 의해 제시된 여러 가지 조건들을 받아들여야 했다. 즉 국왕은 여러 정부기관 중의 하나일 뿐이며, 의회를 구성하는 계급들이 위원회의 위원들을 지명하고 국왕이 임명한다는 입헌주의적이며 의회주의적인 원칙이 받아들여진 것이다(Scott, 1977: 239-242). 이러한 합의에 의해 정치권력이 궁극적으로 의회에 속하게 되었다.

1730년대 말에는 정치적으로 상반되는 두 가지 분파가 등장하여 근대적 양당정치와 유사한 정치적 상황이 벌어진다. 이른바 하타르(Hats; Hattarna)당과 뫼소르(Caps; Mössorna)당으로 불리는 두 정당이 서로 정권을 장악하려 하였으며, 그들의 투쟁은 의회를 구성한 네 계급 간에 전개되었다. 각각의 정파들은 추종자들이 모여서 정책을 토론하고 의회에서 과반을 획득하기 위한 선거전략을 수립하는 사회적 클럽을 만들었다. 이를 통해서 자신들의 정치적 관점을 알리기 위한 신문도 발간하였다. 이 중 하타르당이 거의 30여 년간 집권하였고 1765년에야 뫼소르당이 권력을 쥐었다. 새로운 세대인 뫼소르의 구성원들은 개혁적이며 계몽주의적 사상으로 무장하고 많은 개혁방안을 시도하였다. 자유방임적 경제, 자유언론, 실용교육, 귀족적 특권의 폐기와 같은 방안을 시도하면서 양 정파 간의 갈등이 고조되었다(Nordstrom, 2002: 44-45). 이와 같은 불안정한 정치 상황에도 불구하고 경제적, 정치적으로는 상당한 발전을 이루었다. 농업의 근대화와 함께 철광 생산이 증대되고, 외국 무역이 급속히 번창하였으며, 신문이 처음 발간되고, 과학도 크게 발전하였다.

1772년에는 불안한 정치적 정세를 이용한 구스타프 3세에 의한 정변으로 절대주의로 복귀한다. 이 시기의 가장 큰 변화는 1789년에 국왕의 주도하에 이루어진 네 계층의 평등화 작업이다. 의회에서 일방적으로 발표된 새로운 법령은 귀족의 조세감면 및 정부고위직의 독점과 같은 특권을 빼앗았다. 뿐만 아니라 농부들이 세금 감면을 받는 농지를 구입하고 소유할 수 있게 하는 등 특권이 없었던 다른 계층에게 새로운 권리를 부여하였다. 이는 귀족을 제외한 나머지 계층의 환영과 지지를 받았다. 국왕이 살해된 뒤에도 이러한 변화의 흐름은 바뀌지 않았다. 대를 이은 구스타프 4세는 1803년에서 1807년에 이르는 기간 동안 급진적인 농업개혁을 이룩함으로써 후일 스웨덴의 정치적, 경제적 변화의 기초를 쌓았다. 그러나 18세기부터 잃어버리기 시작한 강국으로서의 면모는 구스타프 4세에 이르러 최악의 상태에 빠졌다.[20] 1805년에 러시아와 한편이 되

20) 스웨덴은 16세기부터 17세기 중에 절대왕권을 기반으로 발틱해 연안의 강국으로 등장하였다. 당시 세계경제의 중심이던 영국, 네덜란드와 지정학적으로 가까울 뿐 아니라 양질의 철과 구리를 독점적으로 공급하는 경제적 위치가

어 나폴레옹에 선전 포고를 했으나, 후에 러시아는 나폴레옹과 강화 조약을 체결하고 스웨덴은 핀란드를 잃게 되었다. 국민들은 왕의 퇴위를 강요하여 구스타프 4세는 폐위되었다. 이때 왕과 의회의 세력 균형을 꾀하고자 권력의 분립을 기초로 한 새로운 헌법이 제정되었다. 다시 4세기간 지속된 4계층의 의회의 존재를 재확인하면서 입헌군주제로 복귀하게 된 것이다.

이런 국가적 위상의 변화에도 불구하고 스웨덴의 가장 큰 특징은 농민이 독립적이고 강력한 사회적 지위를 갖는 점이다. 17, 18세기는 장원제적인 농업과 계약적 성격의 소작농이 주류를 이루었고 귀족은 주로 세금을 거둬들이는 역할을 수행하였다. 그러나 18세기 말 수출을 위한 상업적 농업의 필요성이 대두되면서 차츰 농민의 토지소유와 구획정리운동(enclosure movement)이 전개되었다. 주로 왕가의 토지를 농민이 소유하게 하면서 임차지에 대한 조세가 공공조세로 바뀌었다. 경작방법이나 시장의 혁신적 변화 이전에 이러한 변화가 이루어짐으로써 대륙 국가들과는 전혀 다른 양상의 효과가 있었다. 즉 구획정리운동이 농민을 축출하고 대규모 농업을 가능하게 하였던 영국과는 달리, 토지를 세분하여 가족농이 주를 이루게 된다. 따라서 산업화 이전에 토지소유 자작농이 늘어남으로써 독립적 농민이 하나의 계급으로 형성되게 되었다. 독립적 농민계층은 이후의 계급구조에 중요한 영향을 미치고, 도시의 귀족적 관료와의 대립적 관계가 농민으로서의 정체성을 갖게 하는 데 중요한 역할을 하였다. 이로 인해 농민계층은 이후 사회적, 종교적 대중운동의 기반이 될 수 있었다(Castles, 1978).

그렇다고 해서 토지를 소유한 귀족이 사라진 것은 아니었다. 일

이를 가능하게 하였다(Wallertein, 1974; 1980). 그러나 러시아와 프러시아가 다시 부흥하면서 이러한 위치가 흔들리기 시작하였고 19세기 초에는 발틱해 연안의 영토를 잃고 주변국가로 전락하였다.

부는 상업적인 대규모 영농에 종사하기도 하였다. 세력이 약화된 귀족은 차츰 관료로 변신하거나 정치적, 경제적 영향력이 증대되고 있던 상인이나 산업세력 또는 전문가로 변신하였다. 귀족의 권력이 이렇게 변화하는 데는 제국의 몰락이 결정적인 역할을 하였다. 제국의 몰락은 귀족의 세력을 급격하게 약화시키고 대신 제4계급으로서의 농민의 지위를 강화시켰다. 18세기까지도 별로 중요한 세력이 되지 못했던 농민과 도시 부르주아는, 1789년 왕과 자유민과의 계약에서 보듯 왕권과 귀족 간의 투쟁에서 중요한 중재적 역할을 하면서 세력을 키워 왔다. 이런 배경 때문에 소위 농업부문의 개혁으로 자작농민들이 증가할 수 있었다. 따라서 스웨덴은 많은 유럽국가에서 생산력 향상과 이윤을 위해 도시의 부르주아가 봉건적 토지소유자와 결탁한 것과는 전혀 다른 계급구성을 이루게 된다. 상업적 도시 부르주아와 상업적 자작농들이 연합하여 기존의 특권층에 저항하고 변화를 추구하는 하나의 중산계층을 형성하게 된 것이다(Strath, 1988).

이런 정치적·사회적 변화와 발전을 배경으로 19세기 초부터 근대적 의미의 자발적 조직이 나타났다고 간주된다. 절대왕권을 무너뜨리고 구체제 계층을 점차 해체시킨 1809년의 혁명을 새로운 조직들이 시작된 시기로 본다. 소위 결사체의 시대라 불리는 이 시기는 구사회 질서와 자본주의 시대 사이의 변화기였다. 이 자유주의 시기의 두드러진 특징은 국교와 국가의 지배적 제도로부터 벗어나서 중앙권력과 지방공동체 사이에 새로운 중간 조직들이 나타난 것이다. 이런 공백을 메우기 위해 자선, 교육, 종교, 절주와 관련된 여러 부류의 조직이 발달하였다. 이런 유형의 조직은 자본주의가 본격적으로 발달하기 시작하는 1860년대까지 지속되었다고 보며, 이때까지 자유주의의 기반이 확대되었다고 볼 수 있다. 정치적인 측면에서 보면 자유주의자와 보수주의자에 의해 결사체들이 설립되었고, 근본적으로 합의의 정신에 의해 추진되었다. 19세기 후반의 대중운동과는 달리 이 시기의 결사체들은 교회, 국가, 자본주의구조 등과 갈등관계를 형성하지는 않았다. 대부분의 조직들이 농민이나 노동자가 아닌 중상류계층에 의해 설립되었기 때문이다. 따라서 조직도 민주적인 개방체제가 아닌, 새롭게 등장하는 자본주의사회 엘리트들의 배타적 조직이었다(Lundstrom & Wijkstrom, 1997; Aberg, 1988).[21)]

그럼에도 불구하고 1809년부터 50여 년간의 자발적 조직의 활동은 이후 대중운동에 중요한 사회적 영향을 미치게 되는데, 전통적이며 특권적 조직들이 해체되고 난 뒤의 공간을 중류계층의 결사체들이 메우기 시작하였기 때문이다. 학습모임, 신앙모임, 절주모임, 자선모임 등의 새로운 결사체들을 통해 비판적 토론과 교육이 활발하게 이루어졌다(Strath, 1988). 언론의 자유, 관용, 계몽과 이성을 주제로 한 공개적 토론이 이루어지고 노동계층에 대한 교육이 시행되었다. 이러한 과정에서 다양한 종류의 출판작업도 병행하였다. 실제로 이들 조직들이 대중교육과 교육제도에 쏟은 노력은 상당한 것으로, 1840년대의 교육입법도 여기서 기인하였다고 본다. 뿐만 아니라 이런 조직활동의 배경을 지닌 많은 중산계층의 출신들이 1860년대 이후 대중운동의 지도자가 되었다. 19세기 말에는 노동계층도 대중운동에서 중추적 역할을 하기 시작하였다(Petterson, 1998).

이런 배경에서 스웨덴의 많은 역사학자들은 집단적 행동을 위한 조직활동의 시작을 19세기 중반으로 보고 있다.[22)] 그 첫 번째 시기

21) 이 시기의 많은 조직들이 지역의 빈곤구제위원회와 긴밀히 협조하면서 자선사업을 하였다. 이 시기의 빈곤구제활동은 지방정부와 자발적 조직 간에 상호협조하에 분명한 구분 없이 이루어졌으며 나중에 복지국가로 도약하면서 전문적·관료적 모형으로 대체되었다고 할 수 있다.

22) 20세기까지의 조직활동의 흐름을 대략 넷 또는 다섯 개의 시기로 구분한다. 다른 서구국가들의 변화발전과정을 이해하는 데도 비슷한 구분이 가능하지만 스웨덴의 특징은 이들 국가보다는 상당히 뒤늦게 시작되었다. 이는 다분히 뒤늦은 산업화와 도시화에 기인한다고 볼 수 있다(Micheletti, 1995). 여기서 언급된 시기 이외에 1950년대 후반에는 대항문화, 반전, 환경이나 학생운동 등을 위한 새로운 유형의 조직들이 나타나기 시작하였다. 1990년대 이후에는 적

는 최초의 대중적 조직활동이 시작된 19세기 중반에서 후반까지이다. 스웨덴은 길드조직들을 뒤늦게야 공식적으로 해체하였고(1846), 1864년에는 결사의 자유를 보장하였다. 이 두 가지 개혁에 의해서 제한된 자원과 권리를 가진 일반 국민의 집합적 행동이 가능하게 되었다. 그리하여 19세기 후반에는 반체제적인 대중운동이 성장하는 기반이 된다. 대중운동은 개방적 회원모집과 민주적 통제에 기반을 둔 조직들로 기성 사회질서에 저항하면서 사회를 보다 민주적인 방향으로 변화시키는 데 기여하였다. 이들 조직은 일찍이 정당성을 확보하였을 뿐 아니라 많은 사람들이 대중운동을 스웨덴의 민주화와 동일시하였다. 실제로 이들 조직은 보통선거권이 보장되기 훨씬 전부터 많은 국민들에게 민주적, 조직적 훈련장이 되었다. 회원들로 하여금 읽고 쓰는 것을 배우도록 격려하였고 회의를 이끌고, 민주적으로 논쟁하면서 자신의 이해관계를 밝히는 방법을 가르쳤다. 따라서 이 시기의 조직화는 종교적 자유나 정치적 자유와 같은, 특권에 저항하는 투쟁에서 기인하였고, 평화 또는 금주나 절주를 위한 것이었다. 침례교파나 감리교파와 같은 종교적 집단, 절주 또는 금수협회, 평화 및 중재협회 등과 같은 조직들이 출현하여 기성질서에 저항하였으며 정치적 민주주의를 지향하였다. 이들 조직은 대개 공공의 이익과 사회개혁을 지향하였고, 사회적 계급을 기반으로 하기도 하였다. 두 번째 시기는 19세기 말-20세기 초로 볼 수 있다. 사회적 계급을 기반으로 하는 노조, 고용자 조직 등과 농협, 소비자 협동조합 등이 출현하여 경제적 이익을 대변하기 시작하였다. 19세기가 끝날 즈음에는 대중운동을 이끌던 많은 지도자들이 정치적 지도자로 변신하기도 하였다. 19세기 말에 등장하는 새로운 대중운동 또한 이전의 조직활동들의 양태를 답습하여 개방적 회원모집과 민

극적인 시민과 사회적 유대를 형성하기 위한 공동체를 위한 조직들이 출현하였다. 이는 새로운 가버넌스를 위해 시민의 참여를 활성화하기 위한 것이었다.

주적 의사결정을 수용하였다. 소비자협동조합, 세입자조합, 농민조합, 스포츠운동, 연금생활자, 여성운동들이 그것이다. 여성운동조직은 1880년대부터 결성되기 시작하여 20세기에 들어서면서 다양한 이슈에 연관된 조직들로 분화되었다. 20세기 초의 활동은 주로 시민의 정치적 영향력을 향상시키고 각 개인의 성장을 위한 조직들을 출현시켰다. 성인교육을 위한 조직과 대중적 스포츠운동이 이 시기에 급속도로 성장하였다.

그러나 이들 대중운동의 뿌리는 가장 중요한 사회운동으로 간주되는 자유교회운동, 금주운동 및 노동운동 등에서 찾을 수 있다(Pettersson, 1998). 기존연구에 의하면 격변기에 맨 먼저 등장하는 집단은 주로 종교적인 집단이다. 스웨덴에서도 자유교회운동이 새로운 사회운동의 효시가 되었다. 여기서 주목할 점은 스웨덴에서도 네덜란드처럼 종교적 균열이 자발적 조직의 대중화에 크게 기여했다는 점이다. 이미 18세기에 지나치게 형식적이고 지적인 국교의 신학에 저항하는 종교운동이 생겼다. 독일 경건파와 신학적 실용주의에 영향을 받은 경건파가 이 운동을 촉발시켰다. 18세기 중반부터 활동적이었던 독서모임(Readers)은 사적인 종교모임을 금지하는 법령을 위반하면서 확대되었다. 이 모임에서는 루터의 저술을 포함하는 여러 종교 책자들을 읽었다. 이들이 국교를 이탈하지는 않았으나 종교적 감성을 강조하면서 19세기에서도 계속 확대되었고, 농민들에게 성경과 종교적 책자를 직접 읽을 수 있는 능력을 강조하여 문자를 깨우치도록 유도하였다. 19세기의 새로운 독서모임(New Readers)들은 믿음에 의한 구원을 굳게 믿었고 선행을 강조하는 국교의 가르침에 저항하였다. 스웨덴의 이러한 종교적 각성은 주로 자생적인 측면이 강하지만, 독일의 경건파 운동이나 영국과 미국의 사상과 인물에 의해서도 크게 영향을 받았다. 처음에는 이러한 저항에 관용적이어서 사적인 기도모임도 허락하였지만 곧 신학적 · 종교적 탄압이 시작되었다. 그러나 그 강도에 비례하여 자유교회운동은 더욱 확산되었다.

그러나 이런 종교적 탄압은 오래 가지 않았다. 1851년에 결성된 종교적 자유를 진작하기 위한 모임(Society for the Advancement of Religious Freedom)에 의해 종교적 관용이 차츰 현실화되었다. 완고한 국교의 정통성 옹호도 차츰 무너지기 시작하여, 노르웨이(1845)나 덴마크(1849)보다는 늦었지만 1873년에는 종교적 자유가 입법화된다. 그러나 자유주의자나 개혁주의자의 공격에도 불구하고 국교인 루터교는 여전히 견고한 기반을 유지하고 있었다. 침례교나 감리교 신자, 새로운 종파에 영향받는 신도들이 증가하였지만 대부분의 사람들이 국교의 전통 내에서 머무르고 있었다. 이런 종교적 분위기에 반하는 종교적 각성 때문에 상당수의 사람들이 신대륙으로 이민을 가기도 하였으나 대다수는 주로 자기만족의 수준에 머물었다고 말할 수 있다. 이러한 종교적 변화는 당시의 사회적 발달의 산물이며 모든 국민들이 크게 영향을 받았는데 특히 농민이 가장 크게 영향을 받았다. 이는 보다 더 개인적인 종교적 믿음을 위한 것이었으며 나아가서는 구 농업사회의 붕괴에 의해 소외된 사람들이 공동체적 인간관계를 만들기 위한 노력이기도 하였다. 성경과 종교 책자를 스스로 읽을 필요성이 강조되면서 문자해독률이 높아졌고 사회적 계급 간의 장벽을 낮추었다. 특히 기도모임과 토론을 통해 자기표현과 민주적 발달을 촉진시켰다. 이 운동은 토지개혁과도 긴밀히 연관되어 있으며 개혁이 가장 성공적이었던 지역에서 새로운 교회운동도 가장 활발하였다(Micheletti, 1995).

이상의 종교적 각성과 더불어 다른 종류의 사회운동들이 잉태되기 시작하는데 그중 대표적인 운동이 절주운동이다. 절주운동 역시 해외 특히 미국의 영향이 컸다고 볼 수 있다. 1830년부터 절주운동을 위한 모임이 결성되기 시작하여 1837년에는 스웨덴 절주사회(Swedish Temperance Society)가 결성되었다. 1870년대에는 엘리트들에 의해 주도되던 절주운동이 새로운 대중운동으로 대체되기 시작하였다. 1870년대 말에는 하나의 대중운동으로서 절주운동조직(International Order of Good Templars)이 뿌리를 내리고 주도적인 조직으로 성장하게 된다. 조직 간의 갈등이 있었음에도 불구하고 오래지 않아 절주운동은 가장 규모가 큰 대중운동이 되었다. 19세기에는 절주에 대한 서약과 강력한 종교적 영향력이 절주조직들의 중심된 활동이었다. 20세기에는 미국의 금주법과 같은 절주정책의 입법화를 위해서 여론을 움직이려고 노력하였다.

세 번째 중요한 사회운동으로서 노동운동이 조직화된 시기는 그 정의에 따라 서로 다르다. 정치적인 측면에서 봤을 때 비사회주의적이며 자유주의적인 노동조합은 1840년대까지 소급된다. 주로 중상류층의 사람들에 의해 조직되었고 19세기 초반의 결사체들과 연계되어 있었다. 대중운동으로서의 노동운동은 1880년대에 틀을 갖추기 시작하였고, 독일 사회주의자들의 영향을 많이 받아서 사회민주적 속성을 보였다. 1889년에 설립된 사회민주당 역시 대중적 노동조합과 긴밀히 협력함으로써 급격한 성장세를 누릴 수 있었다. 절주운동 및 자유교회운동과 더불어 대중운동의 하나로 시작된 노동운동은 세 가지 대중운동 중에서 가장 지속적이고 단합적인 모습을 보였다(Micheletti, 1995). 비교적 단명한 사회적 이슈였던 절주와 여러 갈래의 조직으로 분열의 양상을 보인 자유교회운동에 비해 가장 결속력이 높았을 뿐 아니라 지도력과 자원동원에 있어서도 다른 사회운동에 비해 우위에 있었다(Therborn, 1989). 네덜란드의 분거화된 사회구조 내에서 진행된 노동운동과는 달리 대중운동으로서 노동운동은 개방적이고 중복적인 회원가입이 가능하였으므로 조직화의 속도도 빠를 수밖에 없었다. 따라서 스웨덴은 다른 서구국가보다 노동자들이 훨씬 잘 조직화되었다는 특징이 있고, 이에 대한 반작용으로 자본가, 전문가들의 조직화 역시 잘 되었다(Lundstrom & Wijkstrom, 1998).

회원수로 말하자면 절주운동이 20세기 초까지는 최대 규모였지만 1920년대에 이르면 자유교회와 노동운동이 더 많은 회원을 확보하여 이 세 조직의 회원수가 83만 명에 이르렀다. 전체 인구의 삼분의 일이 회원가입을 한 셈이었다. 비록 성격은 다르나 중요한 공통점도 있는데, 기존질서에 대한 저항, 제도화과정의 유사성 등을 지적할 수 있다. 즉 이념을 같이하는 느슨하게 결속된 개인들이 차츰 안정된, 관료적이며 전문적인 공식조직으로 제도화하는 과정을 밟았다. 무엇보다도 조직형식과 내외적 활동이 유사했는데, 나중에 시작된 노동운동이 먼저 시작된 자유교회와 절주운동의 형식을 답습하였다. 이런 맥락에서 초기 대중운동의 조직형식과 이념은 스웨덴 비영리부문의 발전에 결정적인 역할을 했다고 간주된다. 대규모 회원을 기반으로 민주적·개방적으로 운영되면서 시민적 책임을 수행하는 조직형태가 이후 다양한 비영리조직들의 모범이 되었다. 이는 비영리부문의 구성과 내부 문화를 이해하는 데 아주 중요하다.

19세기 초반 중상류계층의 여성들에 의해 주도되던 빈곤구제 등의 자선사업에도 큰 변화가 있었다. 초기 자선사업의 이념은 기독교정신과 자유주의에 기반을 두었고 미국, 영국, 독일 등의 전통에 많은 영향을 받았다. 그러나 자선을 행하는 사람과 받는 사람 간의 개인적 관계에 중점을 두는 미국과 영국의 방식보다는 자선조직과 정부빈곤사업 간의 협조를 강조하는 독일의 전통이 더 많은 영향을 미쳤다. 1880년대와 1990년대에 빈곤구제에 대한 사회적 논의의 중심의제도 지방정부와 자원조직 간의 효율적인 협조의 필요성이었다. 이런 분위기는 스웨덴 특유의 정부에 대한 인식에 기초하고 있지만(Rothstein, 1998), 20세기에 전형적인 복지국가로 발전하는 데는 노동운동과 더불어 이런 인식의 영향도 컸다고 할 수 있다. 노동운동은 항상 자선사업에 대해 부정적인 견해를 갖고 있었다. 자선사업은 계급사회의 일부분으로 인식되었고, 조직도 노동계급의 참여를 배제하였으므로 부르주아 이념에 기초하고 있다고 생각하였다. 자선사업은 지배자와 피지배자의 관계에 기초한다는 점과 겸손한 빈곤층은 부유층의 선물에 감사해야 한다는 점에 문제제기를 한 것이다. 사회민주적 관점에서도 동등한 관계에 있는 사람들의 유대감에 기초한 사회적 보험이 빈곤구제사업을 대체하여야 한다고 생각하였다.

20세기 초 스웨덴의 사회정책에 대한 사회적 논의가 본격적으로 시작되었을 때 자선조직의 대표자들도 적극적으로 참여하였다. 이들 역시 복지영역에서 장기적으로 비영리조직의 역할을 줄이고 국가의 역할을 증대시키는 정책방향을 선호하였다. 특히 노동조합과 사회민주당의 정치적 우위가 이런 방향을 고착시키는 데 중요한 역할을 한 것은 의심의 여지가 없다. 하지만 정부가 비영리부문의 역할을 대신하게 되는 과정은 전혀 강제적인 것은 아니었다. 이 과정에서 중앙정부가 지방정부에 보조금을 지급하게 되었고 비영리조직이 지속적으로 활동하는 것을 어렵게 하는 입법들이 이루어졌다. 제도적 복지국가를 이루어 가는 데 비영리조직과 정부는 경쟁자라기보다는 협력자의 관계를 유지하였던 것이다(Alestalo & Kuhnle, 1987).

이상의 논의를 요약하면 19세기 초부터 시작된 중류계급의 결사체들이 19세기 후반과 20세기로 이어지는 기간 동안 자발적 조직들이 폭발적으로 증가하였다는 점을 알 수 있다. 소위 결사체 스웨덴(Association Sweden)이라는 말도 이때 등장하였다. 이러한 과정에서 대의적 전통과 중류계급이 주된 역할을 하였음은 의심의 여지가 없다. 1866년의 의회개혁도 부유한 농민과 도시중산층에 의해 주도되었고, 20세기 초의 개혁적인 자유주의 정당도 중산계층에 의한 것이었다. 이 과정에서 스웨덴 특유의 역사적 경험은 자작농의 독립적 지위 및 자유주의적 성향과 역할이라고 볼 수 있다. 이를 뒤

따른 것이 다양한 노동계급의 조직들이었으며 정치적 영향력도 확대되었다. 스웨덴에서 여성의 지위가 종속적이었던(전통과 성경) 만큼 조직구성원은 주로 남성이었으나, 절주운동과 종교적 운동조직은 민주적이었고 차츰 여성의 참여도 확대되었다. 조직의 확대과정도 처음에는 소규모로 시작하였지만 특정한 목적을 위한 지방조직을 차츰 전국적으로 묶어 가기 시작하였다. 각 조직에서 공동의 문제를 논의하고 간부를 선출하고 의사결정이 이루어짐으로써 독서와 사고를 진작하고 성인교육에 크게 기여하였다.

이러한 변화, 발전과정에서 국가의 역할도 크게 영향을 미치고 있다. 일반적으로 국가와 시민사회의 관계에 대한 현재의 학문적 논의는 항상 서로 배타적인 관계로 설정되어 있지만(Cohen & Arato, 1993) 스웨덴의 경우는 이런 가정과는 거리가 멀었다. 비교적 관점에서 19세기 스웨덴은 다른 대륙국가들에 비해서 봉건적 전통이 약하고 대중의 요구에 상대적으로 개방적이었다. 이는 의회구성에 있어서 농민들의 비율이 높고 조합구성과 파업에 대한 법적 규제가 없다는 점에서도 알 수 있다. 뿐만 아니라 19세기 중반의 개혁으로 인해 전문성을 갖춘 비정치적인 소위 베버적 관료제가 확립되기 시작하였다. 1850년에서 1880년 사이에 종전의 귀족적이며 봉건적인 국가조직이 무너졌다. 1860년대에는 도로, 에너지, 통신과 같은 사회 하부구조를 관리하는 전문적인 행정조직이 설립되었다. 프랑스처럼 집권화되고 강력한 국가도 아니었지만, 영국의 경우처럼 취약하고 분권화되지도 않았고, 독일처럼 폐쇄적이지도 않았다. 이처럼 스웨덴은 독특하게 정치적 개방성과 행정적 독립성을 유지하고 있었다. 또 정부는 자발적 조직에의 참여를 방해하기보다는 거의 항상 진작시키는 방향으로 움직였다(Rothstein, 1998).

그러므로 스웨덴의 역사적 경험에 비추어 보면 이 연구에서 독립변수로 열거한 네 가지 요인이 함께 작용하고 있음을 알 수 있다.

즉 자발적 조직이 성장하는 데 대의적 전통, 루터교를 기반으로 하는 종교적 특성, 부르주아를 포함하는 중류계층의 주도적 역할 및 국가의 뒷받침, 전국적인 노동계층의 조직화 등 네 가지 변수가 모두 중요한 요인이었다는 사실을 부정하기 어렵다.

③ 미국

신대륙으로의 이주는 유럽의 법체계가 봉건주의적 전통을 벗어나지 못할 때 시작되었다. 영국의 내정이 시끄러웠기 때문에 식민 정착기의 첫 한 세기 동안은 비교적 본국과 격리되어 있었다. 종교적으로는 비국교주의자(Nonconformist)들이 종교적 자유를 위해 미국의 영토에 이주하였는데, 그들은 Weber가 금욕적 프로테스탄티즘의 핵심이라고 생각한 청교도들이었다. 이주 초기 청교도들은 영국법과 법체계를 억압과 부패의 수단으로 간주하여 적극적으로 거부하였다. 관습법을 거부하고 상식적인 법과 지역적 관습과 형평성을 중시하였다. 그럼에도 불구하고 프랑스나 스페인으로부터 온 개척자들이 그렇듯, 영국 이주자들도 차츰 본국의 법적·제도적 유산을 자신들의 종교적·정치적 성향에 맞추어 받아들였다. 그리하여 정치적으로는 영국의 경험으로부터 배운 것을 기반으로 식민지정부 형태가 갖추어졌다.

그러나 영국의 정치적 질서가 회복되면서 신대륙을 원료공급과 제조품의 시장으로 간주하기 시작하였다. 그리하여 17세기 후반과 18세기 초반에 식민지는 영국의 상업체제로 편입되어 교역이 확대되었다. 18세기에 이르면 유럽과 함께 대서양을 중심으로 단일한 지식체계와 공동교역체제를 이루게 된다. 18세기에 인구가 증가하고 경제가 발달하였을 뿐 아니라 영국이나 다른 유럽국가와의 접촉을 통해서 미국의 제도가 바뀌기 시작하였다. 이러한 변화로 인해 정치적, 사회적 일체감을 유지하기 힘들게 되었는데, 해안에 가깝게 거주하는 상인, 기술공, 노동자들은 농부들과는 다른 사고를 갖게 된다. 나아가 상업적 목적을 가진 농부와 자급자족하는 농부 사이에도 괴리가 생기기 시작하였다. 여기에 덧붙여 식민지를 제국 안에 상업적으로 편입시키려는 노력에 의해 정치적 변화가 이루어진다. 선출된 관리가 본국에서 임명된 관리로 바뀌고, 조합주의교파의 독점적 지위가 영국국교에 의해 무너지게 된다. 이러한 변화는 새로운 사상의 유입으로 강화되었다. 유럽의 오랜 종교적, 정치적 투쟁으로부터 종교, 집회, 언론의 자유 등을 포함하는 자연권에 대한 사상이 유입되어 자의적이며 억압적인 정부의 권위를 의심하게 된다(Bailyn, 1992). 새로운 사상에는 경제적 권리에 영향을 미치는 법체계에 대한 이해도 포함되어 있었으며, 1790년대 이후 지역적 관심에 의해 영국의 법체계도 선별적으로 도입되었다(Hall, 1992).

이러한 변화에는 새로운 사상뿐 아니라 새로운 유형의 결사체도 포함된다. 런던에서 인쇄공으로 훈련받은 Benjamin Franklin은 영국 상인들이 조직한 다양한 조직에 대한 지식을 갖게 되었다(Morgan, 2003). 특히 1730년경에 영국에서 도입된 프리메이슨의 일원으로 활동하면서 이를 전국적 조직으로 확대 발전시키는 데 큰 역할을 하였다. 이 프리메이슨은 급진적인 정치적 · 종교적 사상을 갖는 구성원들의 우애조합으로 18세기 중반 급격히 확대되었다. 그리고 이 조직은 후일 사적 · 자발적 조직들의 전형이 된다. 이러한 영국과의 교류와 영향의 측면에서 볼 때, 후발국가로서 미국은 일찍부터 대서양 중심 공동체의 일원이었다. 본래의 13개 주는 유럽대륙과 해안국가들의 문화적 식민지인 동시에 독립적인 존재로 간주될 수 있다.

독립적 성격은 그들의 자치적인 정부구성에서 찾을 수 있다. 교황이나 왕의 대리인들이 지배하는 프랑스나 스페인 식민지와는 다르게 대부분의 영국 식민지는 자치 정부적 성격을 갖고 있었다. 국왕이 임명한 지사가 선출된 대표자들의 동의하에 지배하는 버지니아와 캐롤라이나와 같은 국왕직속의 식민지에서도 이러한 자치 정부적 성향을 알 수 있다. 이들은 자치 조직의 전통을 계승하여 각 도시는 시민이 행정위원회의 구성원으로 간주되는 단체와 같았다. 주마다 약간의 차이가 있지만 18세기 중반에 이르면 영국의 국왕이 임명한 지사가 행정부를 맡고 양원의 의회와 사법부가 존재하였다. 그 아래 각 군과 시의 연계망이 지역의 업무를 관장하였다. 식민지의회는 자신을 선출한 지역공동체를 대표하는 반면, 주지사는 본국의 이익을 대표하였다(Bonwick, 1999).

식민지의 자치적 특성은 종교의 영역에서도 찾을 수 있다. 프로테스탄트 교회는 물론 가톨릭(1790년대에야 주교가 임명됨)까지도 교회에서 선출된 집사, 장로, 교구위원들의 이사회에 의해 지배되었다. 내부적으로 자치적인 특성에도 불구하고 식민지 초기에는 각 지역별로 확연하게 몇 가지 종파로 갈려 있었다. 매사추세츠의 조합주의교회처럼 여러 지역이 자신들의 주교(州教, State Religion)를 가지고 있었다. 조합주의교파인 매사추세츠와 코네티컷, 영국국교파인 버지니아에서는 교회가 세금에 의해 보조되었고 여타 교파들은 억압되었다. 특히 정치적, 종교적 정통성을 수호하기 위해 교회와 주정부가 단결하였던 코네티컷에서 격렬한 양상을 보였다. 그 결과 성직자와 장로들로 구성된 조직이 종교적 모임이나 단체를 감독하였고 공적 교육에 대한 책임을 갖게 되었다. 이런 이유에서 종교적 논쟁은 곧 정치적 논쟁으로 비화하게 되었고, 종교는 정부의 이해관계와 깊숙이 연계되어 있었다(Hall, 2005b). 종교적 자발성에 가장 큰 영향을 미쳤던 뉴잉글랜드의 프로테스탄티즘이 주립교회를 방어하기 위해 심하게 투쟁한 사실은 지극히 역설적이다. 그렇지만 종교적 관용이 뿌리내린 로드 아일랜드와 펜실베이니아에서는 자치적이고 자급적인 교회들이 19세기 자발적 조직의 원조가 되는 자율성을 향유하고 있었다.

그러나 유럽과의 긴밀한 관계로 인해 배타적인 종교생활도 큰 변화를 겪게 된다. 기존의 교파와는 다른 복음 전도자들이 많이 입국하여 새로운 교리를 가르쳤고 기존의 조합주의, 감리교파, 침례교파 등과 경쟁하게 된다. 복음전도사들의 신학적 가르침에 의해 정부의 종교에 대한 간섭에 저항하고 전국적으로 종교적 부흥을 일으키게 된 소위 대각성(the Great Awakening)이 시작된다. 1730년대 이후 식민지를 휩쓸었던 대각성은 사회적 · 정치적 운동이었을 뿐 아니라 종교적인 운동이었다. 교회구성원이 되는 기준을 변경시키기 위해 전도사들이 구엘리트들의 권력기반에 도전하면서 여러 자발적 모임으로 성장하였고, 이러한 운동이 선거투쟁으로 바뀌어 갔다. 기존 교회에 대한 도전으로 인해 차츰 종교, 나아가 정치와 사업도 개인적 선택과 신념으로 간주하기 시작하였다(Hall, 1992). 비록 펜실베이니아와 로드 아일랜드에서는 오랫동안 종교적 관용에 익숙해 있었지만 예배의 방법, 정부의 불간섭과 종교 집회의 자유에 대한 사상은 상당히 새로운 것이었다. 종교적 소수자들은 기존교회의 구성원과 동일한 권리를 요구하였고 이를 성공적으로 성취하였다. 이에 맞서 기존교회의 특권을 지키려는 성직자들의 정치적 활동이 활발해졌으며, 공동체 수준에서 결사체 활동을 진작하게 되었다.

기성교회에 저항하고 종교적 관용이 확대되면서 프로테스탄트는 다양한 교파로 분파되었다. 이러한 과정에서 많은 미국인들이 무종교로 돌아서기도 하였다.[23] 종교적으로 우려할 만한 이런 상황에서 시작된 것이 1790년대의 두 번째 대각성이다. 주류의 프로테스탄트 교파들이 협동하여 노력하였는데, 여기서 중요한 복음전도의 수단이 바로 교회와 관련된 자발적 결사체였다(Hall, 2006). 성경학교, 교육,

23) Finke와 Stark(1992)의 추정에 의하면 독립전쟁 즈음 특정 교파에 소속된 가구는 전체의 17%에 불과하였다. 1850년에 이르면 34%, 1890년에는 45%로 증가하였다.

금주운동, 자선단체 등 수많은 결사체가 종교조직의 주도하에 결성되었다. 이처럼 결사체활동이 활발해지고 공적 목적을 위한 기부가 확대되는 데 종교의 역할이 컸다. 이런 과정과 위기를 거치면서 교회가 자발적 결사체라는 생각이 자리 잡기 시작하였고, 식민지의 지역적 구분에 따른 종교적 다양성은 빠른 속도로 각 지역 내의 다원성으로 변하였다(Parsons, 1971: 6장). 이러한 종교적 다원주의와 합리적 계몽주의에 영향을 받아, 로마제국에서 기독교가 제도화한 이후 처음으로 교회와 정부를 분리하는 헌법의 제일수정안이 가능하였다.

이와 같은 종교적 배경과 영국의 경험을 통해서 집단행동을 추구하는 결사체와 단체에 대해 잘 알고 있었음에도 불구하고 이런 유형의 조직이 법적 지위를 확보하는 데는 많은 시간이 필요했다. 하버드나 예일과 같은 조직들도 정부 또는 준정부 조직으로 간주되었다. 순수한 사적 단체에 대한 인식이 전혀 없었고, 식민정부도 설립허가를 해 줄 권위나 법적 지식도 없었다. 18세기 중반에 이르면 프리메이슨과 같은 우애조합과 비공식 결사체들이 출현하지만 공식적 지위를 획득하려는 시도는 거의 없었다(Hall, 2006). 즉 공적 영역과 사적 영역 간의 구분이 없었고, 존재하는 모든 단체가 공적 조직으로 간주되었다. 지방조직은 말할 것도 없고 종교적 모임도 세금에 의해 보조되는 공적 조직이었으며 독점적 지위를 향유하고 있었다. 하버드나 예일과 같은 초기의 대학들도 정부보조금을 받았으며, 정부보조를 받는 교회의 공직자로서 성직자들이 운영하고 있었다. 적어도 1780년대 이전에는 지금과 같은 형태의 사적 단체가 존재하지 않았다. 모든 시민들은 공적인 일에 자원봉사의 형태로 동원되었는데 이는 일종의 세금과 같은 것이었다. 각 조직은 자치적이며 구성원들의 결정은 거의 소수의 위원회에 맡겨졌으며 소유자도 주주도 없는 형태였다. 공적 조직으로서 세금도 내지 않았으며 후원금도 받았다(Hall, 2005a). 비록 공사의 영역이 불분명하지만 식민시기의 거의 모든 제도가 오늘날의 비영리조직과 닮았다고 할 수 있다.

미국의 독립전쟁은 지적 성장과 조직 발달에 중요한 계기가 되었다. 종교적 부흥, 개인의 권리를 중요시하는 정치이론, 자발적 조직을 결성한 경험 및 정치적 영역에서의 결사체를 이용한 경험이 한데 어우러진 것이었다. 독립전쟁에서 이러한 자발적 결사체들이 결정적 역할을 하였다. 독립전쟁 이전에 진정한 종교적 관용, 노예제도에 대한 공개적 비판, 여성의 참정권과 교육 등의 이슈에 대해 가장 개방적인 태도를 갖는 교파는 펜실베이니아의 퀘이커교도들이었다. 조합주의교회를 포함하는 폐쇄적 교파들은 시대적 추세에 끌려가고 있는 형국이었다. 그런데 모든 교파들이 공동의 적을 대상으로 함께 싸우면서 종파적 다양성에 대한 관용을 더욱 분명하게 확립하는 계기가 된 것이다(O'Neill, 1989). 이는 19세기에 번창하게 되는 세속적 조직들에게도 중요한 선례가 되었다.

독립 후에는 급속한 경세적 변화와 인구증가로 인해 질병과 빈곤의 문제가 심각해, 이를 돕기 위한 자선 조직과 기부가 도시지역을 중심으로 생겨나기 시작했다. 이들 조직이 미국의 자발적 조직의 모태가 된다. 이는 영국 도시지역의 자선사업과 계몽주의 철학에 영향받은 바 크다. 도시생활의 위험과 불확실성으로 인해 우애적, 조합적 결사가 필요하였고, 다양한 종교조직은 공익적 서비스를 확대시키는 데 가장 중추적인 역할을 하였다. 산업화에 따른 사회적 문제에 제일 먼저 대응한 것이 종교 조직이었는데, 이민과 산업화가 가장 먼저 시작된 뉴잉글랜드지방이 가장 선도적 입장에 있었다(O'Neill, 1989). 여기에 경제적 발전으로 인해 자본을 모으고 위험을 분산할 수 있는 주식회사 형태가 요구됨으로써 사적 영역이 급속도로 발달되었다. 이처럼 자발적 조직의 확대에 가장 중추적 역할을 한 집단은 교회와 상인들이었다. 특히 기성교회로서 자신들의 지위에 위협을 느끼는 조합주의나 장로교파의 구성원들과 전통적 가족단위의 사업에 한계를 느끼는 보스턴의 부유한 상인들이 선도적 역할을 했다(Hall, 1987). 또한 새로운 이민이 급증함에 따라 상조적인 조직이나 창도적 조직은 더욱 늘어났다(김승현, 1997). 그리하여 Tocqueville이 미국을 방문했던 1820년대에 이르면 여러 가지 목적을 위해 결사체를 구성하고 사적 결사체에 기부하였던 것이다.

남북전쟁 이후에는 북동부의 도시를 근거로 하는 자발적 조직들이 남부까지 확대됨으로써 이들 조직이 급증하였다(Schlesinger, 1944; Skocpol et al., 2000). 대부분의 조직들 또한 새롭게 정립된 정치적 일체성을 바탕으로 전국적 조직으로 거듭나게 된다. 지방조직이나 주 단위의 조직들이 전국적 연방조직으로 변신한 것이다(Skocpol, 1999). 19세기 후반에 겪는 경제적 위기, 이민자들의 폭증 및 도시지역의 정치적 부패는 새로운 개혁운동을 일으키게 한 직접적인 원인이 되었다. 소위 진보주의운동(Progressive movement)이라 부르는 새로운 사회운동들이 확대되어(O'Neill, 1989), 여성해방, 아동복지, 노조운동, 복지개혁 등을 위한 여러 결사체들이 결성되고 적극적인 활동을 하게 된다.

그러나 유럽과는 달리 노동자들의 조직화나 정치집단화는 지극히 저조하였다. 미국의 노동연맹(American Federation of Labor)도 작업장에서의 단체교섭과 행동을 통해 노동자의 이익을 증진시키려는 직종별 노동조합이나 자발성을 강조하는 전략에 치중하였고 대개는 정치적 관심을 표명하지 않았다(Hattam, 1992). 뉴딜 이후 노조운동이 활발해졌지만 유럽과는 달리 사회주의적 정치성향은 없었다. 이는 미국사회가 평등과 성취를 강조하고 교육의 기회가 많이 주어졌으며, 새로운 이민자들이 낮은 지위의 일자리를 충원하면서 보다 나은 위치로 올라갈 기회도 많았기 때문이다(Lipset, 1963). 즉 유럽보다 사회적 신분의 벽이 훨씬 낮았던 때문이다.

여기서 미국과 유럽의 역사적 경험에서 중요한 차이를 발견할 수 있다. 참여의 확대에 있어서는 미국이 유럽을 앞서고 있다. 유럽에서는 종교적, 지역적인 것을 포함하는 전통적 이해관계가 근대화와 민주화의 걸림돌이었다. 그래서 봉건적 특권과 한계를 부수고 새로운 사회적 집단과 경제적 발전을 이루기 위해서는 집권화가 필요하였다. 그러나 봉건적 전통이 없었던 미국에서는 이들 세력을 해체하기 위한 집권화 과정이 필요하지 않았다(Huntington, 1966). 미국사회는 사회적, 경제적 현상유지에 매달리는 사회적 계급들의 반대 없이 변화, 발전할 수 있었던 것이다. 여기에 프로테스탄트의 종파적 다양성과 경쟁은 무수한 서비스제공 조직을 만들어 냈고, 도시 부르주아는 사회적 기업가로서 중요한 역할을 했다.

세 국가의 역사적 경험을 바탕으로 자발적 조직의 확대에 필요한 몇 가지 조건을 구별해 볼 수 있다. 첫째, 절대주의 국가의 경험이 없거나 지극히 짧아서, 사회적 계층을 대표하는 대의기구들의 영향력이 지속적이어야 한다. 이 경우 사회적 엘리트들의 태도도 보다 개방적이고 실용적이어서 새로운 사회집단의 조직화에 관용적이다(Rokkan, 1970: 110). 미국은 중앙집권적 권력을 오직 간접적으로 경험하였으나 자율적인 조직결성을 방해하는 영향력을 발휘하지는 않았다. 네덜란드와 스웨덴의 경우 결사의 자유를 공식적으로 입법화하는 것은 더뎠지만, 기존 질서에 저항하는 새로운 계층이 사회적 세력으로 결성되는 과정에서 보인 억압은 일시적인 것이었다. 둘째, 종교적으로는 프로테스탄티즘을 근간으로 하여 종파적 다양성이 있는 경우 자발적 조직의 확대가 용이한 것으로 보인다. 프로테스탄티즘은 가톨릭이나 타 종교에 비해 관용적인 태도를 견지함으로써(Weber, 1992: 242) 아래로부터의 이해관계의 표출을 조직화하기가 용이하였다. 또 성경과 종교적 책자를 직접 읽을 수 있게 유도함으로써 국민들의 교육수준이 다른 종교를 배경으로 하는 국가들보다 높았다(Rokkan, 1999). 무엇보다도 프로테스탄트 자체의 종파적 다양성이 교리의 차이를 인정하는 데 중요한 역할을 하였다고 볼 수 있다. 세 번째는 산업화과정에서 도시세력이 우위에 서고 국가가 도시 부르주아를 지지하는 경우이다. 근대적 의미에서의 결사체를 구성하는 데 주도적 역할을 한 것은 도시 부르주아이다. 스웨덴의 경우 특이하게 자작농들의 역할도 이에 못지않았지만 이 사실이 도시 부르주아의 중요성을 경감시키는 것은 아니다. 특히 새롭게 성장하는 부르주아와 이들 결사체에 대한 국가의 태도가 매우 중요한 것을 알 수 있다. 결론적으로 가설에서 제시된 네 가지 요인 중에서 노동계급의 결속력에 관한 하나의 변수만을 제거할 수 있다. 이제 세 국가의 비교에서 확인된 세 가지 요인이 부정적 사례로 간주되는 국가들에서 존재하는지의 여부를 확인할 필요가 있다.

(2) 소극적 참여의 국가들[24)]

① 이탈리아

중세 이탈리아는 유럽에서 가장 진보된 형태의 정치구조를 가지고 있었다. 11세기에는 이탈리아 남부의 비잔틴정부 대신 시실리를 중심으로 노르만왕국이 들어섰으며, 북부지역에는 게르만 대신 지역공동체들이 도시국가가 되었다. 12, 13세기에 걸쳐 노르만왕국은 집권화하면서 전제왕국이 되었지만 종교적으로는 관용적이어서 회교도와 유대교도에 신앙의 자유를 인정하였다. 경제적 발달로 인해

24) 19세기 말까지 프랑스의 역사에 관한 해석은 별 이론의 여지가 없으나 이탈리아의 역사에 관해서는 논쟁의 여지가 많다. Putnam의 저술(1993)이 이러한 논쟁을 촉발시켰다.

나폴리와 같은 상업도시들도 발달하였지만 자치권은 인정되지 않았다. 그러나 북부 이탈리아에서는 자치적 공화정치를 하는 도시국가가 발달하였고 중세적 장원제도 및 영주와 농노의 신분제도와 대비되는 새로운 정치체제로 바뀌었다. 이렇게 전혀 다른 남과 북의 두 가지 정치제도는 중세유럽에 만연된 폭력과 무정부상태에 대한 반응이었다.

이러한 정치체제의 차이는 얼마나 큰 내부적 차이를 유발하였을까? Putnam(1993)에 의하면 북부의 자치도시들은 수직적 위계질서가 아닌 수평적 협력에 의존하였다. 공동의 방어와 경제적 협력을 위해 이웃을 중심으로 상호 간의 협조를 도출하기 위한 자발적 결사체로부터 연유된 것이다. 그래서 12세기에는 플로렌스, 베니스, 볼로냐, 제노아, 밀란 등과 같은 도시가 형성되었다. 이런 새로운 공동체들은 오늘날과 같은 민주정은 아니었고 단지 인구의 일부분만 의사결정에 관여하였다. 이 공화정의 특징은 농촌중심의 귀족과 도시귀족을 새로운 사회엘리트로 결합시킨 점이며, 의사결정에 대중의 참여정도도 당시로 봐서는 놀라울 정도였다. 이러한 자치체가 발달하면서 길드가 형성되어 자조와 협동의 근간이 되었다. 길드와 더불어 다양한 조직들이 생겼고 이에 따라 정치권력은 점점 더 분권화되었다. 종교적 권위도 최소한도에 그쳤다. 이는 세속주의가 종교를 대신하였기 때문이 아니라 평신도의 결사체가 교회의 위계질서를 대신하였기 때문이라고 한다. 그리하여 14세기에 이르기까지 이탈리아에는 남부와 북부에 두 가지 혁신적인 정치체제가 구축되었고, 전혀 다른 생활방식과 사회가 형성되었다. 남부에서는 정당성이 왕에 의해 독점되고 개인적·봉건적 유대를 강화하였으며 교회는 봉건적 질서 내의 강력한 부의 소유자였다. 북부에서는 이런 봉건적 유대가 약화되었을 뿐만 아니라 당시의 깊은 신앙심에도 불구하고 교회도 다양한 시민적 제도 중의 하나에 불과하였다고 Putnam(1993: chap. 5)은 주장한다.

그러나 Putnam의 사회적 자본에 관한 저술 이후에 사회과학적 관심의 대상으로 떠오른 이탈리아 역사의 해석을 둘러싼 논쟁은 계속되고 있다. 특히 이탈리아의 역사를 전공한 많은 사학자들로부터 비판의 대상이 된 것은 Putnam이 북부 이탈리아의 조직활동의 뿌리로 지적한 12세기에서 15세기에 이르는 도시공동체의 경험이다. 그는 당시의 공화주의적 공동체에서 경험한 협동과 상호신뢰가 나중에 평등하고 수평적 연대를 가능하게 하여 군주제의 남부 이탈리아와 대비된다고 주장한다. 그러나 당시의 역사연구에 의하면 이러한 서술은 지나치게 낭만적인 것으로 치부한다. 내부적으로는 분파주의, 권위주의 및 폭력이 상존하고 있었다는 사실을 지적하면서, 이런 문제점을 해결하기 위하여 강력한 규제에 의존하고 있었다고 주장한다. 더욱이 민주적 도시국가의 전형으로 거론되는 플로렌스에서도 이후 들어선 메디치가에 의해 시민사회의 싹이 잘리고 다른 도시국가들처럼 절대주의적 군주체제로 변화되었다. 가톨릭교회는 이런 세속적 권력이 강화되도록 적극적으로 후원하였다. 이런 상태가 19세기까지 지속됨으로써 북부와 남부의 차이가 거의 없어졌다는 점을 지적한다(Brucker, 2000).[25] 그리고 남북 간의 차이는 이후 50여 년(1815－1865)에 걸쳐 형성되었다고 주장한다. 요컨대 이탈리아는 전반적으로 오랫동안 소규모의 절대주의적 국가체제하에 있었다고 보는 것이 타당하다.

그런데 플랑드르의 도시들에 중요한 영향을 미친 이탈리아도시들

25) Putnam과 같은 낙관적 해석은 주로 이차대전 이전에 이루어진 역사적 해석이었던 반면에 이차대전 이후에는 보다 비관적 해석이 주류를 이룬다. 이런 이유에서 Putnam의 인용도 오래된 역사해석에만 의존하고 있다고 비판한다. 18세기까지 시민사회가 어느 정도 형성되었다고 보는 또 다른 해석에 의하면, 프랑스혁명의 영향과 프랑스군대의 이탈리아 점령 등에 의해 법적인 측면에서나 제도적인 측면에서 남부와 북부의 차이점은 더욱 줄어든 것으로 간주된다(Grew, 2000).

이 유사한 정치적 제도를 지속적으로 발달시키지 못한 이유는 무엇인가? 양자 간의 차이는 14, 15세기에 시작되었다. 14세기의 파벌주의, 기근, 흑사병, 백년전쟁 등으로 말미암아 공화정이 무너지기 시작하였고, 15세기부터는 프랑스와 스페인 등의 강국이 이탈리아의 영토에서 다투기 시작하면서 인구감소와 쇠퇴를 겪게 된다. 네덜란드지역은 준왕국의 형태로 일인의 통치자 아래 연방국가로 발달되었으나, 북부 이탈리아는 신성로마제국에 명목상으로만 예속된 채 도시국가들로 분열되었다. 네덜란드지역에서는 합의와 자유의 전통이 지역적 의회와 전국적 의회에서 번성하였으나 이탈리아 중세말기의 민주적 전통은 소규모 절대주의로 변화된다. 그 이후 민주적 전통을 계승할, 지역을 통합하는 공화국이 성립되지 못하였다(Caenegem, 1999). 17세기에 이르면 북부의 도시에서도 공화정은 사라지고 이탈리아 전부가 다시 봉건화되어 후원자와 피보호자의 관계망이 형성된다(Putnam, 1993).[26)]

그러므로 북부와 남부의 정치적 전통을 차별적으로 이해하지 않는 시각에서 비영리부문의 역사적 발달과정을 살펴보는 것이 훨씬 타당한 것으로 생각된다. 이런 배경에서 오늘날 이탈리아의 비영리부문은 통일을 전후한 시기인 19세기, 여러 사회세력들의 투쟁 결과로 볼 수 있다. 18세기 말까지도 국가나 시장의 역할은 미미하였고 가족이 생산과 소비의 주체였다고 할 수 있다. 사회적 보호는 주로 부유층이나 지방정부의 재정에 의존하는 자선사업(Opere Pie), 상조회, 협동조합, 저축은행 또는 대부업체 등이 수행하고 있었다. 이 중 자선사업(Opere Pie)이 역사적으로 가장 오래되고 가장 널리 퍼

26) Putnam은 그럼에도 불구하고 북부, 남부 간에는 차이가 잔존하고 있었다고 한다. 북부에서의 지방귀족은 어느 정도 상호의무와 시민적 활동, 상호협력의 윤리가 잔존하고 있었으나 남부에서는 권위적 정치제도가 더욱 강화되었다. 그래서 유럽을 휩쓴 19세기 민주혁명의 영향력은 남부와 북부에 상당한 차이를 드러내게 되었다고 주장한다.

져 있었던 조직이다. 19세기는 서부유럽에서 지금까지 경험하지 못했던 새로운 결사체들이 대거 출현한 시기였다. 산업사회의 갖가지 병폐들은 조직적인 우애와 동료애에서 도움과 위안을 받고자 하였다. 새로운 활기찬 결사체들이 구시대의 조직을 대체하기 시작하였는데 이탈리아도 예외는 아니었다. 나폴레옹 1세의 이탈리아 점령 이후에는 구체제의 신분사회가 붕괴되기 시작하였다. 이러한 시대적 배경에서 두 가지 유형의 결사체가 나타나기 시작하였다. 하나는 폐쇄적인 결사체로 주로 상류 부르주아, 구귀족, 토지소유자 및 전문직업인들이 주축을 이루었다. 또 하나의 유형은 좀 더 개방적인 결사체로서 민주적 성향을 가진 상공인들로 이루어졌는데 나중에 정부에 의해 법적으로 금지된다(Banti, 2000). 뿐만 아니라 이탈리아의 계몽적 부르주아는 전제군주나 정부와의 협력 여부를 두고 두 가지 세력으로 양분되어 있었다. 1848년 이후 2년에 걸친 적극적 개혁의지가 실패한 이후에야 양 세력은 민족통일운동에 전념하게 된다(Langewiesche, 1993).

19세기 후반에야 이루어진 이탈리아의 통일과 집권화 과정은 급격하고 폭력적이었다. 1861년 교황령과 시실리왕국에 소속된 중남부 이탈리아가 흡수 통합되어 이탈리아가 통일된 모습으로 등장하였다. 이 시기에 정치적 통일에 이어 산업의 혁명적 변화가 시작되었고, 이와 더불어 새로운 정치적 권력과 가톨릭교회 및 사회주의운동 세력 간의 투쟁도 첨예화하였다. 새롭게 등장한 정치엘리트들은 교회의 권력을 제한하고 사회주의운동을 체제 내로 끌어들임으로써 자본주의경제를 확립하려고 노력하였다. 10년 뒤에 로마를 포함한 나머지 교황령을 흡수하였지만 교회와의 투쟁은 여기서 끝나지 않았다. 새롭게 등장한 국가는 교회의 영향력을 줄여야만 새로운 국가의 역할과 권력을 정립하고 안정시킬 수 있다고 보았다. 따라서 중세기 이래 자선단체의 일종인 Opere Pie에 의해 교회가 제공하던 의료, 복지서비스를 재정비하기 시작하였다. 이 제도의 사회적 중요성 때문에 통일 직후 1862년 이탈리아의회가 이들 조직을 재정비하기 위한 입법을 통과시켰다. 이 법은 이들 조직에 행정적 자율성을 부여하였고, 지방정부의 감독과 규제를 통제하였다.

이런 목적을 가지고 이탈리아정부는 1866년에서 1890년 사이에 교회의 재산을 몰수하고 Opere Pie를 국가의 통제하에 두는 다양한 입법을 감행하였다.[27] 1866년의 입법으로 많은 종교조직들을 불법화하고 재산을 몰수하였다. 몰수된 건물을 지방정부에 이양, 학교, 병원, 복지시설로 바꾸고 서적과 예술품은 도서관과 박물관으로 보냈다. 당시 성직자들의 수입은 각 종교조직이 소유한 재산에 의존하였으므로 재산몰수에 의해 수입원을 잃게 되었다. 대신 성직자의 수입을 보전해 주기 위해서 신앙기금을 신설하였다. 다음 해의 입법으로 더 많은 종교조직들의 재산을 몰수하는 대신 성직자들의 최저소득을 보장하였다. 마지막 조치라고 할 수 있는 1890년의 입법은 복지분야에서 가톨릭교회의 영향력을 거의 없애고 국가에 의해 통제되는 복지제도를 도입하였다. 당시 수상이던 Crispi의 이름을 따서 Crispi법이라고 부르는 이 법에 의해 의료, 복지, 교육 등의 서비스를 제공하던 모든 Opere Pie를 정부가 통제하고, 이들 조직에 공적

27) 처음으로 국가가 개입한 것은 이때가 처음이 아니다. 점진적인 국가개입은 세 가지 시기로 나눌 수 있다. 먼저 18세기 후반, 계몽주의적 개혁정책이 처음 실시되었다. 절대주의 국가의 군주들은 개인과 종교조직에 의해 제공되던 사회적 약자에 대한 서비스를 통제하여 보다 나은 서비스를 제공하려고 하였다. 제한된 자원으로 인해 결국 개인이나 종교조직의 자원을 이용하게 되지만 통제와 개입의 의도를 버리지 않았다. 특히 교육의 영역에서 군주들의 의도는 교회의 영향력을 줄이고 세속적 교육을 확대하고 통제하는 것이었다. 두 번째 시기는 프랑스혁명의 영향을 받아 사회적 이슈에 공적 개입을 확대시키는 시기이다. 교회가 후원하는 자선단체의 재산을 수용하고 가난한 자들의 구걸과 방랑을 금하여 강제노역을 하도록 하는 법률을 제정하였다(Barbetta, 1997: chap. 3). 19세기 초의 이런 입법과 18세기 후반 이후의 의료와 교육 영역에서 정부의 개입이 두드러지기 시작하였다.

지위를 부여하였다(Barbetta, 1997).

이런 성장세는 19세기 말에 꺾이기 시작하였다. 이는 1862년의 법이 잘 집행되지 못했기 때문이었다. 중부와 남부의 Opere Pie들은 확보된 행정적 자율성을 오용하여 운영과 회계의 규칙을 일탈하였다. 너무 많은 조직을 조정하는 것도 쉽지 않아서 일부 사람들이 너무 많은 혜택을 받는가 하면 정작 도움이 필요한 사람들이 배제되는 결과를 낳았다. 이들 지역에서는 비영리부문의 병폐인 분파주의적 경향이 강하였다. 이런 문제점에 더하여 당시의 사회적 분위기는 프랑스와 독일의 영향을 많이 받고 있었다. 프랑스는 혁명의 영향으로 정부와 개인 간에 위치한 중간적 조직들을 의심스러운 존재로 간주하였고, 독일의 사회민주주의는 직접적인 정부개입을 선호하였다(Borzaga, 2004). 따라서 자율적 자선조직이 사회적으로 환영받는 분위기는 아니었다.

전통적 서비스조직도 변화하였지만 새로운 형태의 조직도 생겨났다. 중세적 길드[28)]와 종교적 결사는 퇴조하였는데 프랑스나 이탈리아 등의 자유주의 정부 역시 엄격한 자유방임주의에 의해 이들 조직을 해체하고 유사한 사회적·경제적 연합을 방지하려고 노력하였다. 길드를 포함하여 중세적 조직들이 해체되었지만 산업혁명은 조

28) Putnam은 중세 숙련공들의 길드조직이 현대 이탈리아의 정치적 개혁이 효과적으로 진행되기 위한 하나의 뿌리였다고 주장하고 있다. 하지만 중세와 근세 유럽에서 길드조직은 내분과 갈등의 온상이었음을 지적하는 연구들이 훨씬 더 많다. 전통적인 갈등구조는 거장(master)과 수습기간을 끝낸 직공(journeyman) 사이의 갈등이었다. 구조상 직공과 도제는 항상 거장에 예속적인 존재였으며, 직공들의 처우는 열악한 것이어서 보다 나은 노동조건과 임금을 위한 저항이 지속적으로 있었다. 여기에 거장들의 자식들에 대한 특별대우도 문제였고 길드조직 간의 불평등도 크게 문제되었다. 특히 산업화가 진행되면서 이런 문제점들이 더욱 심각하게 대두되면서, 부분적으로 유지되던 협동과 상조의 성격을 잃고 위계적이며 거장의 이익을 위한 조직으로 변질되었다. 특히 18세기 유럽에서 빈번해진 직공들의 조직적 저항은 이런 맥락에서 이해될 수 있다. 따라서 역설적으로 길드가 아닌 직공들의 저항운동이 근대적 노동조합운동의 효시로 이해되기도 한다(Rosenband, 2000).

직적인 사회적, 경제적 유대를 불가피하게 하였다. 새로운 제조업이 발달하면서 상조회가 생겨났으며 19세기 말에는 이들의 숫자가 상당히 많이 증가하였다. 이들 조직의 목적은 회원들을 산업사회의 여러 위험으로부터 보호하는 것이었다. 처음에는 특정 직업에만 한정되었으나 곧 많은 노동자들을 포함하게 되었다. 신용협동조합과 소비자협동조합도 확산되었다. 전자는 주로 농촌지역에서 농업에 대한 투자를 진작하였고, 후자의 조직은 전국적으로 재화의 공급과 가격안정을 도모함으로써 빈곤계층의 소득을 보호하고 신용을 신장하는 데 도움을 주었다. 그런데 이들 조직은 전국적으로 고르게 분포된 것이 아니라 주로 상공업이 발달한 북부지역에 한정되어 있었다.

1870년대에서 1990년대에 이르기까지 다양한 평신도 결사체인 사회주의적 가톨릭(Social Catholicism)운동이 가톨릭이 강한 북동부지역에서 활발하였다. 여기에는 노동자조합도 포함되어 나중에는 사회주의운동과 함께 노조운동의 양대 축으로 분열된다. 사회주의적 가치와 가톨릭의 사회적 가치가 이러한 조직이 나타나는 배경이 되었으나 내외적으로 많은 갈등을 안고 있었다. 법적인 지위를 획득하여 공적 자금을 받으면 국가의 통제를 받게 되는 문제가 있었기 때문에, 상조조직으로만 남을 것인지 아니면 노동조합으로 변모할 것인지 등의 문제가 있었다. 협동조합을 결성하는 데도 마찬가지 문제가 있었다. 자율적인 조직으로 남을지 노조나 정당조직으로 발전시킬 것인지에 대한 마찰이 상존하였다. 그럼에도 불구하고 1890년대에는 다양한 조직들이 출현하였다. 노동자 상조조직, 노동조합운동에 부속된 농업과 산업노동자 동맹, 소비자, 노동자 협동조합 등이 생겼다. 이런 조직들은 이념적 정향에 따라 대체로 사회주의, 가톨릭, 세속적 조직 등 세 가지 부류로 나뉘었다(Barbetta, 1997).

이런 분위기에서 이탈리아 정부는 사적 조직들에 대한 정부통제를 강화하고 이들 조직이 담당하고 있었던 사회적 역할을 공적 제도에 흡수하기 시작하였다. 우선 1890년 이후의 급격한 산업화에 따라 새롭게 등장한 노동계급을 정치적으로 통합하는 일이었다. 주된 목적은 사회적 불만과 저항을 줄임으로써 보다 원활한 산업화를 촉진하기 위한 것이었다. 이를 위해 노동자들에 의해 설립된 많은 독립적 상조조직들을 정부의 통제하에 끌어들이는 작업이 이루어졌다. 이는 주로 19세기 말과 20세기 초에 이루어졌는데 노동자들 역시 더 많은 보호가 가능하다고 생각하여 정부의 조치들을 호의적으로 받아들였다. 주로 강제적인 사회보험제도에 의해 노동자 상조조직들을 흡수하였고 파시스트정권에서는 상조조직들을 불법화하여 모든 조직활동을 통제하였다. 이런 조치는 구성원에게 서비스를 제공하는 조직에만 국한된 것이 아니라, 노동자운동이나 이차적 조직들 전반에 걸쳐서 이루어졌다. 이들 조직들은 국가와 파시스트정당에 의해 통제되는 단일 조직들로 대체되었다.

이런 발전과정을 보건데 사회적 서비스를 제공하는 거의 모든 조직들이 공적인 종교조직의 통제하에 있거나 철저히 정부의 통제하에 있었음을 알 수 있다. 뿐만 아니라 다른 유형의 조직들도 정부의 간섭으로부터 자유롭지 않았다. 19세기 후반 이탈리아는 각 도시 수준에서 자발적 결사체의 숫자는 적지 않은 편이었으나 전국적인 결사체는 거의 없었다. 이러한 특성은 자유주의적 부르주아의 입장에서도 그 부분적 이유를 찾을 수 있다. 자유주의자들은 이탈리아의 통일이 토론과 정치에 의한 것이 아니고 무력에 의한 것이었기 때문에 의회주의에 대한 회의를 품고 있었다. 그들 스스로가 위기의 상황에서는 항상 의회적 방법이 아닌 국가적 해결책을 찾으려 하였다 (Banti, 2000; Lyttelton, 2000).

이상의 논의에서 알 수 있는 것은 이탈리아는 결코 자발적 결사체가 성장 발달할 수 있는 여건을 갖추지 못했다고 볼 수 있다. 정치적 전통은 오랫동안 집권적이었으며 통일 이후에도 국가권력에 의해 사회의 각 부문이 지도 통제되는 형태를 유지하였다. 종교적인 측면에서도 통제적인 가톨릭의 영향력이 지속되었고 통일 이후에는 국가와 대립하는 입장이었다. 부르주아나 노동계급도 국가권력이나 종교적 가르침에 순응하여 자율적 조직활동의 여지가 적었다고 볼 수 있다.

② 프랑스

국가형성이 늦었던 이탈리아에 비해 프랑스는 유럽국가들 중에서 가장 빠르게 국가형성이 이루어졌다.[29] 프랑스 역사의 가장 큰 특징은 국가주의이다. 프랑스의 중앙집권적 특징은 지방 세력과 중앙정부와의 오랜 투쟁의 결과이다. 아울러 가장 일찍 가톨릭을 국교화하였을 뿐만 아니라 항상 가톨릭국가였다고 해도 과언이 아니다. 교회와 귀족의 조직적 자선행위의 측면에서 보면 비영리부문의 역사는 중세까지 거슬러 갈 수 있다. 혹은 중세 봉건사회가 퇴조하고 16세기 이후 왕권이 확립된 시기를 자발적 조직들이 등장한 시기로 간주하기도 한다. 그러나 이 시기의 집단들은 길드와 동업자조합이 주를 이루었고 지극히 계서적이었으며 내부 통제가 심하였다. 프랑스에서도 견습기간을 끝낸 직공들이 숙련공들에 저항하는 폭동을 일으킨 사례에서 보듯 이들 조직은 계서적, 통제적 집단이었다. 이런 이유에서 왕권이 이들을 재조직하고 통제하기 시작하였다. 자선조직들도 국가의 통제하에 놓였으며 가난한 사람들에 대한 서비스가 아닌 감독과 강제노역을 위한 수용이 주를 이루었다. 왕권의 강화와 더불어, 반종교개혁 이후 가톨릭교회 특히 예수회의 영향력이 크게 확대되었다. 이 과정에서 프로테스탄트와 가톨릭 간의 30년 전쟁의 결

29) 국가형성뿐 아니라 역사적 경험도 이탈리아보다는 훨씬 동질적이어서 그 역사해석에 대한 논쟁의 여지도 없는 편이다. 이런 이유에서 이 부분의 서술도 단순하다.

과물이던 낭트칙령이 폐지(1685년)되고 종교적으로 더욱 획일적인 사회가 되었다.

낭트칙령이 폐지된 이후 대부분의 프로테스탄트들이 프랑스를 떠났다. 유대인들도 용납되지 않는 사회적 분위기로 인해 가톨릭은 거의 독점적 지위를 유지하였다. 가톨릭교회의 강력한 영향에도 불구하고 이탈리아와는 다르게 사적 자선행위나 보충성(subsidiarity) 원리가 적용되지 않았다. 프랑스 국가주의의 결과로 오히려 역보충성의 원리가 적용되었다(Archambault, 1997). 즉 종교적 조직이나 세속적인 자발적 조직들의 공적인 역할은 국가가 간과한 영역에서만 가능하였다.

절대주의 왕권이 오래 지속되면서 귀족계급의 정치권력이 약화되고 지역공동체에 대한 연고도 거의 사라졌다. 이러한 경향은 봉건적 구귀족에 국한된 현상이었다. 부르주아출신으로 법적 훈련을 받아서 등장한 신귀족에 의해 귀족과 왕의 통합이 촉진되었다. 신귀족은 관직을 맡아서 받는 상여금이나, 토지를 소유하는 경우 농민으로부터 받는 소작료에 의존하였다. 이렇게 왕에게 의존하게 됨으로써 영국의 토지귀족에 비견할 만한 경제적 독립성을 갖지 못했다. 교회의 여건도 비슷하였는데 높은 성직은 주로 귀족계급의 출신에게 주어졌고 영국의 비국교주의 교파에 버금가는 종교적 반대세력도 없었다. 프랑스 귀족은 정치적으로 무능했기 때문에 18세기에 전혀 상반된 두 가지 역할이 가능하였다. 그들은 모든 정치적 지위와 부의 측면에서 상위에 섰던 부르주아 요소에 대항하는 속물적 배타주의적인 입장을 취하였다. 그런가 하면 계몽주의와 같은 근대화 문화운동의 후원자가 되기도 하였다. 이 결과 프랑스 귀족은 사회적 공동체의 정당한 엘리트로 자리 잡지 못하고 사회공동체로부터 유리되었다(Parsons, 1971: chap. 5). 따라서 국왕, 두 부류의 귀족과 교회는 부르주아 및 다른 사회계층에 반하는 입장에 서게 되었고 궁극적으로 프랑스혁명으로 귀결되게 된다. 이런 계층 간의 적대적인 대립과 반목은 대의적인 정치제도의 도입을 어렵게 하였다.

루이 14세의 통치가 끝나면서 구체제가 약화되고 계몽주의시대가 시작되었는데 왕권이 약화되면서 절대주의 국가체제에 대한 철학적 의문들이 제기되었다. 영국의 정치체제와 정치이론에 영향을 받은 Montesquieu, Voltaire, Rousseau 등과 같은 사상가들이 출현하여 좀 더 민주적이고 관용적인 정부의 필요성을 이야기하기 시작하였다. 하지만 Montesquieu나 Rousseau의 이념적 지향에서 볼 수 있는 것처럼 국가의 의무를 강조하는 것은 개인적 책임을 강조하는 영미의 전통과 대비된다. 이 시기의 특징은 문학이나 음악을 중심으로 한 사회적 소모임과 정치적 결사체 등이 늘어나기 시작하여, 종교적 관용과 정치적 자유를 전파하기 시작한다는 점이다(Archambault, 1997). 그리하여 혁명 전 계몽주의 정신을 기반으로 형제애와 평등을 내세우며 무수한 소규모 조직들이 결성되었다. 이들 조직들이 사실상 혁명을 일으키고 수행하는 수단이 되었던 것도 사실이다. 반면 길드와 같은 조직들은 퇴조하기 시작하였다. 이들 조직은 경제적·사회적 변화에 저항하면서 더욱 폐쇄적으로 변하고 내부 규제와 진입장벽을 높여서 자유경쟁을 방해하였다. 이런 문제점으로 인해 사회지도층이 이를 배척하기 시작한 것이다. 특히 자유시장과 공정한 경쟁을 내세우며 새롭게 등장한 부르주아의 적이었다. 혁명 전부터 정부도 이를 규제하려고 노력하였다.

그러나 자발적 조직의 발달과정에서 결정적인 분기점이 된 것은 프랑스혁명이었다. 주로 정치적 결사체이던 이들 조직들은 공공의 영역에서 궤멸되었다. 이 시기의 관점은 자발적 조직들이 국가와 시민의 중간에 위치하여 조직구성원에게 특권을 부여함으로써 국민통합을 저해한다고 간주되었다. 부르주아들이 주도한 혁명의 결과 새로운 국가주의가 다시 태어난 것이다(Parsons, 1971). 이는 당시 많은 조직들이 가톨릭교회에 부속되어 있었는데, 혁명의 이념이 교권을 부정하고 교회의 재산과 영향력을 줄이려고 하였던 데도 원인이 있다. 결국 혁명을 통한 인권선언에서 결사의 자유는 없는 셈이었다. 이런 국가주의적 성향 및 교회와 국가와의 갈등은 프랑스의 빈약한 자발적 조직의 역사적 뿌리가 되었다. 먼저 모든 경제적, 전문적 조직들이 1791년에 금지되었고, 1793년에는 학술적, 여성운동 조직들이 해체되었다. 많은 종교모임과 교회에 의해 운영되던 교육제도들은 은밀하게 운영되었다. 다만 자코방클럽과 같은 정치적 클럽들만 왕성하게 활동하였는데 이 역시 1795년에 금지되었다. 이들 조직을 불법화한 Allard와 Le Chapeller법은 급진적인 혁명가들이나 보수적 자유주의자들 모두에게서 지지를 받았다. 이를 가능하게 하였던 당시의 사회적 분위기는 비민주적인 전통적 길드가 재생하지 않을까 하는 두려움에서 비롯되었다. 몇몇 길드는 새로운 혁명정신을 따르면서 가입의 자유와 민주적 대표 체제를 갖고 있었음에도 불구하고 길드는 근본적으로 개인의 자유 및 주권의 원리에 반하는 것으로 인식하였다. 즉 혁명의 정신을 담고 있었던 인권선언에서 인정한 전문적 결사체를 결성할 수 있는 자유를 부정하게 된 것이다 (Chanial & Laville, 2004).

이런 흐름 속에서 1810년 나폴레옹은 일정 규모(20인) 이상의 조직들은 정부의 허가를 얻어서 설립하고 정부의 규제를 따라야 한다고 규정하였다. 위반할 경우 받게 될 처벌도 강화하였는데, 이 법은 1901년 새로운 입법이 이루어질 때까지 유효하였다. 이 시기의 변화는 사회적 서비스를 제공하는 조직에도 많은 영향을 미쳤다. 정부나 공적 역할에 대한 재인식을 바탕으로 구걸을 죄악시하고 노동의 대가로 서비스가 제공되어야 한다는 점을 분명히 하였다. 극빈자를 없애는 것은 정부책임이되 노동이 가능한 자와 불가능한 자를 엄격하게 구분하였다.

조직화된 행동에 대한 프랑스혁명의 영향이 이렇게 부정적이었기 때문에, 산업화가 진행되면서 등장하는 새로운 계층들의 활동도 크게 제약되었다. 프랑스의 산업화는 19세기 동안 오랜 기간에 걸쳐 느린 속도로 이루어졌고 노동자들의 생활은 차츰 어려워졌다. 노동규제나 재해, 실업에 대한 사회적 보장이 없었기 때문에 다수의 노동계층이 극빈층이 되었다. 결사행위를 금지하였으므로 노동운동도 은밀하게 진행되었고 이와 연관된 상조회 역시 음성적으로 활동하였다. 이런 음성적 조직들과 수없이 생겨나는 20인 미만의 정치적 결사체로 인해 1834년에는 허가를 받지 않은 결사체의 지도자나 구성원을 더욱 강력하게 처벌하는 입법이 이루어졌다. 그러나 이 법은 사회적 반발을 불러와 부분적으로 1848년의 혁명의 근원이 되었다. 이 혁명 이후 남성의 보통선거권, 결사의 자유 등이 보장되었으나 곧바로 들어선 제2제정에 의해서 중지되고 만다.

짧았지만 이 기간의 노력들이 남긴 영향력은 적지 않았다. 입헌군주제하에서 교회와 종교조직들의 교육 분야에서의 합법적 활동이 두드러지고 귀족들의 자선활동, 상조모임 등도 활발해졌다. 1864년에는 결사에 대한 처벌조항이 없어졌고, 늦게나마 제3공화국 시기이던 1884년에는 노동조합이 합법화되었다. 이 시기에 특기할 만한 사실은 상조회가 노동조합과는 동떨어져서 발달하였다는 점이다. 정치가들은 상조회를 노동조합과 대립시켜 주로 중산층 위주의 조직으로 발달시켰다(Archambault, 1997). 아울러 이 시기는 군주제를 지지하는 가톨릭교회가 공화정과 대립하는 시기였으며 주로 교육의 영역에서 첨예하게 대립하였다. 정부는 무료 의무교육을 확대하려 하였고 공화주의 교사들 역시 교회의 영향력을 불식하려고 노력하였다. 대부분의 사립학교를 운영하던 예수회를 포함한 종교조직들은 교육 분야에서의 활동이 금지되었다.

이상 19세기의 발전과정과 결과가 1901년의 입법으로 체계화된다. 약간의 예외적 규정이 있지만 20인 이상의 결사체 설립에 정부의 허가를 명시하였다. 그러나 결사체의 법인화는 상당히 어려웠고, 결사체의 성격에 따라 세분된 규제가 있었다. 이 조항에서 종교 조직은 제외되었으며 계속 통제의 대상이 되다가 1905년에 이르러 국교적 지위를 박탈하고 정교분리를 선언하면서 국가와 교회 간의 투쟁이 끝난다.

프랑스의 역사적 경험에서도 자발적 조직이 성장할 수 있는 여건이 조성되지 못한 사실을 알 수 있다. 전반적으로 국가의 집권적 역할이 강조되고 종교의 역할도 부수적이었으며 종속적 지위가 강요되었다. 부르주아 역시 국가에 의한 문제해결을 지향하였으므로 중간적 결사체의 역할에 회의적이었다. 이런 사회적 이념과 분위기에서는 노동계층의 자조노력이나 조직결성의 노력도 쉽지 않았다는 사실을 알 수 있다.

부정적 사례에 대한 이상의 논의를 요약하면, 근대적 국가의 형성이 가장 빠른 프랑스와 가장 늦었던 이탈리아는 그 외형적 차이에도 불구하고 중요한 역사적 전환점들에서 가장 비슷한 선택을 하였음을 알 수 있다. 프랑스는 가장 오래 절대왕정의 치하에 있었으며 혁명적인 정치적 변화를 여러 번 경험하였다. 이탈리아는 도시국가의 형태가 오래 지속되었으나 과두적·절대주의적 지배하에 오랫동안 놓여 있었다. 이들 국가는 오랫동안 가톨릭의 영향하에 있었으나 프랑스혁명 이후 19세기에는 국가와 교회 간의 갈등이 첨예하였다. 표면적 갈등은 주로 교육을 누가 통제하는가에 관한 것이었으나 궁극적으로는 세속적 국가가 교회의 영향력으로부터 벗어나서 국민을 직접 통제하려는 데서 생긴 것이다. 교회는 추종자들을 결속·조직하고 저항하였으나 성공적이지 못하였다. 국가와 교회 간의 갈등은 후일 자발적 조직의 확대시기에 제도적 틀을 제공하여, 이들 국가에서는 세속적 운동과 전통적 세력과 연계된 가톨릭에 의한 운동으로 양분된다(Archambault, 1997; Barbetta, 1997). 산업화 이전부터 국가적, 지역적 의사결정이 도시 중심으로 이루어졌지만 도시와 농촌 간의 균열구조가 정치적으로나 사회적으로 중요한 의미를 갖는 것은 아니었다. 오히려 국가와 교회 또는 지주와 소작인과의 관계가 더 중요한 균열구조였다고 볼 수 있다(Rokkan, 1970: 108).[30] 따라서 자발적 조직활동이 활발한 국가군의 분석에서 확인된 세 가지 요인인 대의적 전통, 프로테스탄티즘 및 도시 부르주아의 우월적 위치 등이 결여되어 있음을 알 수 있다.

3) 결과의 해석과 방법론적 문제점

따라서 앞에서 확인된 세 가지 요인의 측면에서 볼 때, 이들 두 국가의 역사적 경험은 네덜란드, 스웨덴, 미국의 역사적 경험과 전혀 다르다. 그리고 이들 두 국가군들 간의 비교분석에 의하면, 세 가지 요인이 결합적으로 작용함(conjunctural causation)으로써 자발적 조직들에 대한 적극적 참여의 기반이 닦인다고 보는 게 타당한 것처럼 보인다.

이런 결과가 타당하다면 자발적 조직들은 근대 국민국가 형성과 정과 궤를 같이하고 있다는 것을 알 수 있고, 활발한 조직활동이 이루어지는 국가에서는 역사적으로 세 가지 요인이 유기적으로 작용하였다고 볼 수 있다. 먼저 17세기 절대주의정권이 단기간 내에 무

30) 산업화과정에서 생기는 노동운동에 대한 사회적 반응의 양태는 네덜란드나 스웨덴과는 사뭇 달랐다. 프랑스와 이탈리아에서의 노동운동은 적극적으로 억압되었고 노동자계급 역시 사회적 환경으로부터 격리되어 반체제적 성향을 갖게 되었다. 특히 이념적으로 급진적인 노동운동을 오랫동안 불법화함으로써 온건파와 급진파 간의 갈등을 조장하였다(Rokkan, 1970: 110; Archambault 1997: 30-35).

력화되거나(스웨덴, 네덜란드) 그렇지 않은 경우(미국), 계층적 또는 지역적 대의기구가 지속적인 영향력을 갖고 있다. 이 국가들은 정부에 영향을 미치려는 시도를 표현과 결사의 자유라는 시민권의 도입을 통해 보호하였고, 이 과정이 가장 명료하게 드러난 곳이 프로테스탄트 국가들이었다(Rokkan, 1999). 뿐만 아니라 이들 국가들은 도시 중심의 산업화과정을 경험하였다. 이러한 세 요인들이 자발적 조직이 확대되는 가장 좋은 토양이었음을 부인할 수 없으며 이 요인들을 필요조건으로 간주할 수 있다.

서구의 공통된 역사적 경험에서 나타난 이러한 요인들이 의미하는 바는 무엇일까? 유사한 역사적 경험을 공유하지 못하는 다른 지역의 국가들이나 후진국의 경험에서 비영리부문의 성장을 설명하기 위해서도 이런 질문에 대한 해답이 필요하다. 외형적으로는 이들 국가에게 위의 세 가지 요인들이 별 의미가 없는 것으로 보이기 때문이다. 첫 번째 요인은 절대주의 왕권이 얼마나 오랫동안 지속되었는가에 관한 것이다. 그러나 이는 변수의 측정을 위한 것이며 보다 근본적으로는 국가형성과정에서 체제에 대한 집단적 저항을 정당하게 받아들인 시점에 관한 것이다. 이는 국민국가가 형성되면서 중세 봉건사회의 특징이던 특수한 개별적 유대관계를 와해시키면서 평등의 개념이 확대되었던 정치적 변화를 전제로 한다. 즉 첫 번째 유형의 시민권(집회, 결사의 자유)이 언제 확보되었는가를 알아보는 것인데 실제로 이런 권리가 확보된 시기를 알기 어렵다(Rokkan, 1970). 구체적인 입법의 시기도 역사적 평가에 의하면 별 의미가 없다. 대신 서로 상반되는 두 가지 지표가 있다. 이 중 절대주의 왕권은 이를 알아보는 부정적인 지표이지만 비교적 측정이 용이하다. 긍정적인 지표이지만 시기 구분이 어려운 것은 중세적 대의기구의 전통이 지속되었는가를 알아보는 것이었다. 반대와 경쟁세력을 언제, 어떻게 공적 토론 및 경쟁의 장으로 수용하는가에 관한 것인데, 이 변화를 가장 빠르게 받아들인 국가들의 공통점은 바로 중세적 대의기구의 전통이 지속되었던 것이다. 이런 대의적 전통이 의미하는 바는 정치적 엘리트들이 개방적이며 실용적인 태도를 견지하였다는 것이다. 그러므로 가능한 보편적인 해석은 정치권력이나 국가의 규제적 측면이 매우 중요한 지표가 된다.

이러한 규제적 측면 못지않게 중요한 것이 종교에 의한 사회적 가치나 규범이었다. 프로테스탄트의 신학적 입장은 개인과 신의 직접적 교통과 신앙에 의한 구원이었으므로 성사에 관한 성직자들의 개입과 권위를 부정하였다. 교회 내의 신분도 무의미해졌고, 모든 직업(callings)은 동일한 종교적 지위를 가지며, 가장 높은 종교적 덕성과 완벽성은 세속적 직업에 의해 성취된다고 보았다(Parsons, 1968). 이렇게 종교적 가치에 기반을 둔 세속적 사회를 지향하게 됨으로써 정치적 통합을 촉진시켜 국가교회조직의 형태를 가능하게 하였다. 중간적 권위체를 부정하고 평등을 기반으로 세속적인 활동과 성취에 보다 큰 가치를 부여한 것이다. 특히 종교개혁과 반개혁의 갈등, 프로테스탄트 내 수많은 종파들의 생성과정을 통해 종교적 다원주의와 관용이 뿌리를 내리게 되었다.

이런 규제적·규범적 조건과 더불어 도시 중심의 산업화가 이루어져야 한다. 귀속적, 연고적인 농촌이 아닌, 성취지향적이고 평등한 결사체적 성격이 큰 도시와 도시민들이 사회적 주류가 되어야 한다. 중세의 도시도 결사체적 속성을 갖고 있었는데, 이런 공동체가 존속되고(Weber, 1986) 사회발전에 중추적 역할을 했다면 비영리부문의 성장에 매우 긍정적인 영향을 미쳤을 것이다. 도시 부르주아들은 사회적 기업가로서 사회적 문제에 대응하기 위해서, 또는 이해관계나 필요에 따라 새로운 조직을 만드는 데 주요한 역할을 했다. 이 세 가지 요건들 중 국가의 역할이 상당히 중요한 것으로 보인다. 공동체의 규범으로 어떤 종교적 입장을 취하고, 도시와 농촌 중 어디에 비중을 두는가에 따라 자발적 조직들의 성장과 확대가 달라졌다고 볼 수 있기 때문이다.[31] 국가의 개방적이고 실용적인 태도를 전제로, 전통적인 중간 권위체들이 와해되고 평등을 기반으로 세속적 성취를 강조하는 새로운 사회적 규범과 이를 바탕으로 활동하는 사회적 기업가(social entrepreneur)의 존재는 필수 요건으로 보인다.

그러나 이상의 분석결과와 해석은 방법론적 타당성을 전제로 한 것이다. 비교사례연구의 가장 큰 문제점은 여러 요인이 복합적으로 작용하고 있다는 점을 규명하기 어렵다는 점이다(Ragin, 1987). 합치법이나 차이법도 마찬가지이다. 사회과학 영역에서 Mill의 비교방법을 둘러싼 방법론적 논쟁은 오랫동안 지속되어 왔다.[32] 이 비교방법은 논리적으로 하나 이상의 요인을 필요조건으로 결론짓기 어렵다(예: Lieberson, 1991; George & Bennett, 2005).[33] 아울러 잘 알려져 있다시피 간접적 차이법은 합치법과 차이법의 결합으로, 소위 제거법(method of elimination)에 의존하고 있다. 합치법의 경우 동일한 결과를 야기하는 데 서로 다른 결정요인들이 상정되어 있다면 이를 제거해 가는 방법이며, 차이법의 경우 서로 다른 결과를 야기하는 데 동일한 원인들이 있다면 이를 결정요인으로 간주하지 않는다. 이러한 과정은 단일요인을 밝히는 방법이며 결코 복수요인들의 상호작용이나 결합적 요인을 규명하는 데 쓰일 수 없다는 점이 논쟁의 중심이 되었다. 이 과정에서 단일요인을 찾아낸다 해도 나중에 이에 반

31) 이 세 가지 요인은 제도론적 설명의 세 축으로 지적되는 규제적, 규범적, 문화적 체제로 구분해 볼 수도 있다(Scott, 2001: 3장).

32) Mill의 방법은 근본적으로 아주 강력한 가정이 충족될 때만이 인과관계를 규명할 수 있다. 무엇보다도 특정 결과를 야기하는 하나의 필요조건 또는 충분조건만을 포함하는 결정적인 인과관계를 대상으로 한다. 아울러 모든 결정요인들이 분석 이전에 규명되어야 하며, 단일요인 가설의 검증에만 유효하다. 논리적으로 가능한 모든 인과경로를 갖는 사례들 또한 이용 가능해야 한다(George & Bennett, 2005: 155).

33) Mill 자신도 사회현상의 복잡성 때문에 제거법으로서의 합치법이나 차이법의 적용이 어렵다는 점을 언급하였다.

하는 하나의 사례가 나타나면 이는 허위원인(false positive)이 될 수 있는 문제점이 있다.

이 분석결과의 문제점을 좀 더 정확하게 이해하기 위해 Skocpol (1979)의 저술을 둘러싼 구체적인 공방을 알아볼 필요가 있다. Skocpol의 연구결과는 국가통치능력의 붕괴와 농민의 반란을 사회적 혁명의 결합요인으로 결론짓고 있다. 이에 대한 비판 중의 하나가 Mill의 방법이 결코 결합적 요인을 밝힐 수 없다는 점이다(Nichols, 1986). 이에 대한 Skocpol의 응답(1986)은 혁명이 일어나지 않았던 국가들에서는 이 두 가지 요인이 함께 작용(interaction effect)하지 않았다는 점을 들고 있다. 예를 들어 영국과 일본에서 통치능력이 붕괴되었어도 농민 반란이 없었다. 1848년의 독일에서는 국가의 통치능력이 일시적으로만 붕괴되었고 농민봉기도 제한된 지역에 그쳤다. 1905년의 러시아에서는 통치능력이 일시적으로 붕괴된 후 다시 회복되었다는 점 등을 들고 있다. 즉 복합적 요인이 사회적 혁명의 필요조건이라는 주장을 부정적 사례를 통해 검증한 것이다. 뿐만 아니라 Skocpol의 사례비교는 과정추적(process-tracing)의 방법과 병행되어 각각의 요인들이 어떻게 작용하였는지를 밝히고 있다(George & Bennett, 2006).

이 연구에서도 이런 방법론적 제약 때문에 각 국가들의 역사적 경험을 추적하는 노력을 하였으나 그 진술이 결코 충분하다고 할 수는 없다. 특히 지속적인 대의적 경험이 어떻게 19세기의 조직활동에 영향을 미쳤는가에 대한 추적은 불충분하다. 또 분석결과로 나타난 세 가지 요인들이 상호작용에 의한 것인지 아니면 부가적(addititive) 원인들로 간주될 수 있을 것인지에 관한 의문이 남는다. 이는 부정적 사례들에서 세 가지 요인을 전부 찾기 어렵기 때문이다. 만약 세 가지 요인이 복합적으로 존재할 때만 조직활동이 활발하다면 그중 하나나 두 가지 요인만 존재할 때는 조직활동이 저조할 것이다. 만약 부가적 원인들로 간주된다면 회귀분석에서처럼 하나나 둘의 요인이 존재한다고 해도 이탈리아나 프랑스처럼 하나의 요인도 갖지 못하는 국가들보다는 보다 활발한 조직활동을 기대할 수 있다. 그러나 분석 대상 국가들이 아닌 사례들에서 이를 유추하기란 불가능하다. 예를 들어, 오랫동안 절대주의 군주 국가이면서 프로테스탄트 국가이며 도시 부르주아들의 주도적 역할을 기대할 수 있는 국가(예: 덴마크)의 경우는 어떤 결과를 예상할 수 있을 것인가? 이런 방법론적 문제 때문에 더 많은 사례를 분석해야 할 필요성이 있다.

3. 불리안 비교분석(Boolean: Qualitative Comparative Analysis)

1) 사례선택과 분석

먼저 사례수를 늘리는 데 고려되어야 할 점들이 있다. 첫째, 분석 대상은 서구국가로 한정되어야 된다. 이미 언급한 것처럼 서구의 경험에 초점을 맞추는 이유는 기본적 시민권이 19세기, 혹은 그 이전에 확보되었던 서구의 경험을 후진국과 함께 비교할 수 없다고 생각하기 때문이다. 분석대상을 이렇게 한정한다고 해도 비교 가능한 변수의 측정이 문제가 된다. 19세기 말 서구국가들의 자발적 조직활동에 관해 비교 가능한 자료가 없기 때문이다. 이런 자료들은 1980년대 국제적인 비교 서베이가 활발해지면서 수집되기 시작하였다. 불가피하게 이 시기의 자료들을 활용하지만 종속변수에 대한 이러한 측정은 시기적으로 동떨어져 있어서 문제가 된다.

다시 말해서 역사적 자료(독립변수)와 최근의 조직 참여율(종속변수) 간의 관련성 분석이 합리적인가 하는 점이다. 그렇지만 이는 다음과 같은 역사적 관찰과 기존연구에 의해 정당화될 수 있다. Tocqueville은 1830년대 미국의 가장 중요한 특징으로 광범위한 자발적 결사체를 들고, 이러한 현상이 마음의 습속(mores; habits of the heart)에서 기인한다고 함으로써 종교적, 문화적 요인이 작용하고 있다고 지적하였다. 이런 광범위한 참여현상은 1890년대의 James Bryce에 의해 확인되었고, 오늘날의 많은 비교 서베이 연구에서도 확인될 수 있다(Skocpol et al., 2000). 즉 자발적 조직에 대한 참여가 조직적 경험, 문화적 관습 내지는 이념에 크게 의존하는 경로 의존성(path-dependency)을 보인다고 할 수 있다. 이런 특성은 다음과 같은 보편적 관찰과 설명으로도 뒷받침된다. 앞에서도 언급한 바 있지만 시민사회나 비영리부문의 역사적 연구들을 종합하면 19세기 중반 이후 그리고 1960년대 이후 등 크게 두 개의 전환점을 발견할 수 있다. 19세기 중반 이후 민주화, 산업화, 개인화, 국제화의 추세와 맞물려서 자발적 조직이 폭발적으로 증가하였다. 1960년대 이후에는 후기산업화, 다양화, 새로운 국제화의 추세에 따라 새로운 형태의 조직이 나타나기 시작하였다. 19세기에는 특정 사회의 자발적 조직의 전반적인 틀을 형성한 반면, 20세기에는 기존의 틀 속에서 새로운 관심과 필요에 따라 훨씬 다양하고 분권적인 형태의 조직이 발달하였다. 이 시기에 정부보조를 기반으로 하는 공익적 서비스 조직이 증가하였을 뿐 아니라, 이익집단이 다양화되었고, 환경, 평화, 여성, 제3세계의 인권을 옹호하기 위한 공익적 이익표출조직이 증가함으로써 자발적 조직의 확대에 새로운 전기를 마련하였다. 이런 형태의 발달과정은 국가별 연구에서도 많이 찾아볼 수 있다(Micheletti, 1994).

아울러 Putnam(1993: 5장)의 연구에서 보듯 19세기 후반의 시민참여가 1970년대 이후의 참여에 유일한 결정적인 요인으로 작용하고 있는 것을 볼 때, 위에서 논의된 역사적 요인을 1980년대 이후의 자료에 비추어 설명하는 것이 타당하다는 것을 알 수 있다. 또 하나의 연구에 의하면 미국 내 유럽이민자의 후손들이 조직참여의 측면에서 상당한 차이를 보이는데 이는 현재 유럽의 지역적 차이를 반영하고 있다는 사실을 보여 준다(Rice & Feldman, 1997). 따라서 조직활동과 참여의 역사적 전통이 여러 세대에 걸쳐서 그대로 전수되고 있음을 알 수 있다.

이런 배경에서 위의 사례선택에서 이루어졌던 개념규정과 이론적 설명을 배경으로 자료수집이 이루어졌다. 우선 종속변수로서 시민들의 조직참여율을[34] 측정할 뿐 아니라, 경험적 자료들의 비교 가능성이 전제되어야 한다. 거의 유일한 시계열 조사가 1980년 이래로 10년 내지 5년의 간격으로 자료를 수집한 세계가치비교조사(World Values Survey)이며,[35] 이 중 가장 많은 조직유형[36]과 국가를 포함하고 있는 조사는 1990년경에 실시된 두 번째 조사이다. 이 연구에서는 이를 기반으로 하여 대상 국가들을 선정하였고 15개 국가의 참여율이 〈표 4-1〉에 정리되어 있다.[37] 여기서는 조직가입의 밀도와 중

---

34) 조직참여를 중심으로 비영리부문을 측정하는 데에도 두 가지 방법이 있다. 회원가입을 위주로 측정하거나 적극적 활동(volunteering)을 측정하는 방법이다.

35) 세계가치비교조사는 지금까지 다섯 차례의 국제적인 조사를 실시하였다. 1980, 1990, 1995, 2000, 2005년경에 실시되었는데, 1990년의 설문조사에는 1980년의 설문보다 많은 조직유형을 묻고 있다. 1995년에도 설문조사가 있었지만 위 국가 중 독일, 노르웨이, 스웨덴, 미국만이 포함되어 있고 지금까지의 설문조사 중 가장 적은 조직유형만을 묻고 있다. 오스트리아와 스위스는 1990년의 자료에만 존재한다.

36) 다른 서베이에서는 10개의 범주로 구분되어 있으나 1990년 서베이에는 16가지 조직유형을 물어보고 있다: 사회복지, 종교조직, 교육이나 예술, 노동조합, 정당, 지역공동체, 인권이나 제삼세계, 환경, 전문직업, 청년, 스포츠, 여성, 평화, 동물애호, 건강, 기타 모임 등.

37) 조직가입문항을 조사한 서구국가들은 16개국이었다. 그러나 스위스의 경우 대부분 자료의 코딩에 문제가 있었다. 답은 1(mentioned) 또는 2(not mentioned)이어야 하지만 과반수 이상의 응답을 no나 0으로 처리하였다. 그렇기 때문에 스위스의 조직활동은 지극히 저조한 것으로 조사된 셈이다. 이는 기존 조사 연구에 비추어 볼 때 상당한 의문을 갖게 한다. 왜냐하면 모든 유럽국가들에 대한 비교조사에서 스위스의 시민참여율은 항상 선두그룹에 위치하고 있기 때문이다(Joye & Laurent, 1997: 165). 이런 코딩의 오류와 기존 연구와의 모순으로 스위스는 분석대상에서 제외하였다.

<표 4-1> 자발적 조직 회원 가입률(1990-1993)

국가 \ 조직수	0	1	2	3	4 이상	표본크기	조직가입[1]	비율[2]
네덜란드	164	186	216	147	296	1,009	2,643	2.62
아이슬란드	71	157	191	128	155	702	1,704	2.43
스웨덴	157	297	267	145	180	1,046	2,168	2.07
미국	535	433	312	187	369	1,836	3,606	1.96
노르웨이	233	327	324	166	188	1,238	2,414	1.95
핀란드	138	158	157	59	74	586	1,025	1.75
덴마크	197	319	267	128	118	1,029	1,795	1.74
독일	696	604	413	226	160	2,099	2,859	1.36
벨기에	1,189	674	398	212	311	2,784	3,790	1.36
오스트리아	687	332	223	116	101	1,459	1,607	1.10
영국	715	368	175	104	119	1,481	1,621	1.09
아일랜드	513	223	136	65	63	1,000	977	0.98
프랑스	626	190	103	41	42	1,002	735	0.73
이탈리아	1340	376	164	76	62	2,018	1,228	0.61
스페인	3197	640	159	71	78	4,145	1,565	0.38

주: 1. (조직수 × 각 응답자)로 계산되었음.
2. (가입조직의 총계 / 표본크기)로 계산되어 조직가입의 밀도를 측정함.
출처: World Values Study Group, World Values Survey, 1990-1993, ICPSR.
(1995, 2000, 2005년도 등 계속되는 설문조사가 있었지만 이때 서구국가 중에서 가장 많은 국가를 대상으로 하였을 뿐 아니라 가장 많은 조직유형에 대한 설문이 포함되어 있다.)

첩성을 중시하여 중복적 조직가입을 반영하였다. 이런 측정은 20세기의 역사적 경험과 다음 장에서 논의되는 사회적 자본에 대한 고려가 깔려 있다. 즉 대중적 참여가 사회적으로 파괴적인 효과가 있었던 일부 유럽국가들의 경험을 고려하고, 긍정적 사회적 자본은 중복적 회원가입에서 유발된다는 최근의 연구결과(Uslaner, 2002; Wollebaek & Selle, 2002)를 고려한 것이다. 맨 마지막 열에서는 복수 회원가입을 반영하기 위해 가입된 조직의 수를 가중한 평균참여율을 계산하여 서열대로 나열하였다.

따라서 종속변수는 비교적 변화의 폭이 제한된 구간척도로 표현

될 수 있다. 그러나 역사적 또는 사회적 변수인 네 가지 요인변수를 서열이나 구간척도로 표시하는 것은 거의 불가능하다. 이전의 비교 역사적 연구에서도 그렇지만 이분변수로 표시하는 것도 비교의 대상이 많아지면 용이한 작업은 아니다. 다행히 Rokkan(1970: chap. 3)의 유럽의 국가형성과정과 민주화의 유형을 설명하면서 네 가지 변수에 대해 이분적 분류를 하고 있다. 뿐만 아니라 Ragin(1987: 129)은 Rokkan의 유형모형(typological model)에 불리안분석방법을 적용하는 과정에서 적어도 세 가지 독립변수를 보다 분명하게 이분변수로 표현하고 있다. 절대왕권의 지속적 지배에 대한 분류는 빠져 있지만 이는 Rokkan의 설명과 표에서 쉽게 찾을 수 있다.[38] 그러나 노동계층의 조직화에 관한 변수의 코딩에는 의문의 여지가 있다. 이는 Rokkan의 분류가 전반적 조직화의 정도를 표현하기보다는 러시아혁명 이후 급진적 세력에 의해 노조운동이 균열된 정도를 나타내고 있기 때문이다. 이 문제점을 알아보기 위해 역사적으로 비교적

---

38) 대의정부의 전통에 관한 변수의 코딩에는 문제가 있다. Rokkan(1970: 86; 1999: figure 27)은 대의정부의 전통이 강한 국가로서 스웨덴, 네덜란드, 영국과 더불어 벨기에, 룩셈부르크, 아일랜드를 들고 있다. 그러나 비교적 신생분리국가들에게서 분류의 혼란이 있음을 알 수 있다. 벨기에와 룩셈부르크의 경우에는 도시과두제와 지역적 대의제(city oligarchies and provincial estates)로 분류하고 오랜 절대왕정국가이던 덴마크의 지배를 받았던 아이슬란드와 노르웨이는 지속적인 절대주의 지배국가로 분류하였다. 그런데 이후의 저술(1974; 1999: figure 25)에서 벨기에는 다시 절대왕정의 지배를 받는 국가로 분류된 것을 볼 수 있다. 문제의 소지는 해당 국가들을 지배하던 국가의 유형으로 분류할 것인지 아니면 그 국가들의 내재적 전통을 중시할 것인지에 있다. 예를 들어 지배국가의 유형에 따른다면 벨기에의 경우 1794년까지 오스트리아, 1815년까지는 프랑스의 지배를 받았다. 핀란드의 경우에는 1809년에서 1917년까지 가장 강력한 절대왕정국가인 러시아의 지배하에 있었다. 그러나 Rokkan은 핀란드를 항상 대의적 전통을 갖는 국가로 분류하였다. 노르웨이는 1814년까지, 아이슬란드는 1940년까지 덴마크의 지배하에 있었다. 이 두 국가는 내적으로는 대의적 전통이 강한 국가로 간주되어 1980년대 Rokkan의 저술에서는 다르게 분류되고 있어서(1999: 29-32) 문제가 된다. 여기서는 Rokkan의 초기분류를 따랐다. 그러나 벨기에, 노르웨이, 아이슬란드 등의 코딩이 달라질 수 있는데 어떤 식의 분류를 따른다 하더라도 분석결과 제도적 전통이 필요조건이 되지는 않는다.

〈표 4-2〉 역사적 경험과 참여의 분포

국 가	절대왕권의 지속적 지배	프로테스탄티즘	도시 부르주아와 국가	노동운동	밀 도	퍼지점수
네덜란드	0	1	1	1	2.62	1.00
아이슬란드	1	1	1	0	2.43	0.99
스웨덴	0	1	1	1	2.07	0.95
미 국	0	1	1	0	1.96	0.91
노르웨이	1	1	1	0	1.95	0.90
핀란드	0	1	1	0	1.75	0.78
덴마크	1	1	1	1	1.74	0.77
독 일	1	1	0	0	1.36	0.35
벨기에	0	0	1	1	1.36	0.35
오스트리아	1	0	0	1	1.10	0.15
영 국	0	1	0	1	1.09	0.11
아일랜드	0	0	0	1	0.98	0.10
프랑스	1	0	1	0	0.73	0.04
이탈리아	1	0	1	0	0.61	0.02
스페인	1	0	0	0	0.38	0.01

주: 독일은 프러시아의 역사적 경험을 지칭하며, 네덜란드는 분권화된 과두지배, 벨기에는 분권화된 과두지배와 절대주의 지배가 지속됨.

출처: 1. Rokkan 1970, 제3장; Flora et al., 1999: 228-243.
2, 3, 4. Rokkan 1970; Ragin 1987: 129.

초기(20세기 초)자료를 기반으로 노동자들의 조직화를 이분변수로 변환시킨 자료와 비교할 필요가 있다(Hicks, 1994). 종속변수와 독립변수들에 관한 자료가 〈표 4-2〉에 요약되어 있다.

그렇지만 여전히 두 가지 이유에서 분석방법은 문제가 된다. 첫째, 사례의 수가 15개라는 사실은 전통적인 비교사례연구를 하기에는 너무 많고 양적 분석을 시도하기에는 너무 적다. 이 경우 사용할 수 있는 분석방법은 비교사례연구의 논리와 집합이론의 접목을 통해서 비교적 다수의 사례를 비교할 수 있는 불리안(Boolean: QCA) 방법이 있다. 여기서 불리안 비교방법의 장·단점을 이해할 필요가 있다. 질적 연구의 일반적 방법인 비교사례연구는 연구의 초점이 되는 결과의 측면에서 유사한(발생빈도가 높은) 사례들을 고르고 이를 중심으로 사례들이 공유하는 원인들을 규명한다. 그 다음 발생빈도가 낮은 사례들을 중심으로 이전 단계에서 규명한 요인들이 이 부정적·소극적인 사례에서도 존재하는가 알아본다(Ragin 1989, 2000; Dion, 1998). 이 과정을 통해 이러한 요인들이 필요조건인지 규명한다. 이와 같은 비교사례연구는 비교의 대상이 극히 제한적일 수밖에 없다. 비교의 대상이 많아지면 다른 비교방법을 사용하여야 하는데, 그러한 방법이 바로 불리안 비교방법이다(Ragin, 1987). 이 방법은 비교사례연구방법과는 다르게, 원인변수들의 서로 다른 조합에 의해 동일한 결과가 야기될 수 있다는 점이 고려될 수 있다(multiple conjunctural causation). 불리안 대수의 최소화 절차를 통해 중복적인 필요조건들을 제거해 나감으로써 궁극적으로 충분조건을 규명하거나, 독립변수들의 최종조합을 검토함으로써 어느 설명요인들의 어떠한 결합이 필요조건인지 충분조건인지를 규명할 수 있다. 불리안 비교방법의 한계는 각 설명요인들과 결과가 0과 1의 이분적 값만을 취한다는 점이다. 그러나 전통적인 수학적 또는 철학적 필요조건의 논리는 이분적일 수밖에 없다(Goertz & Starr, 2002)는 점을 고려하면, 이 점을 불리안 비교방법의 한계로만 인식하는 것도 지나친 비판이라고 볼 수 있다.

그런데 이 방법을 사용할 경우 또 다른 문제점이 있다. 이는 불리안 방법의 한계에서 비롯되는 것인데, 종속변수가 이분변수가 아닌 점이다. 즉 어떻게 등간척도(interval measure)로 측정된 종속변수를 이분적인 명목척도로 변환하는가가 문제가 된다. 이론적 설명을 배경으로 다변량 측정이 가능한 경우 Ragin(1994)이 제시한 군집분석(cluster analysis)에 의해 두 개의 집단으로 구분할 수도 있지만 여기서는 이러한 방법을 적용하는 데 어떤 이론적 근거도 찾기 힘들다.

그런데 비교적 최근에 발표된 Ragin의 퍼지(fuzzy)집합 접근방법에 의해 이 문제를 해결할 수 있다. 특정 집합에 대해 부분적으로 속한다는 부분 집합적 사고에 근거하여 이들 측정치를 1(full membership)과 0(nonmembership) 사이의 값으로 재조정(calibration)한 뒤 소위 퍼지 진리표 연산법(fuzzy truth table algorithm)을 이용한다(Ragin, 2007a).

퍼지집합이론은 집합에 소속된 정도를 재조정하는 과정에서 질적 분석과 양적인 분석을 병행한다고 할 수 있다. 즉 등간척도의 변수를 사용하면서도 집합 이론적 논리로 분석한다. 불리안 방법에서는 어떤 특성의 존재여부에 따라 0과 1로 분류하지만 퍼지이론에서는 특정 변수의 측정치들을 0과 1 사이의 점수로 환산한다(calibration). 이는 특정 집합에 소속된 정도를 수치로 표현하는 것이다. 그러므로 퍼지집합이론을 적용하기 위한 첫 번째 단계는 원래 측정치들을 0과 1 사이의 수치로 재조정하는 것이다(Ragin, 2007b). 여기서 어떤 논리적 배경에서 전통적 집합이론에 근거한 진리표(Ragin, 1987)와 퍼지집합이론이 연계되는가를 알아볼 필요가 있다. 가장 우선적인 근거는 진리표의 행과 퍼지집합이론에 근거한 인과관계에 의해 규성되는 벡터공간의 모서리들은 논리적으로 일대일 대응관계를 보인다는 점이다. 이 경우 2^4인 16개의 모서리를 갖는 벡터공간이 된다. 퍼지집합적 방법에서는 각각의 사례들이 이 벡터공간상에 어떻게 위치하는가를 가늠하는 절차이다. 이러한 상황을 전통적 진리표의 관점에서 보면 각각의 행—인과적 요인들의 결합이며 벡터공간의 모서리들—에 부분적으로 소속되어 있는 것을 말한다. 따라서 각 사례가 모서리에 소속되는 정도를 퍼지 부분집합의 관계로 재평가할 필요가 있다. 그 결과 연관성이 높은 인과적 관계들을 밝혀내고 각 인과관계의 일관성(consitency)을 집합 이론적 측면에서 평가하는 과정을 거친다(Ragin, 2006).

여기서 일관성을 경험적 사례와 인과관계의 측면에서 다시 설명해 볼 수 있다. 네 가지 인과요인의 이분적 구분에 의해 가능한 인과적 결합은 16가지($2^4 = 16$)인데 실제로는 11가지의 결합만 존재한다. 이 11가지의 인과적 조건은 제각기 결과(종속변수)를[39] 설명하는 가능한 인과적 경로로 간주되며 각 조건이 결과를 설명하는 데 얼마나 기여하는지를 말한다. 즉 부분집합의 관계를 어느 정도 충족시키는가에 관한 것이며, 모든 인과적 요인 또는 독립변수들의 값이 이에 상응하는 결과 또는 종속변수의 값보다 적을 때 일관성 점수는 1이 된다. 이 일관성 점수에 기초하여 결과를 0과 1로 재분류한다(Ragin, 2007b).

먼저 측정치의 분포에 기초하여 집합에 속한 정도에 따라 종속변수의 측정치들을 재조정한다.[40] 〈표 4-2〉의 조직가입의 밀도를 보면 적어도 네 개의 집단으로 구분할 수 있다. 네덜란드와 아이슬란드가 가장 높은 밀도를 보이고, 다음 다섯 개 국가를 두 번째로 높은 집단으로 구분할 수 있다. 스페인, 이탈리아 및 프랑스는 가장 낮은 조직활동을 보이는 국가로 구분하는 것이 합리적이다. 따라서 수치 재조정의 한계치들을 2.1(full membership), 1.5(crossover point) 및 0.8(nonmembership)로 선택하였다.[41] 그런 다음 일관성을 평가한 점수들에 근거하여 종속변수가 0과 1로 구분된다. 일관성 점수에 근거한 진리표가 〈표 4-3〉에 제시되어 있다. 일관성 점수는 확연하게

---

39) Ragin은 전통적인 통계적 방법과의 혼란을 우려하여 통계적 방법에서 쓰이는 독립변수, 종속변수 등과 같은 용어를 사용하는 것을 꺼린다. 대신 인과적 조건(causal conditions), 결과(outcome)와 같은 용어가 자주 쓰인다. 이 연구에서는 이런 용어들을 거의 구분없이 사용하였다.

40) 퍼지점수를 계산하는 데 척도의 민감성을 알아보는 것이 중요하므로 가입(belong to)과 적극적 활동(do unpaid work for)의 단순평균치와 가중평균치를 계산하였다. 두 개의 측정치 모두 유사한 분포를 보인다.

41) 이들 한계치들은 퍼지점수로는 0.95, 0.5, 0.05를 의미한다. 한계치의 임의적 설정이 결과에 미치는 영향을 보기 위해 약간 다른 한계치(예: 2.2, 1.5, 0.75)도 검토되었지만 나중 일관성의 점수는 거의 동일하게 나타나며 결과에 영향을 미치지 않는다.

<표 4-3> 비영리조직 참여율에 관한 진리표

절대왕권의 지속적 지배	프로테스탄티즘	도시 부르주아와 국가	노동운동	사례의 수	일관성 (consistency)	결 과 (outcome coded)
0	1	1	1	2	0.975	1
1	1	1	0	2	0.945	1
0	1	1	0	2	0.845	1
1	1	1	1	1	0.770	1
1	1	0	0	1	0.350	0
0	0	1	1	1	0.350	0
1	0	0	1	1	0.150	0
0	1	0	1	1	0.110	0
0	0	0	1	1	0.100	0
1	0	1	0	2	0.030	0
1	0	0	0	1	0.010	0

주: 인과요인(solution): (프로테스탄티즘) × (도시부르주아와 국가).
인과요인의 적용범위(solution coverage): 0.8479714.
인과요인의 일관성(solution consistency): 0.900000.

0.77과 0.35 사이에서 나누어진다. 퍼지점수를 통한 이분적 분류는 경험적, 논리적 타당성도 내포하고 있다. 이 분류의 경우 역사적 경험, 특히 공동체적(communes) 전통을 공유하는 북구 5개국(Nordic countries)이 네덜란드, 미국과 함께 분류되어 대부분의 대륙 국가들과 대비된다는 점에서 타당한 것으로 보인다.

이를 바탕으로 한 불리안 최소화(minimization)의 결과는[42] 상당히 간결한 설명을 제시해 준다.[43] 즉 자발적 조직에 대한 활발한 참

42) 〈표 4-3〉에서 알 수 있듯이 변수들의 상이한 결합(configuration)의 수가 제한적이므로 불리안 최소화과정은 비교적 용이하다. 물론 가능한 원인들의 조합 중 11가지의 조합만을 보이고 있으나(5 logical remainders) 이 결과(solution)에는 어떤 단순화 가정(simplifying assumptions)도 필요하지 않다. 여기서는 fs/QCA 2.0(Ragin et al., 2006)을 이용하여 분석을 진행하였다.

43) 여기서 규명된 인과요인의 적용범위(solution coverage)와 일관성은 각각 0.84와 0.90을 초과한다. 집합이론에서 이러한 수치들은 결과를 설명하는 데 두 요

여를 결정하는 주요한 필요조건은 도시 부르주아와 프로테스탄티즘의 결합요인으로 요약된다. 아울러 Hicks(1994: 103)의 노동계층의 조직화 정도에 관한 이분적 자료를 가지고 다시 분석한 결과도 동일하였다. 이 경우 네덜란드, 독일, 아일랜드 등 세 국가의 코딩이 달라지지만 결과는 달라지지 않는다. 다시 말하면 여러 가지 가능한 상이한 분류에도 불구하고 지극히 견고한 분석결과를 보인다. 불리안 비교방법이 다수의 사례에 걸쳐 보다 일반적인 이론적 해석을 가능하게 하는 방법인 점을 감안하면 이 분석결과는 지극히 간결하고 의미 있어 보인다. 아울러 이 결과는 시민사회에 대한 역사적 시각들이 여타의 설명에 비해 훨씬 타당성을 갖는다고 간주할 만한 근거를 제시하고 있는 셈이다.

2) 분석결과에 대한 베버적 해석

다양하고 오랜 역사적 배경을 갖는 여러 국가들을 개괄적으로 비교한다는 것은 상당히 위험한 일이다. 취약한 일반화나 무책임한 추상화의 위험이 있기 때문이다. 그렇다고 지나치게 자세한 비교 역시 각각의 특성에 압도될 우려가 있는 연구방법이다. 비교적 신중한 접근방법은 각 사례를 하나씩 차례로 알아보는 작업과 더불어, 구체적인 비교를 뛰어넘는 개괄적 체계화도 필요한 접근방법의 하나이다. 여기서는 제한된 사례를 대상으로 하여 역사적 비교분석을 한 다음 방법론적 문제를 보완하기 위하여 다수사례분석을 병행하였다. 이러한 작업은 지금 비영리부문의 개념에 대한 합의도 없을 뿐 아니

인이 경험적으로 지극히 중요할 뿐 아니라 꼭 필요하다는 것을 의미하고 있다(Ragin, 2006). 적용범위란 결과를 야기하는 인과적 요인들의 결합이 하나뿐이지 않다는(equifinality) 가정하에 여기서 제시된 인과요인이 결과를 설명하는 정도와 범위를 말한다. 이는 회귀분석의 결정계수와 비슷하다고 할 수 있다.

라 확대요인에 대한 이해도 충분하지 못하기 때문에 더욱더 절실하게 요구되는 것이다. 즉 종속변수의 이해마저 부족하고 지나치게 많은 독립변수들이 거론되는 현 연구수준에서 좀 더 명료한 설명을 위해 이런 노력이 필요하다고 할 수 있다. 무엇보다도 변수들을 이해하고 주요 독립변수들로 축소해 보는 노력이 필요하다는 인식에서 비영리부문의 이론적 연구를 위한 첫걸음으로 생각한다.

위의 분석결과를 요약하면 두 가지 요인—프로테스탄티즘과 국가의 지지를 기반으로 한 도시 부르주아의 우월적 지위—이 결합적으로 필요조건으로 작용한다는 것을 알 수 있다. 여기서 중요한 것은 두 요인이 선형적인 원인변수로 작용하지는 않는다는 사실이다.[44] 영국의 경우, 17세기의 정치적 갈등은 종교적 갈등을 내포하는 것이었다. 갈등 과정을 통해서 비국교주의의 정치적 정당성도 확보되었을 뿐만 아니라, 17세기 말에는 유럽에서 가장 분화된 사회구조를 갖게 되었다. 즉 프로테스탄티즘과 종파적 다원주의에 의해 종교, 정부 및 사회공동체 간의 전통적 일체성이 무너지고, 사회 내에서 영향력이 높은 요소들이 대의제의 구성요소가 되고, 지위와 권리를 구분하는 법체계가 확립되었다(Parsons, 1971). 그러나 교역과 산업생산이 확대되면서 영국도 예외 없이 토지를 기반으로 하는 전통적인 사회세력과 도시 부르주아 사이의 갈등이 첨예해졌다. 특히 도시 부르주아가 반국교주의의 입장에 섬으로써 갈등이 심화된 측면도 있다(Rokkan, 1970: 107). 이 과정에서 토지소유계급이 항상 지배적 위치에 있었다. 또 영토적 통합과정에서도 농촌부문이나 그 이익이 우선시 되었고 도시는 일차적 관심의 대상이 아니었다. 다른 국가들에 비해 도시화도 더뎠다(Parsons, 1971). 보통 농촌공동체는

44) 회귀분석에서처럼 각각의 요인이 독립적인 효과를 갖지 않는다는 것을 의미한다. 뿐만 아니라 여기서 두 요인 간의 * (logical AND)는 회귀분석에서 말하는 변수들의 상호작용효과(multiplication)와도 구별된다(Mahoney & Gertz, 2006).

분화되지 않은 귀속적 구조를 가지고 있어서 근대화에 저항적이었던 데 비해, 영국의 농촌은 시장지향적이어서 도시와 수평적으로 연계되어 있었다. 그럼에도 불구하고 도시 중심의 화해가 이루어진 것은 아니다. 부르주아가 농촌이나 교외지역으로 이주함으로써 노동자와는 더욱 괴리되고 토지소유계급과는 긴밀한 관계를 맺게 되었다(Cornford, 1963).

전술한 영국의 역사적 경험에서 알 수 있듯이 일찍부터 프로테스탄티즘과 종파적 다원주의가 확립되었음에도 불구하고 토지소유계급이 정치적 우위를 점하게 됨으로써 자발적 조직의 확대성장에 부정적인 영향을 미치게 되었다. 반면, 두 가지 요인이 결합적으로 나타난 곳에서 자발적 조직들이 더 빨리 확대될 수 있었다. 이 두 요인에 의한 설명은 시민사회의 발달과정에 대한 일반적 설명과 상당히 근접하고 있지만 위의 분석결과와 정확하게 일치하지는 않는다. 프로테스탄티즘이 아닌 종교개혁 이전 기독교의 포괄적 영향력으로 설명하고 있을 뿐만 아니라 도시의 영향은 부수적으로 인식되고 있기 때문이다.

다양한 저술을 통해서 분석결과에 가장 가까운 설명을 제공하는 학자는 Max Weber이다.[45] Weber는 근대성 또는 근대적 시민사회의 가장 큰 제도적 요인으로서 서구 도시의 발달과정을 든다. 도시가 발달하면서 귀속적인 혈연 또는 동족의식이 도시시민이라는 객관적이고 합목적적인 공동체에 대한 소속의식으로 대체되었고, 기독교에 내재하는 탈주술화 경향에 의해 '종교적 형제동맹'(전성우, 1996: 219)으로 바뀌었다. 즉 기독교와 도시는 불가분의 관계에서 발달하였고 이를 기반으로 서구의 시민계급은 구조적 예속을 없애

45) 베버는 근본적으로 자본주의나 근대적 합리성에 관심을 가졌고 시민사회에 대한 직접적 논의는 지극히 한정되어 있다. 또 대부분의 논의가 인과적 관계로 서술되지도 않았다(Collins, 1986).

기 위한 정치적 혁명의 주체가 될 수 있었다. 나아가 시민의 개념을 기반으로 하는 도시의 추상적 외연의 확대로 근대적인 자율적 국가가 출현하게 되었다(Collins, 1986). 아울러 강제적 결사체로서의 국가는 시민사회와의 관계 및 시민사회 내에서의 다양한 세력과의 관계를 어느 방향으로 정립할 것인지를 결정하는 위치에 있게 된다(Stepan, 1978: xiv-xv). 즉 근대적 시민사회는 자율적 국가의 매개적 역할에 의해 더욱 강화된다.

이런 제도적 요인 이외에 또 다른 중요한 요인은 프로테스탄티즘이다. 종교개혁과 더불어 주된 문화적 혁신은 신학의 영역에서 이루어졌다. 신앙만으로 구원이 가능하다는 Luther와 어떠한 인간의 개입 없이 개인과 신의 직접적 교통에 의해 구원이 가능하다는 칼뱅적 예정설 등은 궁극적으로 교회와 성직자의 성사에 의한 개입의 여지를 없앴다. 신도와 성직자의 구체적 집합체인 교회는 단순한 인간적 결사체로 간주되었다. 신성이나 그리스도의 신비스러운 몸으로서의 교회의 지위는 보이지 않는 교회에 속하였다. 따라서 인간사회가 가톨릭적 신학(Thomism)에서 설명하는 것처럼 신성하고 인간적인 교회와 세속적 사회로 양분되는 것이 아니라, 하나의 사회로서 모든 구성원들이 세속적 존재로서 몸을 형성하되 신과의 관계에서 영적인 것이다. 이런 입장이 로마가톨릭보다 훨씬 평등한 개인적인 요소를 제도화하게 된다. 특히 성사에 관한 성직자들의 권위를 부정함으로써 교회 내 신분의 구분이 무의미해졌고, 모든 직업(callings)은 동일한 종교적 지위를 갖게 되며, 가장 높은 종교적 덕성과 완벽성은 세속적 직업에 의해 성취된다고 보았다(Weber, 1992). 종교적 가치에 기반을 둔 세속적 사회를 지향하게 됨으로써 프로테스탄티즘은 정치적 통합을 촉진시키고 국가교회조직의 형태를 가능하게 하였다. 이 때문에 프로테스탄트국가의 시민들은 교회와 국가를 동시에 통제하는 단일한 정치적 권위를 대상으로 투쟁하여 가톨릭국가보다 훨씬 더 빨리 시민권을 확보할 수 있었다(Rokkan, 1970). 베버의 프로테스탄티즘에 대한 관찰은 미국의 자발적 조직에 대한 그의 연구에서 더욱 두드러진다. 그는 가톨릭교회(church)를 귀속적 제도로 보았고, 프로테스탄트 교파(sect)들을 자발적 공동체일 뿐 아니라 각 개인에 대한 개인적 장점을 기준으로 구성원을 선발하고 도덕적 통제를 가하는 조직으로 간주하였다. 따라서 '프로테스탄트 교파가 자발적 조직의 원형'이라고[46] 주장하였다(Kim, 2000; 2002).

물론 Weber의 설명이 일관된 인과적 설명은 아니지만, 이들 요소들의 결합으로 근대적 시민사회를 설명하고 있다. 여기서 주목하여야 할 점은 이들 제도의 발달과 결합을 통해서 Weber가 주장하고자 하는 것은 제도 그 자체라기보다는 이들에 연유하는 가치의 변화이다. 도시와 도시 부르주아의 지배적 위치에 의해 혈연이 약화되고 이들의 외적 자율성이 확보된다. 아울러 프로테스탄티즘에 의해서 자발적 공동체의 속성이 뿌리 내리고 내적 자율성이 확보된다는 것이다.

이런 해석은 단순히 확대요인에 관한 것만은 아닐 것이다. Tocqueville이나 Weber가 염두에 두고 있었던 것도 단순히 자발적 조직들이 성장하는 요인에 대한 관심이기보다는 이들의 사회적 효과에 관한 것임이 분명하다. 이런 유형의 조직에 대한 모든 연구들이 그렇듯, 오늘날 성장요인에 관한 연구들도 암묵적으로 이들의 긍정적인 사회적 효과를 전제하고 있다. 그러나 이들 조직의 외형적 틀로만 이들의 긍정적 역할을 수긍하기에는 무리가 있다. 서론에서 밝힌 바이지만 Weber도 19세기 말 독일의 자발적 조직들의 성격에 대해 부정적 평가를 하고 있는 점 등을 고려하면 모든 자발적 조직들

46) 'the archetype of voluntary association is the Protestant sect.' Kim(2002: 192)에서 재인용.

이 긍정적 효과가 있는 것은 아니기 때문이다. 그러므로 이들 조직의 성장요인과 연계하여 사회적 성격과 효과에 관해서 알아볼 필요가 있다.

우리나라의 경우도 Weber적 회의에서 자유롭지 못하다는 생각을 떨칠 수 없다. 과거 십 수 년간의 공익적 이익표출집단의 확대에도 불구하고, 유교적 전통에 기반을 둔 가족주의를 중심으로 혈연, 지연, 학연 위주의 연고조직들이 아직도 우리 사회의 주요한 결사체이다.[47] 역사적으로 이들 연고조직들은 사림(士林)과 같이 정치적 견제와 정치적 이익추구를 위한 조직으로 활동하거나(Cho, 1997), 지역공동체로서 복지기능을 수행하기도 하고, 참여욕구를 충족시킬 수 있는 수단이 되는 등 전근대적인 사회에서 긍정적인 역할을 하였다(유석춘 외, 1998). 그러나 개인적 능력과 권리를 중요시하는 입헌적 국가형태와 시장경제하에서는 이러한 조직형태들의 배타적 속성이 사회 전체의 이익을 고려하지 못한다. 뿐만 아니라 구성원보다는 집단의 이익을 우선시하고, 서열과 나이에 의한 비민주적 의사결성을 하는 결점이 있다. 무잇보다도 이들 조직에 대헤 베티적인 입장을 취했던 일제 식민지 경험으로 인해 연고조직의 부정적 측면이 훨씬 크게 나타나게 되었다. 19세기 후반 이후에는 기독교의 영향으로 근대적 형태의 자선, 박애조직들이 출현하고 상조조직이 확대되었으나(한국사회복지총람, 1991), 개인주의적 활동을 강조하거나 보편적 가치와 관용을 지향하는 프로테스탄티즘이 우리의 동질적인 문화적 토양에 뿌리를 내리기는 어려웠다(Chung, 1996). 따라

47) 한 연구에 의하면 한국인의 대부분은 주로 친목조직이나 연고조직에 가입되어 있다(Shin, 1999). 조사대상의 64%가 이런 유형의 조직에 가입되어 있고, 24%는 종교조직, 9%는 사회적 조직(자선이나 환경), 4%는 경제적 조직(노동조합 등), 6%는 문화적 조직(예술, 취미, 스포츠)에 가입되어 있다. 전체적으로 보아 60%가 혈연, 지연, 학연을 기반으로 하는 전근대적 조직유형에 가입되어 있고, 단지 13%만이 동질적인 이해관계나 이념 또는 관심을 바탕으로 하는 근대적 유형의 조직에 가입되어 있다(107-111).

서 전통적 연고를 벗어나서 개인주의적 가치를 기반으로 하는 현대적 의미의 공동체, 협동조합, 서비스제공 또는 이익표출조직의 출현을 촉진시킬 가치기반을 갖지 못했다.

제 5 장

비영리조직의 사회적 효과

제 5 장 비영리조직의 사회적 효과: 사회적 자본의 비교연구

이상의 확대요인에 관한 논의에서 비영리부문의 크기는 역사적 요인에 의해 결정된다는 사실과, 그중에서 종교적 요인과 도시자본가의 역할이 중요하다는 것을 검증하였다. 분석결과에 비추어 보면 요즈음 중요한 연구주제로 부상한 이들 조직의 사회적 효과에 관한 연구들에 대해서 어느 정도 회의를 갖지 않을 수 없다. 무엇보다도 신토크빌적 주장과는 달리 활발한 조직활동이 안정된 정치와 사회의 충분조건은 아닌 것처럼 보인다는 점이다. 위의 분석에서 소극적 참여의 국가로 분류된 영국은 자발적 조직의 활발한 활동 없이도 일찍이 사회적·정치적 안정을 이루었던 데 반해서, 20세기 초 독일이나 이탈리아의 조직활동은 상대적으로 소극적이었으며 그나마 정치적 동원의 수단으로 전락하는 과정을 보여 주고 있다. 따라서 앞 장의 연구결과를 자발적 조직의 사회적 효과에 관한 연구인 사회적 자본론과 연계해서 이해할 필요가 있다.

문화적 현상을 지칭하면서 시민사회의 개념과 밀접히 연관된 사회적 자본의 개념이 과거 십 수 년간 중요한 연구주제로 부상하였다. 본격적인 학문적 관심은 동유럽공산주의 체제의 몰락과 더불어 시작되었다고 볼 수 있는데, 모든 사회과학의 영역에서 엄청나게 많은 연구결과들이 쏟아져 나왔다. 우리나라도 예외가 아니어서 여러 학문분야에서 사회적 자본의 개념, 확대요인 및 그 경제적, 정치적,

사회적 효과에 대한 연구 등 다방면에서 이루어지고 있다. 그럼에도 불구하고 사회적 자본에 관한 연구에 대한 비판도 많고 각 연구들에서 사용되는 개념이나 인과적 설명도 일관적이지 않다.

협동능력에 영향을 미치는 가치, 규범, 사회적 네트워크로 이해되는 사회적 자본은 여러 학문영역에서 이용되어 왔으나 결정적인 분수령은 Putnam의 저술(1993)이었다. 사회적 자본에 대한 대부분의 연구는 사회적 행위자들의 행동을 촉진시키는 개인적 태도나 사회적 구조의 측면을 지칭함으로써 주로 Coleman과 Putnam의 개념을 따른다. 특히 사회적 자본을 네트워크, 규범, 신뢰의 세 가지 요소로 구분하는 Putnam의 정의가 가장 영향력이 크다고 할 수 있다(1993: 36). 그러나 최근의 개념규정과 연구들은 세 가지 구성요소가 밀접하게 연결되어 있고 일차원적 개념이라는 Putnam의 본래의 가정과는 점점 멀어져 가고 있다. 즉 세 가지 구성요소가 밀접하게 연결되어 있다는 주장을 당연하게 받아들이지 않고 경험적 연구의 대상으로 삼고 있다. 나아가 이들의 다차원성과 다른 개념과의 연계성을 연구대상으로 하고 있다.

그중에서도 네트워크는 주로 독립변수로서 신뢰에 영향을 미치는 것으로 간주된다. 이미 1960년대의 연구(Almond & Verba, 1989)에서 자발적 조직에의 참여를 보편적인 시민적 특성으로 연계하였다. 참여자들은 정치적으로 훨씬 적극적이며, 민주적 규범에 충실하고, 집단 정체성, 공적 기술이 뛰어난 것으로 조사되었다. 사회적 자본론은 이를 보다 보편적 설명으로 전개하여 협동적 태도를 증진시킨다고 주장한 것이다. 즉 회원가입을 통해서 면대면의 상호관계가 증진되고 신뢰를 증진시킬 기반이 마련되고, 이런 집단 내 신뢰가 집단의 목표달성을 보다 쉽게 하며 회원 간의 신뢰와 협동적 관계가 사회전반으로 일반화된다는 주장이다.

이를 기반으로 많은 경험적 연구가 이루어졌으나 그 결과가 일관적이지 않아서 이러한 접근방법에 대한 비판과 더불어 새로운 틀을 제시하는 연구가 많아졌다.[1] 그중 네트워크보다는 정부정책을 포함하는 제도의 측면을 결정요인으로 보는 관점이 부상하였다. 전자를 문화적 사회자본론이라고 부르는 반면, 제도를 중시하는 점에서 후자를 제도적 사회자본론이라고 부른다. 그러므로 우선 사회자본연구에 관한 논쟁과 문제점을 알아볼 필요가 있다. 이에 대한 인식과 성찰을 배경으로 비교적 시각에서 서구국가들의 경험을 살펴봄으로써 자발적 조직의 사회적 효과를 보다 명료하게 이해하고자 한다. 특히 사회적 자본론이 갖는 개념적 모호성과 경험적 연구의 문제점을 지적하고, 분석단위와 관련하여 방법론적인 오류(소위 Ecological Fallacy 중 Individualistic Fallacy)의 가능성을 지적하며, 보다 설득력 있는 개념적 틀을 제시하고자 한다. 이러한 이론적 이해를 미국, 영국, 독일 등의 역사적 경험을 논의함으로써 그 경험적 근거를 제시하고자 한다. 나아가 서구의 경험이 제시하는 발전과정을 보편적으로 이해하고, 개인적 분석수준에서 이루어진 연구의 문제점과 비서구국가들의 연구에서 경계되어야 할 점들을 알아본다. 이를 기반으로 단일국가의 역사적 발전과정에 있어서나 국가 간의 비교연구에서, 조직참여와 사회적 신뢰 간에는 비선형적 관계가 있다는 새로운 가설을 제시한다. 끝으로 이 연구결과를 자발적 조직의 성장요인에 관한 앞의 연구와 연계하는 해석을 제시하고자 한다.

1) 사회자본연구의 또 다른 갈래는 사회적 신뢰를 포함하는 사회자본의 구성요소들을 독립변수로 보고 이들의 정치적, 경제적 효과를 이해하려 한다. 이들 연구에 대한 문헌들은 Foley & Edwards(1999: 147) 참조.

1. 사회적 자본의 개념과 인과적 설명의 문제

사회적 자본에 대한 기존 연구를 개념과 분석수준의 측면에서 살펴보면 다양한 연구경향과 문제점들을 잘 알 수 있다. 사회적 자본이 구체적으로 무엇을 의미하는 것이며 어떤 것들을 포함하는지에 대해서는 논쟁이 지속되어 왔다. 사회는 고립된 개인이 아니라 매개적 사회구조에 의하여 서로 연관되어 있고 협동하는데, 사회적 자본은 이런 일상적인 사회적 짜임새를 지칭하고 있는 것은 분명하다. 이런 사고의 흐름을 대표하며 가장 자주 인용되는 최초의 사람은 Tocqueville이다. 그러나 오늘날 사회자본연구와 가장 유사한 논리를 표명한 사람은 Durkheim이라고 할 수 있다. 그는 국가가 유지되기 위해서는 개인과 국가 사이에 이차적 집단들이 존재하여 개인을 사회생활로 끌어들일 수 있어야 하며, 개인의 행위는 공동체의 속성과 별개로 이해될 수도 없다는 점을 강조하였다. 경제학의 영역에서도 사회적 자본의 의미는 일찍부터 음미되어 왔다. Adam Smith도 시장에서의 상호이해, 연결망 또는 가치의 긍정적 역할을 언급하였다. 그러나 부정적인 예로 상인들의 회합이 공공의 이익에는 반하는 방향으로 시장을 왜곡시킬 가능성도 지적하였다.

최초로 사회적 자본이라는 용어를 사용한 사람은 Hanifan(1920)이지만 이 개념에 대한 학술적 관심이 높아진 것은 1980년대 후반이다. Bourdieu(1986)는 정책과 사회과학의 영역에서 학술적 관심을 지배하고 있는 경제학자들 때문에 사회생활의 영역이 비교적 등한시되고 있다고 주장하면서, 자본도 경제적 자본뿐 아니라 문화적 자본과 사회적 자본이 존재한다고 말한다. 비슷한 맥락에서 Coleman도 사회적 자본을 중시하였고, 양자 모두 개인이나 집단이 상호연계를 통해서 갖게 된 자원을 지칭하고 있다.

사회적 자본에 관한 연구가 확산되는 데 크게 공헌한 사람은 Putnam(1993)이다. 그는 이탈리아 지방자치의 효과를 비교하면서, 북부이탈리아의 지역정부에서 지방자치가 성공적이었던 이유는 수평적 결사체에 대한 참여로 측정된 높은 사회적 자본의 수준에서 찾을 수 있다고 하였다. 남부지역의 경우 타인에 대한 불신의 정도도 높고, 수평적 조직에 대한 참여가 낮을 뿐만 아니라 사회적 조직들은 주로 위계적인 특징이 있다. 이러한 사회행태는 중세까지 거슬러 설명될 수 있는 문화적 현상으로 간주하고 있다. Fukuyama(1995) 역시 사회적 자본의 개념으로 경제적 발전을 설명하고 있다. 경제학자들은 자유주의모형과 개입주의적인 모형을 대비시켜서 북미와 아시아를 비교 설명하고 있지만 이는 사회적 자본의 중요성을 알지 못하는 설명이라고 주장한다. 사회적 자본의 관점에서 봤을 때 미국과 일본은 타인에 대한 신뢰가 높은 국가들이고 이러한 점이 이 두 국가의 높은 경제성장을 설명하는 요인이라고 한다.

사회적 자본에 관한 연구가 진행되어 온 이상의 과정에서 알 수 있는 것은 개념성의와 구성요소 및 분석수준이 학자에 따라 조금씩 다르다는 것이다. Hanifan의 경우 일상적 사교와 예의바름을 포함하는 사회적 규범을 의미하는 듯 보이며, Bourdieu는 사회적 연계망 내에서 개인의 물질적 이익으로까지 해석한다. 이에 비해 Putnam은 규범, 네트워크 및 신뢰로 정의하고 보다 거시적인 수준에서 분석하고 있다. 최근의 연구는 한 걸음 더 나아가 이들 간의 인과적 설명으로까지 발전하였다.

이렇듯 사회적 자본에 관한 연구가 급증하면서 이에 대한 개념이나 인과적 설명도 다양해졌다. 오늘날 가장 광범위하게 받아들여지는 사회적 자본의 개념적 정의에는 네트워크, 규범, 신뢰 등이 포함된다(Putnam, 1993). 이러한 개념적 구성요소들은 보다 구체적으로 자발적 조직에의 참여, 제도, 신뢰로 표현된다. 그러나 사회적 자본은 이들을 포함하는 하나의 개념이 아닌 이론적 설명으로 간주된다(Skocpol & Fiorina, 1999). 즉 효율적 정부와 사회적 제도의 근간이 되는 것은 개인들을 협동적 행위로 유인하는 사회화로 간주하여 사회적 · 심리적 명제를 내세운다. Putnam의 시민공동체에는 신뢰와 시민적 연대 및 참여가 가장 중심적 요소이다. 자발적 조직에 가입하면 동원과 사회화의 효과 및 민주적 학습과정을 거치므로 가입 활동을 통해서 신뢰가 증진되고 회원 간의 협동적 태도를 배운다. 따라서 회원의 밀도는 여러 사회적 결과와 정부의 효율성에 영향을 미친다. 미국에 관한 연구(2000)에서도 회원가입률이 낮아지면서 신뢰의 수준과 협동적 태도도 낮아졌다고 생각한다. 이는 근본적으로 회원가입의 밀도와 신뢰 간의 인과관계를 상정하는 것이다. 그렇다면 회원가입률은 신뢰와 상호협력의 지표가 될 수 있는가?

결사체를 민주주의의 훈련장으로 간주하는 신토크빌적(Neo-Toquevillian) 입장은 결사체 내부의 평등하고 상호주의적인 관계가 사회전체로 확산된다는 가정을 하고 있다. 내부적으로도 민주적이었으며 평등하였다고 가정하는 것도 문제지만 외부적으로 국가나 사회에 동일한 입장을 적용하고 있었을까? 내부적으로 민주적 권리를 향유하고 있었던 많은 사람들도 사회전반에서 동일한 권리의 확대에 관심을 가졌다고 보기 힘든 역사적 경험들이 훨씬 많다(Chambers & Kopstein, 2001). 또 역사적으로 볼 때 모든 조직들이 사회적 자본의 역할을 한다고 볼 수 있는가에는 의심의 여지가 많다(Harris, 2003; Trentmann, 2000). 자발적 결사체들은 역사적으로나 외형적으로 지위나 특권이 아닌 평등과 지성, 그리고 자주적인 민주적 기제에 호소한다고 간주되지만, 조직체로서 계서적이며 배타적인 속성을 갖지 않을 수 없다.[2] 합리적 선택이론도 자발적 조직의 긍정적 효과

---

2) Weber는 자발적 결사체(Verein)를 구성원에게만 권위를 행사하는 조직(1978: chap. 1, 52)으로 정의하였다. 자발적 조직은 항상 합리적으로 확립된 규칙을

를 무비판적으로 인정하는 토크빌적 관점보다는 회의적이다(Fiorina, 1999). 어떤 종류의 참여인지, 누가 어떤 목적으로 참여하는지가 중요하다. 제도나 조직이 개인으로 하여금 참여하게 하는 유인의 형태도 중요하며, 이들의 합이 긍정적일지 부정적일지는 알 수 없다. 따라서 참여와 집단활동에 대한 낭만주의를 경계하는 것이다. 역사적 제도론의 시각에서도 민주주의의 본질이 자발적 참여와 신뢰라는 사회적 자본론의 주장은 타당하지 않은 것으로 간주된다. 민주주의는 사회적 집단 간, 국가와 국민 간의 오랜 갈등의 결과물이다. 조직화된 갈등과 불신의 소산이 의회주의나 민주주의의 요체이므로(Skocpol & Fiorina, 1999: 13-14), 자발적 결사체들의 양적 확산에 못지않게 중요한 것은 그들의 사회적 자기규제가 어떠했는가이다. 따라서 시민사회의 형태와 정도 또는 집단 내에서나 집단 간의 관용, 다원주의, 자기규제의 정도를 역사적으로 비교할 필요가 있다. 시민사회에 관한 이론적 논의들이 자발적 결사체의 속성을 지나치게 미화하여(Cohen & Arato, 1994) '전통 사회로부터의 해방'으로 보는 경향이 있으나, 분석의 초점을 배타성과 포용성의 상대적 비중 및 결사체 내부와 다른 조직과의 관계에 맞추어야 한다.

뿐만 아니라 많은 실증적 연구결과가 Putnam의 주장을 뒷받침할 수 있는 강력한 경험적 증거를 제시하지 못하고 있다. Putnam의 실증적 연구는 신뢰와 시민적 연대가 서로 영향을 미치는 관계에 있지만, Stolle과 Rochon(1998)의 연구에 의하면 자발적 조직에서 회원으로서의 활동기간이 일반적 신뢰에 영향을 미치지 않는다. 오히려 회원들은 일반대중보다 더 신뢰의 수준이 높을 걸로 봐서 자기선발 효과가 있다고 보았다(problem of endogeniety). 즉 자발적 조직들에

갖고 있다. 교파가 교회와 정반대되는 속성을 갖고 있듯이 자발적 조직은 강제적 조직의 상반된 형태이다. 그럼에도 불구하고, "모든 자발적 조직들은 구성원 간의 지배관계를 내포하며" 소수가 책임을 진다(2002: 203).

참여한다고 신뢰의 수준이 높아지는 것이 아니라 신뢰의 수준이 높은 사람들이 참여하는 경향이 있다는 것이다. 그런가 하면 Brehm과 Rahn(1997)은 시민적 연대가 신뢰에 긍정적 영향을 미친다고 주장한다. 그러나 때로는 부정적 효과를 보여 주는 연구들도 있다(Hooghe & Stolle, 2003). 이런 상반된 결과들은 사회적 자본론에 관한 엄청난 연구에도 불구하고 여러 가지 비판을 야기하고 있다.[3)]

이런 실망스러운 결과를 기반으로 전개된 이론적 정향이 바로 제도를 중시하는 사회적 자본론이다. 문화적 사회자본론(Fukuyama, 1999; Putnam, 1993)은 오랜 역사적·문화적 경험을 배경으로 하는 사회적 조직활동을 중시하는 데 반해서 제도적 시각은 공식적인 정치제도를 중요시한다(Berman, 1997a: 1997b; Stolle, 2002; Tarrow, 1996).[4)] 제도중심적인 설명에 의하면 사회적 자본은 공식적인 정치적·법적 제도에 연계 또는 내재되어 있다.[5)] 사회적 자본이 정부나 정치와는 독립적으로 시민사회의 영역에만 존재하는 것이 아니라 정부정책과 정치제도가 사회적 자본을 창출하고 영향을 미친다. 시민들이 협동적 연대를 이루고 사회적 신뢰를 쌓아 가는 것은 정부제도와 정책에 의해 크게 영향을 받는다. 따라서 제도적 공학에 의해 사회적 자본을 증진시킬 수 있다고 생각한다.[6)]

3) 경제학자들은 주로 개념적 모호성과 임시적 경험주의(casual empiricism)를 지적한다(Durlauf, 2002; Solow, 1999).

4) 그들 중에는 제도와 국가의 역할을 더 강조하는 학자들(Berman, 1997a, 1997b; Levi, 1996; Tarrow, 1996)도 있고, 가정, 교육제도, 직장을 더 중요한 기제로 이해하는 연구도 있다.

5) 경제학자들의 연구는 주로 제도적인 측면을 강조하고 있다(Sobel, 2002 참조). Ostrom(2000)도 공유자원(common pool resources)의 문제에 처한 집단의 지속적 발전을 가능하게 하는 처방으로 제도적 장치를 찾아야 할 필요성에 대해 말하고 있다.

6) Putnam도 이런 서로 다른 이해들을 연결시키기 위해 미국도 사회적 자본의 회복을 위해 고용주, 미디어, 자발적 결사체, 시민, 정부의 결합된 노력이 필요하다고 주장하였다(2000). 나아가 국가가 사회적 자본에 대해 부정적이거나 긍정적인 역할을 할 수 있는 방법이 다양하다는 점에 대한 연구가 부족

그러나 민주적 제도만으로 신뢰가 높아질 수 있을까? 소득격차를 줄이고 정책집행의 형평성이 신뢰를 구축하는 데 도움이 되지만 문화적 요소를 간과하면 제도변화의 효과가 나타나지 않는다. 동구의 경험에서 보듯 권위적 사회주의체제가 신뢰를 무너뜨렸다. 그렇지만 근래의 경험을 통해 제도를 바꾼다고 다시 신뢰가 복원되지는 않는다는 사실도 보여 준다. 아울러 특수화된(particularized) 신뢰가 보편적 신뢰로 발전하기 어렵다는 것도 알 수 있다(Badescu & Uslaner, 2003). 대부분의 동구국가들에서 좁은 범위 내에서의 친밀한 신뢰가 사회적 협동을 방해한다. 정치활동도 다수의 인종집단에 한정되어 사회적 신뢰를 증진시키는 방향으로 움직이지 않는다. 정치참여도 지극히 투쟁적이어서 사회적 긴장을 완화시키기보다는 증폭시키는 역할을 하고 제도에 대한 불신도 여전하다. 자발적 조직들의 기능이 정치적 맥락과 제도에 의존하듯이 정치적 제도도 사회적 맥락에 의해 그 효과가 결정된다고 보는 것이 보다 정확하다. 제도와 문화는 짧은 기간에 변하는 것이 아니다. 따라서 정확한 이해를 위해서는 제도와 문화의 상호작용을 알아보고, 비교적 오랜 기간 동안의 변화과정을 관찰해야 할 필요가 있다.

이런 논쟁과 문제점에도 불구하고 많은 경험적 연구들은 다차원적인 개념으로서의 사회적 자본의 내용을 규명하는 데는 상당한 진전이 있었다. 무엇보다도 사회자본의 세 가지 구성요소인 네트워크, 제도, 신뢰에 대한 이분적 분류와 가설로 발전한 점을 들 수 있다. 그중에서도 특히 네트워크와 신뢰에 관한 진술들은 거의 항상 이분적으로 이루어지면서 분명한 개념적 구분 아래서 쓰이고 있다.

네트워크의 경우 두 가지 형태를 가장 적극적으로 구분한 사람은 Putnam(1993: chap. 6)이었다. 어느 조직이건 수평적 연계와 위계적

하다고 말하였다(2002: 17).

연계성을 내포하고 있다는 점을 인정하면서도 수평적 네트워크인 시민적 결사체(이차적 면대면 조직)가 신뢰와 협력을 도출하는 데 절대적임을 강조하였다. 이에 비해 연고조직과 같은 위계적 조직은 강한 개인적 유대(strong interpersonal ties: Granovetter, 1973) 때문에 집단 간의 유대가 결여되어 신뢰와 협력이 증진되지 못한다고 하였다. 그리하여 Tocqueville의 전통에서 이차적 결사체들이 밀접하게 연결되어 있을 경우 신뢰와 협력이 수월하게 이루어진다는 주장을 펴고 있다. 아울러 모든 조직이 외형적 유사성에도 불구하고 각 문화적 전통에서 서로 다른 기능을 하고 있음을 인식하였다. 예를 들어 많은 국가들에서 노동조합의 가입이 비자발적인 경우도 있고, 이탈리아의 가톨릭교회는 시민사회와 대치되어 있어서 수직적 조직으로 기능하고 있음을 지적하였다. 보다 최근의 저술(2000)에서는 이를 접착적 사회자본(bonding social capital)과 연계적 사회자본(bridging social capital)으로 구분하고 있다. 전자의 조직들은 내부 결속적이고 배타적이며 동질적인 데 비해 후자에 속하는 결사체는 다양한 사회계층을 포함하는 외부지향적 조직이다.

그러나 나중의 저술에서는 양자 간에 긴밀한 관계가 있다고 봄으로써 상호 배타적인 것으로 간주하던 처음의 시각을 수정하였다. 즉 개인적인 분석수준에서 접착적 관계가 높은 사람들이 연계적 관계도 높은 증거를 들고 있다. 그런데 어떤 연구는 양자 간의 구별이 중요한 경험적 논거를 갖고 있다는 점을 확인시켜 준다. 예를 들어 미국, 독일, 스웨덴의 서베이자료를 바탕으로 한 경험적 연구에 의하면, 다양한 자발적 결사체 중 어느 유형의 것들은 내부적 결속력만을 높이는 데 반해서 어떤 유형의 결사체들은 보편적인 신뢰구축에 도움을 주는 것들로 구분된다고 한다(Stolle & Rochon, 1998). 아울러 연계적 사회자본은 접착적 사회자본보다 훨씬 빠른 속도로 사라지는 것을 보여 주는 연구가 있다. Burt(2002)는 은행가들의 사회적 네트워크를 살펴본 결과 연계적 관계가 아주 중요하기는 하지만 십중팔구 일 년 이내에 없어지는 것을 확인하였다. 즉 사회적 자본의 연구에서 이 구분은 점점 널리 받아들여지고 있으나 그 효과와 정확한 구분은 여전히 모호한 상태이다.

규범 또는 제도의 경우에도 이분적 분류가 이루어지고 있다. 이미 언급하였듯이 소위 제도론자들은 국가나 제도의 중요성을 역설하고 있다. Levi(1998)는 국가는 강제력으로 신뢰를 구축하는데, 민주적 정부가 강제력의 사용을 절제하기 때문에 보편적 신뢰의 구축에 효율적이라고 주장한다. 많은 경험적 연구들은 국가나 정부 일반에 대한 신뢰보다는 제도의 특정부분만을 강조하기도 한다. Rothstein (2000)도 같은 맥락에서 제도의 중요성을 강조하며, 특히 법집행기관의 중요성을 역설하고 있다. 사회구성원들이 일탈된 행위를 제재하는 제도들이 공정하고 효율적으로 대응한다고 믿으면 다른 사람들에 대한 신뢰도 증진된다는 것이다. 그의 스웨덴에 관한 경험적 연구(2002)는 13개의 정부기관 중에서 법원과 경찰과 같은 법적 제도가 다른 사람들에 대한 신뢰의 수준에 가장 큰 영향을 미치는 것을 보여 주고 있다. 보다 일반적인 주장은 강력한 법제도는 거래비용을 낮춰서 신뢰에 수반되는 위험을 줄이고, 사람들이 법에 순응하는 경험이 쌓일수록 다른 사람들의 선의에 대한 신뢰를 더 많이 갖게 된다는 것이다(Levi, 1998; Brehm & Rahn, 1997).

Cohen(1997)도 국가나 제도가 구조화되고 자의성을 배제하는 절차적 공평성이나 정의로운 법적 규범은 사회전반의 보편적 신뢰에 필수조건이라고 하였다. Rothstein(2005: chap. 5)은 최근의 연구에서 이를 더 확대해석하고 있다. 스웨덴에 대한 실증적 연구를 통해서 법원이나 경찰뿐 아니라 교육제도와 복지제도를 포함하는 집행기구를 정치적 대의기구 및 미디어와 같은 통제기구로 구분하는 요인분석의 결과를 바탕으로 집행기구의 불편부당성이 사회적 신뢰와 가장 밀접한 관계가 있음을 보이고 있다. 이는 140여 개국을 대상으로 한 국가 간의 비교연구에서도 확인되었음을 강조하고 있다(La Porta et al., 1997).

끝으로 사회적 자본의 구성요소이면서도 인과적 설명에서는 종속변수로 취급되는 신뢰는 이분적으로 측정하고 구분하는 것이 가장 광범위하게 받아들여지고 있다. 모르는 사람에 대한 신뢰와 친구, 친척과 같이 아는 사람, 동질적인 사람들에 대한 신뢰는 경험적으로도 구별되는 특성을 갖는다고 알려져 있다(Uslaner, 2002). Putnam(2000: 288)은 특수한 신뢰가 타인들에 대한 신뢰의 근간이 된다고 주장하지만 대부분의 경험적 연구들은 이런 발전적 변화를 부정하고 있다(Gibson, 2001). 보편적 신뢰는 공동체의 범위가 어느 정도인지를 측정하는 것이며 도덕성과 집단적 경험에 기반을 두고 있다. 이에 비해 특수한 신뢰는 자신과 비슷한 사람들에게 보이는 신뢰를 일컫는다. 자신과 같은 집단에 속한 사람들에게는 긍정적인 판단을 하지만 자신이 속하지 않은 집단의 사람들에게는 부정적인 태도를 보일 수 있다. 즉 자신의 가치를 공유하는 사람들에게만 의존하는데, 주로 일상적으로 접촉하게 되는 동일 인종이나 동일 계급에게만 집중되어 동질적이며 배타적인 속성을 갖는다. 그래서 특수한 신뢰가 높은 사람들은 자신의 믿음을 바깥 집단의 사람들에게 강요하는 경향을 보인다고 한다. 이에 비해 보편적 신뢰가 높은 사람들은 모르는 사람들에게도 신뢰를 보이며, 대부분의 사람들이 가치를 공유하고 있다고 믿는다.

Uslaner(2002: chap. 2)의 경험적 연구결과에 의하면 특수한 신뢰 수준이 높은 사람은 가족이나 친구 또는 동료집단과 같은 매우 좁은 범위의 사람들만을 신뢰한다. 그들에게 모르는 사람들은 항상 경쟁자로 느껴지며 될 수 있으면 피해야 되고 조심해야 될 사람들이다. 이에 비해 보편적 신뢰가 높은 사람은 도덕적 규범으로써 가족이나 집단을 벗어난 타인들을 믿어야 된다고 생각하며, 모두가 규칙을 지키고 있다고 여긴다. 타인을 믿는 것이 위험하다고 생각하기보다는 무언가를 배울 수 있고 상호 이익이 되는 협동적 관계를 맺을 수 있다고 생각한다.

이상의 연구들을 보면 방법론적으로 고려되어야 할 중요한 또 하나의 문제가 있다. 먼저 지적할 수 있는 것은 각 관점들에서 지칭되는 분석수준이 서로 다르다는 점이다. 초기 사회적 자본론은 이를 사회적 맥락 내에서의 개인적 특성으로 정의하고 있다. 즉 개인은 의도적 행위를 통해 사회적 자본을 획득할 수 있고 사회적 자본을 경제적 이익으로 변환시킬 수 있으나 그 능력은 사회적 의무, 연계와 네트워크의 속성에 의해 좌우된다(Bourdieu, 1986). Coleman(1988) 역시 사회적 자본의 요인과 효과를 개인의 수준에서 논의하고 있다. 그런데 Putnam은 개인적 특성을 사회적 효과로 연계하였고 다시 제도론자들은 이 요소들을 사회적 수준에서 이해함으로써 심각한 분석수준의 혼란이 있는 것을 알 수 있다. 이러한 분석수준의 다양성이 〈표 5-1〉에 요약되어 있다.

물론 분석수준이 다르다는 점만으로 문제가 되지는 않는다. 하지만 이러한 주장들의 경험적 증거는 거의 예외 없이 개인에 대한 서

〈표 5-1〉 사회적 자본연구의 분석수준

		사회적 자본의 요인	
		개인적 상호작용	거시적 제도나 문화
사회적 자본 (주로 신뢰)	개인 수준	Coleman 1990 Lin 1999 Ostrom & Ahn 2003	Wilson 1987
	사회적 수준	Putnam 1993, 2000	Newton 1999 Rothstein & Stolle 2003 Uslaner 2003a)

자료: Stolle & Hooghe(2003)의 표를 재구성한 것.
주: a) Uslaner는 전형적인 문화론자이지만 제도의 한정된 역할을 인정한다.

베이조사자료의 분석결과를 기반으로 하고 있다. 우리나라의 연구에서도 거의 예외 없이 서베이조사자료를 중심으로 실증적 연구(유재원, 2000 등)가 이루어지면서 미시적 분석의 결과를 전체 수준에서 해석하는 것이 일반적이다. 서베이조사를 기반으로 하는 분석 결과를 특정 사회 전체에 대한 결론으로 하려는 경향은 여러 가지 측면에서 문제점을 갖는다. 정치문화연구에 있어서 생태적 오류에 대한 논쟁(Scheuch, 1989; Seligson, 2002; Inglehart & Welzel, 2003)에서도 알 수 있지만, 같은 이유로 사회적 자본의 연구에서 비슷한 오류의 여지를 지적할 수 있다. 〈표 5-1〉에서 보는 것처럼 많은 연구가 개인수준의 변수를 거시적 변수와 연계하여 설명하거나 거시적 수준 간의 관계를 분석하고 있고, 정치학 또는 행정학의 주요 관심은 사회적 수준에서의 협동을 용이하게 하는 사회적 신뢰이다.[7)]

예를 들어 네트워크를 기반으로 하는 신뢰는 항상 좋다는 인상을 심어 주었지만 좋은 결과를 얻기 위해 네트워크 관계를 이용하는 개인적, 집단적 능력이 사회 전체에 항상 좋은 것은 아니고, 네트워크 자체에도 좋으리라는 보장은 없다. 많은 상황에서 이러한 이득은 집단의 바깥에 있는 개인에게 희생을 요구하는 경우가 있다. 집단구성원이 사회적 자본을 이용하려고 할 때 사회 전체적으로는 손실을 입는 경우가 허다하다. 여기서 개인 또는 집단을 분석한 결과를 전체에 대한 결론으로 삼으려는 데서 생기는 오류의 가능성을 짐작할 수 있다. 이미 언급된 합리적 선택의 관점에서나 역사적 제도론의 관점에서도 집단의 속성과 사회적 효과에는 차이가 있다는 점을 분명히 하고 있다. 사회적 자본의 연구에서도 집단이나 조직 수준에서 서

---

7) 본래의 분석수준을 벗어나서 결론을 도출하는 데서 생기는 오류를 생태적 오류(Ecological fallacy)라고 하며, 사회적 자본론의 경험적 연구는 이 중 주로 개별주의적 오류(Individualistic fallacy)를 범할 우려가 높다. 즉 "개인들의 가치의 합을 상위의 분석수준에 귀속시키는 것"을 말한다(Scheuch, 1989: 155).

로 다른 효과를 갖는 조직유형의 차이를 인정하고 있다. 사회적 자본의 연구에서 포괄적(bridging, generalized, weak) 조직 또는 신뢰와, 이에 반하여 배타적(bonding, particularized, strong)인 조직으로 구분하는 것을 보아도 알 수 있다(Granovetter, 1973; Putnam, 2000; Uslaner, 2002). 외형적으로 비슷하게 보이는 이차적 조직의 경우에도 특정한 사회적 맥락에 따라서 어느 사회에서는 연고조직의 성격을 버리지 못하는 경우도 있을 수 있다. 예를 들어 종교조직처럼 외형상 동일한 조직도 어떤 사회에서는 긍정적인 사회적 효과를 유발하지만 다른 사회에서는 배타적이고 부정적인 효과를 보일 수도 있다. 그래서 문화적 배경에 따라 조직의 특성이 달라지고, 제도에 대한 이해가 다르고, 특수한 신뢰가 보편적 신뢰의 성장을 가로막을 수 있다.

이런 논리가 사회적 자본에 관한 경험적 연구들에서도 고려되어야 한다. 사회적 신뢰의 수준은 국가마다 달라서 서구선진국가의 경우 약간의 차이는 보이지만 대체적으로 그 수준이 높고, 비서구국가의 경우에는 비교적 낮다는 점에 동의한다. 그 경험적 증거는 주로 개인의 수준에서 이루어진 서베이자료의 분석에 의존한다. 사회적 자본론의 요체는 집단의 수준에서 이루어진 사회적 효과에 의해 사회구성원의 신뢰가 증진된다는 것이다. 사회전반의 신뢰수준에 영향을 미치는 것은 바로 집단 내의 상호작용, 그리고 집단 간의 상호작용이다. 집단 간의 상호작용이 중요한 이유는 집단 내의 상호작용이 근본적으로 집단 외의 사회구성원에 대한 배타성을 내포하기 때문이다. 역사적으로 사회적 신뢰의 발달은 바로 집단 밖의 구성원들에 대한 관용의 확대에서 찾을 수 있고, 오늘날 우리가 사회적 신뢰라고 하는 것은 바로 이들에 대한 신뢰를 지칭하는 것이다. 따라서 연구의 주된 관심은 어떤 시점에서 배타적 집단들의 속성이 관용적 속성으로 바뀌면서 사회적 신뢰구축의 선순환구조를 이루어 가는지를 알아보는 데 있다.

요컨대 단순히 집단가입이 긍정적 효과를 갖는다고 보기는 어렵다. 어느 사회에서는 집단가입이 오히려 불신과 배타를 고무할 수 있다. 이는 우리나라에 관한 연구에서도 유의하여야 할 점이다. 한국의 자발적 조직들이 얼마나 서구적 조직들에 근접해 있는지도 의문시되며(박희봉, 2002), 일차적 조직들과 이차적 조직(또는 삼차적 조직)들을 구분하여 분석하는 노력(박종민, 2003; 박희봉, 2000)이 필요하다고 할 수 있다. 이런 이유에서 서베이에서 조직가입률을 보는 조사도 보다 신중할 필요가 있다.[8)]

따라서 주요한 종속변수로 생각되는 사회적 신뢰에 영향을 미친다고 간주되는 문화적 요인인 시민사회 또는 자발적 조직에의 참여와 제도적 요인을 중심으로 거시적 수준에서 국가 간의 비교역사적 연구로 보완할 필요가 있다. 제도는 다양한 구조적 측면을 지칭하여 지나치게 추상적인 개념이다. 이를 반영하듯 기존연구에서도 정치제도, 국가의 정책능력(Levi, 1996; Tarrow, 1996), 법의 형평성(Rothstein & Stolle, 2002), 복지제도(Rothstein & Stolle, 2003) 등 다양한 제도적 측면을 독립변수로 설명하고 있다. 그러므로 제도를 개념적으로 분명히 정의할 필요가 있다. 가장 보편적인 의미에서 제도는 인간들의 상호관계에 안정을 가져다 주는 억제와 규칙으로 정의된다. 이런 의미에서는 합의, 비공식적(외부적 권위에 의한 감시나 강요가 없는 상태), 공식적(제삼자에 의한 감시감독, 법체계)인 사회적 규범 모두를 포함한다. 때로는 상호연관된 규범들의 복잡한 체제를 의미하기도 한다. 예를 들어 법체계는 공식적 규범을 규정한 것이고 일탈된 행동을 처벌하는 것이므로 이를 공식적 규범을 강제하는 규범으로 볼 수 있다.

---

8) 서구적 설문유형을 중심으로 한 조사인 World Values Survey를 자료로 하는 연구(장수찬, 2002)와 Asian Barometer Survey를 자료로 하는 연구(박종민, 2003)를 비교해 보면 이 점을 이해할 수 있다.

사회과학 연구에서 제도라는 개념은 주로 두 가지 방식으로 쓰였다. 하나는 인간 상호작용의 규칙, 억제 또는 규범을 의미한다. 다른 하나는 구성원 간의 상호작용이 안정된 패턴을 갖게 되는 것과 이런 결과를 야기하는 사회적 기제를 일컫는다. 이 후자에 관련된 용어가 '제도화'이다. 제도화란 어떤 문화적 규범이 행위자의 동기의 일부분이 되어서 규범과 일치할 때는 보상을 받고, 불일치할 때는 강제력에 의해 처벌을 받는 것을 의미한다. Parsons(1982: 117-118)의 말을 빌리면, 다수의 행위자들이 함께 목표와 절차에 대한 조화로운 규칙을 수용하는 상황에서 이들의 행위를 통합하는 것이 제도화이다. 때로는 관습과 강제력이 없는 비공식적인 규범까지도 제도로 간주하는 시각(North, 1990)이 있지만 이는 지나치게 폭넓은 규정으로 개념의 유용성이 크지 않다. 제도와 제도화의 구분을 통해서도 알 수 있듯이, 합의된 사회적 규범을 강제할 수 있는 공식적인 제도만을 지칭하는 것이 바람직하다. 이런 정의에 충실하고 Weber나 Huntington(1968)의 연구에서 주장하는 바를 감안하여 법과 정치제도 특히 정당제도를 주의 깊게 관찰할 필요가 있다. 왜냐하면 정당조직이 또 하나의 자발적 조직의 유형임을 감안하면 이 조직들은 제도와 문화의 교량역을 한다고 볼 수 있기 때문이다.[9]

9) 이 비교역사적 연구에서 자발적 조직은 가장 광범위하게 정의되어, 종교조직, 이익집단, 서비스제공조직, 정당 등을 포괄하고 있다. 종교조직은 자발적 조직의 발달과정에서 근간이 되었고, 정당조직은 시민사회와 정치제도를 연결하는 중요한 역할을 해 왔다.

2. 영국, 독일, 미국의 역사적 경험: 문화와 제도의 영향

1) 사례선택(연구대상과 시기)과 비교방법

이 연구에서는 사회적 자본을 거시적 현상으로 이해하여 시민적 연대, 제도, 사회적 신뢰가 어떻게 연계되어 있는가를 비교적 관점에서 살펴보려 한다. 이런 관점의 타당성을 알아보기 위해서는 다양한 국가들의 역사적 경험을 비교함으로써 새롭게 가설을 형성하는 노력이 선행되어야 한다. 이를 위해 제도에 관한 연구 및 시민사회에 대한 역사적 연구 등을 종합하는 노력이 필요하다. 기존의 연구들 중에서 이를 종합적 관점에서 보는 연구들은 상당히 드물다. 그러므로 사례선택에서부터 신중한 고려가 필요하다.

연구사례를 선택함에 있어서는 종속변수인 신뢰에 대한 이분적 주장들이 근거가 된다. 즉 앞 장(제4장 2절 1) 참조)에서와 마찬가지로 종속변수에 의해 연구대상을 선택함으로써 신뢰형성의 필요조건을 규명하고자 한다. 일관된 서술은 아니지만 신뢰와 관용에 관한 역사적 연구를 통해서 영국을 다른 유럽국가들과 비교한 연구들이 있다(Dees, 2004). 이는 영국이 다른 유럽국가보다 월등히 앞서서 사회적 신뢰와 관용을 구축하였다는 것을 의미한다.[10] 역사적 저술을 통해서도 이를 확인할 수 있다. 영국에서 자발적 결사체들이 확대되기 시작한 시기는 대체적으로 18세기 초로 보고 있다. 당시의 상

10) 설명하려는 대상이 달라졌으므로 선택되는 사례도 달라지는 것은 당연하지만, 비영리부문의 크기가 종속변수이던 앞 장의 사례 중 네덜란드와 스웨덴도 긍정적 사례로 부족함이 없다. 사회적 신뢰의 관점에서 보면 종교적 관용이 가장 먼저 확립된 네덜란드도 중요한 긍정적 사례이다. 그러나 여기서 비교분석의 대상으로는 조직활동이 상대적으로 미약한 영국을 선택함으로써 사회적 자본론의 맹점을 이해하고자 하였다. 물론 앞서 설명된 네덜란드뿐만 아니라 스웨덴도 중요한 긍정적 사례로서 잠재적 비교의 대상이 되며 비교연구에 인용될 것이다.

황을 관찰한 David Hume은 그의 1751년 저술에서[11] 클럽을 사회적 도덕성과 결속의 전형으로 보았다. 19세기에 이르면 이익집단과 직업집단이 대거 출현하여 정치과정에 적극적으로 개입하게 된다(Harrison, 2003). 그러나 이러한 발달과정의 초석이 되었던 것은 17세기 기독교파 간의 종교적 갈등과 타협의 경험이었다는 점을 망각해서는 안 된다. 따라서 17세기 이후의 역사적 경험을 살펴보되, 특히 18세기 후반과 19세기의 이들 조직 행태와 사회적 변화를 정당제도의 발달과정과 더불어 고찰할 필요가 있다.

미국의 경우, Tocqueville(1981)은 다양한 자발적 조직의 존재와 더불어 근본적으로 이들을 통해 이루어지는 협동적 행위에 대해 언급하고 있다. 그의 판단에 의하면 미국에서는 자발적 조직의 전통에 의해 민주주의와 평등의 폐해가 억제될 수 있었다. 새로운 사업의 선두에 서 있는 것은 프랑스의 경우에는 정부였지만 미국에서는 항상 자발적 조직이었다. 뿐만 아니라 이러한 조직들과 제도화된 지방자치가 시민들을 결속시키고, 개별적 이익추구에도 불구하고 서로 돕도록 하였다는 것이다(제1권 5장 참조). 이외에도 많은 역사적 연구들이 자발적 조직의 발달과 정치제도적 요인 간의 긴밀한 상호연관성에 대해 설명하고 있다(Skocpol, 1999; 김승현, 1997; O'Neill, 1989). 이런 관찰은 주로 18, 19세기에 이루어진 정치적, 사회적 변화에 관한 것이었다. 그러므로 이 시기를 주된 연구대상으로 한다.

이에 비해 독일은 후발국가로서 신뢰구축에 문제가 있었던 사실을 당시 Weber의 저술이나 시민사회의 비교연구를 통해서 알 수 있다. Weber(1973)는 인격적 성장과 자발적 조직구성원으로서의 역할, 조직구성원의 역할과 공적인 생활 간에 긴밀한 관계가 있다고 보았다. 조직생활의 중요성은 다양한 교파, 협회, 클럽이 존재하는 미국

11) *Enquiry Concerning the Principles of Morals.*

에서 가장 분명하게 나타난다고 하였다. 그는 20세기 독일의 제도화된 교회에서는 찾아볼 수 없는 미국의 종교적 교파가 가장 순수한 형태의 자발적 조직이라고 보았다. Weber 역시 독일에도 다양한 많은 자발적 조직이 존재한다는 사실을 알고 있었다. 1910년 프랑크푸르트 사회학회에서 그는 독일의 조직생활에 대한 광범위한 연구가 필요하다는 점을 강조하였다. 독일도 다른 유럽국가들처럼 조직활동이 매우 높은 수준에 다다랐다는 점을 강조하였다. 그러나 독일의 자발적 조직이 영미의 경우처럼 정치적으로 성숙한지에 대해서는 상당히 회의적이었으며, 조직의 양적 성장이 질적인 발전과 항상 병행하지는 않는다고 지적하였다(Koshar, 1986; Berman, 1997b). 자발적 조직의 이런 내재적 문제점은 시민사회의 연구에서 찾아볼 수 있다. 시민사회의 역사적 연구에 의하면 독일사회의 결함은 1871년의 통일 전이나 후에 있어서 국가정책과 정치적 제도(Bismarckism)에서 비롯되었다고 본다. Bismarck와 그가 대표하는 계층들이 국가권력을 이용하여 주도면밀하게 시민사회의 발전을 막았다는 주장이다(Goldman, 2000; McMillan, 2000).

이런 연유에서 19세기 후반부터 바이마르공화국에 이르는 시기를 연구대상으로 한다. Weber의 독일에 대한 논평과 미국에 대한 비교적 관찰 및 Tocqueville의 관찰을 종합하면 자발적 조직의 특성이 문화적 배경에 따라 서로 다를 수 있다는 가능성을 배제할 수 없다. 그러므로 양 국가의 조직들이 질적으로 상이했는지 알아보는 것도 중요한 연구의 관심이 된다.

따라서 영국, 독일, 미국의 역사적 비교연구가 사회적 자본에 관한 인과적 이해에 도움이 되리라는 것은 의심의 여지가 없다. 이는 Huntington(1968: chap. 2)의 정치제도와 참여에 관한 역사적 논의에 비추어 보아도 타당한 사례선택임을 알 수 있다. 그에게도 비교의 근간은 영국, 미국, 그리고 대륙 국가들이었다. 선택된 세 국가

중에서 미국과 영국은 사회적 신뢰의 측면에서 긍정적인 사례이며 독일은 부정적인 사례이다. 그러나 미국과 영국은 역사적 발달과정의 기간, 제도적 차이, 자발적 조직의 속성 등 연구대상의 시기와 변수들의 속성의 측면에서 대비된다. 여기서 비교의 초점은 긍정적 사례와 부정적 사례를 비교하는 데 있으므로 Mill의 차이법(method of difference)을 따른다. 하지만 긍정적인 두 사례를 비교하기 위해 부분적으로 Mill의 합치법을 원용한다. 이미 앞 장에서 설명한 것처럼 양 방법은 소위 제거법(method of elimination)에 의존하고 있다.[12] 즉 세 개 국가에서 자발적 조직들의 생성, 발전, 행태의 변화 등을 제도의 변화에 맞추어 비교하고자 한다.

2) 영국, 독일, 미국의 역사적 경험

정치적 근대화는 권위의 합리화, 기능의 전문화, 사회적 집단의 정치참여의 확대를 의미한다. 궁극적으로는 정치참여를 제도화하기 위해 새로운 정치제도가 발달하게 된다(Huntington, 1966; 1968). 권위의 합리화란 전통적, 종교적, 가족적, 인종적 권위들이 단일의 세속적인 국가권위에 의해 대체되는 것을 의미하고, 이는 주로 17세기의 추세로 볼 수 있다. 그러나 이러한 종속적 관계는 곧 시민권의 형태로 대체된다. 시민권의 초기 발달단계에서 사회공동체와 정

12) 이 방법의 근본적인 약점은 인과관계를 규명하기 어렵다는 점이다. 따라서 인과관계를 추적하고 비교하는 소위 과정추적(process-tracing)의 방법이 병행되어야 한다는 것을 기존연구를 통해서도 알 수 있다(George & Bennett, 2005; van Evera, 1997). 이는 Mill의 방법이 사례 간(cross-case) 분석에 집중함으로써 생기는 약점을 사례 내(within-case) 분석으로 보완함으로써 인과관계의 시간적 선후와 매개적 사건이나 변수를 추적하여 연계하는 데 있다. 여기서 설명된 과정은 지극히 제한적이다. 이는 과정추적이 높은 수준의 거시적 현상의 보편적 설명을 지향하기 때문이다(George & Bennett, 2005: 211). 주된 연구목적이 대비되는 두 가지 설명을 검증하기 위한 것이기 때문에 주로 사례 간의 통제된 비교(Controlled Comparison; van Evera, 1997: chap. 2)에 집중한다.

부의 관계를 재규정하는 법적인 틀이 마련되었다. 여기서 가장 중요한 부분은 시민의 권리를 규정하고 보호하는 것이었다(Parsons, 1971: chap. 2). 일반적으로 권위의 합리화와 구조의 분화가 이루어진 다음 참여의 확대가 나타난다. 참여의 확대는 18세기 후반부터 시작되었다고 볼 수 있다.

유럽대륙의 경우에는 대부분 절대왕정에 의해 이러한 국가형성이 진행되었으나 영국의 경우 대륙의 경험을 모방하려는 스튜어트왕조와 의회의 대립을 통한 혼란과 투쟁의 결과였다. 그리고 이런 갈등의 배경에는 오래된 종교적 갈등이 항상 내포되어 있었다. 제도로서 교회의 부패, 외교정책에 대한 고려, 국왕의 결혼생활 등의 요건에 의해 16세기 초에는 영국과 교황청 간의 결별이 이루어졌다. 새롭게 독립된 영국교회의 수장으로서 헨리 8세는 점점 더 프로테스탄트로 기울어졌고, 이후 에드워드 4세와 더불어 수도원과 예배당의 재산을 몰수하고 해체하였다(Haigh, 1985). 이러한 사회적 변화와 더불어 가톨릭교회와 긴밀한 관계를 유지하던 길드도 16세기 말에는 해체되기 시작하였다. 이 배경에는 경제적, 사회적 변화도 작용하였다. 교회재산의 매각, 무역의 확대, 공동의 소유였던 토지의 구획정리 등에 의해 17세기 초에 이르면 새로운 경제적, 정치적 엘리트들이 출현하기 시작하였다(Kendall & Knapp, 1996). 엘리자베스 1세는 신교를 국교화하였고, 16세기 말까지 다수를 차지하던 가톨릭과, 영국국교 이외의 다른 개신교파들도 박해하였다. 제임스 1세도 1612년 마지막으로 삼위일체론 반대교파 두 명을 화형시켰다. 이런 박해로 말미암아 국교이탈자들이 네덜란드로 이주하고 이들 중 일부가 1620년에 매사추세츠로 옮겨 가 플리머스 식민지를 건설한다.

1640년 이전에 가톨릭을 제외한 주요 비국교도는 청교도였다. 이들은 영국국교의 개혁이 불충분하다고 주장하면서 더 큰 개혁을 요구하였다. 국교화에 반대하지는 않지만 여전히 가톨릭적인 예배와 주교의 직위를 없앨 것을 요구하고, 목사와 장로에 의해 지배되는 자율적 장로교회를 요구하였다. 1630년대에 이르기까지 지속된 박해에도 불구하고 꾸준한 성장세를 보이면서 17세기 초에는 영국 개신교의 칼뱅적 하위문화를 형성하였고, 지주계급과 대도시의 상인계급으로 확대되었다. 이런 교세의 확장에도 불구하고 1640년대까지도 관용의 논리는 Francis Bacon과 같은 소수의 사상가들이나 불법적이었던 침례교파 내에 국한되었다. 이 침례교파들은 종교적인 박해가 그리스도의 정신에 위배된다고 보았으며, 세속적 군주나 행정관료가 교회와 종교에 대한 권위를 행사하는 것을 부정하였다(Zagorin, 2003).

영국은 1640년부터 혁명적인 변화를 겪기 시작한다. 영국, 스코틀랜드, 아일랜드에서 동시적으로 찰스 1세의 절대주의 왕정과 종교적, 재정적 정책에 반발하였고 이 때문에 장기의회(Long Parliament: 13년간)가 소집되었다. 이 시기에 급진적인 종교적, 정치적 자유와 의식이 팽창하였고, 교회를 개혁하고 왕권을 제약하려는 시도와 이에 저항하는 국왕과의 갈등이 의회파와 왕당파의 내전으로 발전하였다. 결국 스튜어트왕조에 대한 저항이 심해지면서 영국국교를 포함하는 구제도를 붕괴시켰다. 1646년에 왕당파가 패배하자 장로교파들은 자신들의 종교를 국교화하려고 시도하였다. 그러나 청교도의 이런 시도에 대한 논쟁이 지속되었다. 특히 의회 내 독립교파의 반대에 부딪치면서, 1648년 두 번째 내전을 겪게 된다. 그리고 왕당파와 싸우던 Cromwell을 포함하는 의회파의 군대들은 독립교회파에 전도되었다. 이로 인해 의회파 연합의 유대는 무너지게 된다. 이 후 장로교파들이 의회에서 축출되고 국왕은 처형되었다. 크롬웰의 공화정 기간 동안(1649−1660) 전례 없이 모든 개신교파들에게 종교적 관용을 펼쳤다. 청교도 일부인 독립교회파 또는 조합주의교회파와 국교이탈파 등이 모든 교파의 자율성과 종교적 관용을 주장하면서 다양한 교파가 등장하기 시작하였다.

크롬웰 사망 후 1660년에 혁명은 실패로 돌아갔다. 찰스 2세가 즉위하면서 스튜어트왕조는 복원되어 다시 종교적 불관용과 박해의 시기로 회귀한다. 그러나 혁명기에 나타난 여러 교파들의 세력이 엄청나게 성장했었기 때문에 상황이 예전과 같지 않았다. 이후 20년간의 혁명기에 종교와 정치의 이념적 갈등이 극에 달하였다. 이로 인해 자연권이론, 참정권과 의회의 민주적 대표, 사회적 개혁, 공화주의 등 수많은 정치적 저술과 주장이 펼쳐졌다. 아울러 종교개혁 이후 가장 치열하게 종교적 관용에 대한 논쟁이 이루어졌다. 종교적 차이를 극복해 보려는 장로교파와 영국국교파 간의 협의도 있었지만 양측의 비타협적인 입장으로 실패하면서 1662년에는 비국교도를 억압하고 박해하는 법령이 만들어졌다. 그러나 왕권은 신앙자유령(declaration of indulgence)을 세 차례에 걸쳐 발표함으로써 종교적 관용을 베풀려고 노력하였다. 이 결과 제임스 2세의 경우에는 가톨릭을 합법화하려 한다는 의심을 사서 왕좌에서 쫓겨나게 된다. 이런 과정을 통해서 비국교주의의 정치적 정당성도 확보되었다.[13] 이렇듯 17세기의 영국은 내전, 반역재판, 국왕살해 등으로 점철된 시기였으나, 그 후 1675년에서 1725년에 이르기까지 정치적으로 안정되었다(Plumb, 1969). 이런 정치적 안정은 의회중심의 집권화를 기반으로 가능하였다.

17세기 말에는 프로테스탄티즘과 종교적 관용 및 종파적 다원주의에 의해 종교, 정부 및 사회공동체 간의 전통적 일체성이 무너짐

---

13) 이보다 먼저 종교적 관용을 성취한 네덜란드의 경우(제4장 참조)와 비교해 보면 여러 측면에서 유사한 점을 발견할 수 있다. 비록 영국이 더 폭력적인 과정을 밟았지만, 지배계층의 관용적 태도, 오랜 투쟁과정에서 어느 교파도 절대적 승자가 될 수 없는 상황 및 박해를 죄악시하는 신학적 바탕과 태도변화 등을 네덜란드와 비슷한 점으로 들 수 있다. 종교적 관용을 기반으로 다양한 교파가 자유롭게 활동하는 사회적 분위기는 후일 다른 유형의 자발적 결사체가 발달해 가는 데 중요한 밑거름이 된다는 사실도 알 수 있다.

으로써 영국이 가장 분화된 사회가 되었다.[14] 정부와 사회공동체의 분화과정에서 사회 내 영향력이 높은 집단들이 대의체의 구성요소가 되었고, 지위와 권리를 구분하는 법체계가 주된 역할을 하였다(Parsons, 1971: 4장). 그러나 17세기 말과 18세기 초에는 종교적 열정이 서서히 수그러들었다. 합리주의자, 자연 신교론자, 경험주의자, 회의적 경향이 철학과 신학의 영역에 등장하면서 정통적인 종교의 위치가 흔들리고 자유사상, 무관심, 불신앙이 확대되었다. 특히 상류층과 지식인들에게 이런 경향이 퍼지면서 인간이성의 자율성과 우월성을 주장하는 계몽주의가 등장한다.

17세기 정치적 갈등과정에서 종교와 계급을 달리하는 여러 집단들이 적극적으로 활동하는 과정에서 자발적 결사체의 원형이라고 할 수 있는 프로테스탄트 교파 간의 유혈갈등과 타협이 이루어졌다. 이에 상응하는 대의제도를 향한 제도화도 진행되었음을 알 수 있다. 이를 기반으로 18세기에 들어서 근대적 형태의 자발적 조직들이 성장하게 되었다. 이후 영국의 자발적 조직들의 확대과정을 살펴보면 처음에는 문화와 의사소통의 발달에 의해 진행되었고(learned societies, urban clubs, debating clubs, reading societies), 점차 박애와 공적 복지에 대한 관심(friendly society, humanitarian groups)이 확대요인이 되었다. 19세기에 들어서면서는 정치적 이해집단(Whig Ribbon Club, Jacobin Clubs)과 직업집단이 대거 출현하였고, 19세기 후반에는 전례 없이 많은 조직이 출현하는데 주로 레저클럽과 생활양식과 관련된 조직(sports clubs, youth movements, hobby clubs)이 주를 이

14) 최소한의 신뢰를 전제로 하는 잠정적인 관용이 광범위한 사회적 신뢰로 발달해 가는 역사적 경험은 1689년의 관용령(Toleration Act) 이후의 영국의 경험을 살펴보면 된다(Dees, 2004: chap. 4). 영국과 프랑스가 오랜 종교전쟁을 경험하는 등 여러 가지 측면에서 유사하지만 관용의 정착과정은 대비됨으로써 양자의 비교, 특히 프랑스에서의 종교적 관용이 대혁명 이후에야 이루어진 사실과 대비해 보면 더욱 흥미로운 사례비교가 될 수 있다.

루었다(Morris, 1990).

영국의 자발적 조직의 정치적 성향은 19세기에 대거 출현한 이익집단들에서 찾을 수 있다. 이들은 자신들의 이익과 공동체의 이익이 부합한다고 믿었고 자신들의 집단적 활동에 의해 부패와 예속성을 몰아내고 귀족적 무지에 도전한다고 생각하였다. 이런 성향은 공익집단(cause groups)에서 더 심했으며, 집단활동은 이 이슈에서 저 이슈로 확대되었다. 이들은 장기적 희망이나 가정에 의해 활동하지는 않았다. 그들의 관심은 특수한 당시의 이슈에 충실하기 때문에 기본적 원칙에 따르기 어렵다. 일반적인 분위기는 비역사적이고 현실적이며 추상적 토론은 불필요한 논쟁만을 부를 위험성이 있다고 생각하였다. 영국의 문화적 환경도 이를 부추긴다. 의회는 이런 분위기를 반영하여 추상적 사고에 가까운 것을 혐오하고, 확실한 현실적 이득이 없는 고려사항에도 무관심하였다. 그래서 자유무역과 같은 이슈가 등장하는 경우 중류계층 위주의 이익집단들과 공익집단들은 상호견제하고 논쟁하는 한편, 사회적으로 제외되었던 여러 계층의 집단들을 자기편으로 끌어들이려는 노력도 하게 되었다. 특히 면대면의 논쟁과 만남을 통한 학습의 분위기에서 상호 관용을 받아들이게 된다. 이 19세기의 이익집단과 공익집단에게는 공동의 적으로 인식하는 남성 중심의 전통적이며 국교적인 귀족층이 엄존하고 있었다(Harrison, 2003).

이러한 자발적 활동을 통해 정치적 참여가 확대되고 정당이 활성화하였다. 공식적으로는 중앙정부와 정당에 적대적이었지만, 반대하는 가운데 아이디어와 인적 자원을 공급하였다. 그들 스스로 정당을 만들기도 하였는데 자유당 내의 이익집단이 노동당이 되었고 궁극적으로 자유당을 흡수하였다. 공익집단도 좌파적이지만은 않았다. 보수집단들도 차츰 세력 확대를 위해 노력하기 시작하여 Disraeli 이후에는 관용과 양보를 배우기 시작하였다. 노동당 내부에서도 여러 세력들—자유방임적 노조주의자, 사회주의자, 반국가적 자유주의자, 집합적 온정주의자들—간의 갈등이 있었지만 이를 잘 극복하였다 (Sampson, 1962). 그리하여 19세기 중반 이후에는 양당제도가 외부적 압력에 순응함으로써 비교적 잘 기능하였다.

18세기 중반 이후 자발적 집단활동은 영국사회에 여러 가지 서비스를 제공하였다. 아이디어의 자유로운 교환, 새로운 집단들에게 시민권부여, 민주적 덕성함양, 양당제도의 확립, 또 보다 효과적인 입법을 돕고 불만에 찬 이상주의자들에게 체제접근의 길을 열어 주었다. 그럼에도 불구하고 실제 이들의 행태가 본래 민주적이고 이타적이었다고 보기는 어렵다. 이들 활동가들은 가정, 교회, 그리고 직장에서 자유주의적이라기보다는 호의적인 가장의 역할을 하고 있었다. 특히 여성은 노조나 비국교운동과 같은 집단에서도 주도적일 수 없었다. 이익집단이든 공익집단이든 어느 정도의 내밀함이 요구되기 때문에 민주적이지 못했고, 많은 이익집단들은 급진적인 성향을 갖고 있었다. 그 기원과 믿음은 근본적으로 권위적이었다. 예를 들어 프리메이슨(Freemason)의 수애직, 박애적 역할이 미친 시민사회의 건설적 다원주의의 표본인 것처럼 보이지만 남성 중심의 비밀주의와 배타성이 이 조직의 근본적인 속성이라고 할 수 있다.

압력집단과 정당의 관계에서도 부정적인 경험을 찾을 수 있다. 자주 당 내 분란이 있었으나 급진적인 소수의 일탈을 막는 것은 단순과반이라는 선거제도였다고 볼 수 있다. 공익집단이 입법에 도움을 주었지만 그들의 반대적 성향 때문에 정책과정에서 현실성을 무시하는 제안으로 반대에만 흐르는 경우가 많았다. 뿐만 아니라 공익집단이든 이익집단이든 그들의 전문성으로 인해 입법적으로 도움이 되지 않는 경우가 많았으므로 민주적이며 보편적인 정치가가 그들의 갈등을 조정해야 할 필요가 있었다. 특히 단일 이슈에 깊이 관여하면서 의견의 차이를 금기시하고 정치적 교섭을 불가능하게 하는 경우도 많았다. 이들의 이런 집착으로 인해 스스로 대중으로부터 멀어지기도 하였는데 폭력이나 직접적 행동에 나설 경우 대중의 혐오는 더 심해졌다(Harrison, 2003).

이상의 논의에서 영국의 경우에는 점진적인 정치적 제도화의 과정과 더불어 시민사회가 점점 정치화하였던 점을 지적할 수 있다. 일찍이 결사의 자유가 보장되었고, 길드조직은 가장 먼저 와해되었으며, 시민혁명 이후 도시의 대중정치가 뿌리를 내리기 시작하였고, 명예혁명 이후에는 의회가 중요한 정치적 장으로 확립되었다. 이런 제도화의 진전에 따라 다양한 결사체들이 성장하였으며 정치개혁에 직접적인 관심을 갖게 되었다(Trentmann, 2000). 뿐만 아니라 다양한 조직 간의 갈등은 정치제도 특히 정당구조의 발달과 더불어 진행됨으로써 사회적 협동으로 순화되었다고 볼 수 있다. 그렇지만 흔히 말하는 것처럼 조직 자체의 속성이 민주적이며 포괄적 성격을 갖는 것은 아니었다는 점도 알 수 있다. 하지만 이들 간의 갈등과 경쟁을 통해서 다양한 계층이 참여하는 포괄적 조직으로 성장하였음을 알 수 있다.

유럽대륙의 상황은 영국과 전혀 달랐다. 집회와 결사의 자유를 인정한 국가도 드물었지만 이 중에서도 독일의 상황은 항상 뒤늦은 편에 속했다. 프러시아에서 결사의 자유는 1849년에 인정되었지만 많은 규제가 있었고 이는 독일제국이 끝날 때까지 지속되었다. 특히 정치적 목적을 내세우는 조직들은 지속적으로 억제되었고 다른 상조조직들도 다양한 규제를 받았다. 19세기 후반까지도 전국적 조직 결성을 금지하였다.

이런 법적 규제에도 불구하고 자발적 결사체의 출현은 다른 유럽 국가들처럼 18세기부터 시작되었다. 교육받은 중산층과 일부 귀족계층은 프리메이슨과 같은 비밀결사체들을 결성하기 시작하였다. 또 독서모임 등을 결성하여 자선, 상호부조 등과 같은 다양한 목적을 추구하였다. 1790년 이후에는 프랑스혁명의 영향으로 정치적 모임도 나타나기 시작했다. 그러나 1815년 비엔나회의 이후에는 어떤 정치적 모임도 금지되었다. 이 때문에 문화적 관심사를 공유하는 명사들의 소규모 모임이 늘어났다. 그러다 1848년의 3월혁명에 의해 결사의 권리가 급작스럽게 확대되어 주로 도시지역에서 다양한 정치적 결사체들이 나타나게 된다. 1849년 구체제로 복귀하면서 이런 경향은 한풀 꺾이게 되지만 이후 비정치적 결사체에 대한 법적 규제는 많이 완화되었다(Tenfelde, 2000).

이 과정에서 우선 지적할 수 있는 것은 영국의 시대적 변화와 흐름이 독일에는 뒤늦게야 선별적으로 유입되었다는 점이다. 자연히 결사체의 수도 영국에 비해서는 상당히 적은 편이었다. 구성원의 질도 달랐다. 비교적 시각에서 보면 영국의 결사체들은 구성원을 확대시키면서 사회의 다양한 계층들을 포함시켜서 자기 규제적인 메커니즘이 작동하고 있었다고 평가된다(Wilson, 1990). 반면 독일에서는 19세기 중반까지도 여전히 엘리트들의 결사체였다. 영국의 결사체들이 세도화의 진진과 더불어 정치적 관심을 갖게 된 데 비해 독일에서는 정치적 관심을 지향하는 결사체들은 적극적으로 억압되었다. 나중에는 이들 스스로가 정치적 무관심으로 일관하였다. 아울러 그들은 스스로의 역할을 정부에 반대하기보다는 보완하는 것으로 보았다. 그래서 지방의 하부구조를 개선하고 공식적 업무수행을 돕기 위해 정보를 수집하는 것 등에만 주의를 기울였다.

영국과 대비되는 이런 성향이 19세기 독일역사의 특수성에서 비롯되었다고 생각한다. 1848년 이후 독일제국이 성립되는 20여 년간 수많은 결사체들이 생겨났다. 이런 조직활동은 전국적 조직이기보다는 지방의 수준에서 이루어졌다. 당시 도시화가 빠르게 진행되면서 여가를 위한 비정치적인 조직들이 많이 생겨났는데, 조직활동은 중류계층에서 하위계층으로 차츰 확산되기 시작하였다. 1848년 이전부터 존재하였고 가장 널리 퍼진 조직은 체육클럽(gymnastics club)과 합창회(choral societies)였다. 그러나 통일 이후 1870년대에는 이들 결사체들이 새롭게 변모하기 시작하였다. 여전히 도시의 중산층이 조직활동을 주도하였지만 노동계층도 노동조합이나 체육클럽, 합창회, 상조회 등을 적극적으로 결성하기 시작하였다. 그런데 정부가 노동계층의 조직활동을 규제하기 시작하고 1878년 반사회주의법이 시행되면서 노동계층은 사회적으로 격리되어, 이들 계층만 서로 단합하고 이들만의 조직들이 생겨나는 결과를 초래하였다. 이로 인해 독일 노동계층의 독특한 문화가 형성된다.

하지만 노동계층이 하나의 계급으로 단합된 것은 아니었다. 이들을 분열시킨 요인은 가톨릭이다. 프러시아에서 소수이던 가톨릭은 항상 열등하게 취급되었다. 이들은 다수인 바바리아지방에서도 자유주의적인 반교회주의에 의해 사회적으로 그리 존경받지 못하는 존재였다. 독일의 가톨릭 성직자들도 일반 신도들이 조직을 결성하는 점에 대해 항상 부정적이었으나 1860년대에야 일부 성공적인 조직활동으로 인해 이를 인정하기 시작하였다. 이런 사회적 분위기 때문에 가톨릭 신자들은 많은 조직을 결성하기 시작하였다. 특히 사회주의자들에 대한 법적인 규제가 이들 조직을 확대시키는 데 좋은 계기가 되었다. 이런 연유에서 기존의 노조운동과는 별개로 가톨릭 노조운동이 생겼고, 이 결과 노동계층은 양분되었다. 이로 인해 노동계급과 중산층 간의 간극은 더욱 멀어지게 되었을 뿐만 아니라 이들의 사회적 간격도 더욱 공고해졌다(Tenfelde, 2000). 중산계층 내에서도 분열은 있었다. 도시지역의 명사들의 클럽은 일반 중산계층을 배척하면서 배타적 조직으로 남았다. 이들은 계급이나 종교적 문제에 대해 무관심하였고 정치적, 경제적 이해관계에 의해 움직였다. 다시 말해서 독일의 역사적 전통과 19세기의 법체계로 인해 종교적 차이와 계급적 차이가 더욱 분명해졌다. 계층이나 집단 간의 적대감이 높았고 조직활동은 이를 더욱 악화시켰다.

독일의 자유주의자들은 당시 국가를 통제하는 비스마르크나 프러시아적 권위구조에 도전하지 못하고 오히려 의존적이었다. 다르게 표현하면 국가의 통제에서 자유로운 포용적 시민사회, 사회적·종교적 관용 및 자유로운 제도 등을 구축하지 못하였다. 즉 정치적으로 영향력 있는 자유주의적인 중류계급이 없었다. 이 계층은 국가조직에 흡수되거나 비정치적이고 정치를 혐오하여 사적 영역으로 후퇴하였다. 이들은 전통적인 엘리트들에게 예속되어 있어서 장기적인 사회적 안정에는 해가 되었다.[15] 이는 전통적 엘리트들이 자신들의 이익을 위해 통일된 독일의 정치경제적 정책을 통제하고 있었기 때문이다. 독일제국에서 자본가나 중류계층은 거의 절대주의적인 입헌군사전제군주의 틀 안에서 활동하였다. 발전하는 독일경제와는 달리 정치적, 사회적 발전은 이에 따르지 못하였다.

19세기 후반에 이르면, 자유주의자들이 보수적이며 권위주의적인 정부의 불관용에 대해 효과적으로 반대하지 못했기 때문에 독일의 지식인들은 환멸을 느끼게 된다. 여기서 영국의 경험을 상기할 필요가 있다. 빅토리아시기의 영국 시민사회는 유연하고 다원적이어서 새로운 집단들이 사회적 인정을 요구할 때는 점차 이들을 헌법의 테두리 안에 받아들였다. 특히 1850년대 이후에는 조직화된 노동계층을 시민사회에 포용하는 경향이 우세했지만 독일제국에서는 일관

15) 19세기 독일에서 실패했다는 부르주아 혁명이 다른 지역에서는 정말 있었는가에 의문을 제기하는 시각도 있다(Blackbourn & Elcy, 1984). 독일산업을 이끌던 계층들이 구프러시아 귀족들의 지도를 받아들임으로써 봉건화했다는 주장보다는 그들의 이익에 따라 행동했다고 보는 것이 타당하다고 주장한다. 이에 비해 빅토리아시대의 중류계층도 귀족의 지도력을 받아들였으며, 1860년대 이후의 자유주의적 다원주의 모형으로 간주되는 Gladstone에 의해 주도되는 연합도 그렇게 견고한 것이 아니었다고 주장한다. 그러나 독일의 부르주아 단체들과 문화는 노동계급의 문화와 전혀 격리된 채로 발전하였다는 사실은 인정한다.

되게 이들을 적대시했다. 이런 독일사회의 폐쇄성은 1871년의 통일 전이나 후의 국가정책과 정치적 제도(Bismarckism)에서 비롯되었다고 본다. Bismarck와 그가 대표하는 계층들이 국가권력을 이용하여 주도면밀하게 시민사회의 발전을 막았기 때문이다(Goldman, 2003). 여기서 시민사회의 특성은 국가의 특성과 정책에 의해 강력한 영향을 받는다는 점을 알 수 있다. 따라서 시민사회를 사회작용의 자율적 영역으로 정의하는 것은 불충분하고 잘못된 것으로 보인다.

그리고 독일에서는 국가와 시민사회 간의 경계가 상당히 희미했다. 급진적인 자유주의자들까지도 양자 간의 갈등을 혐오하면서 시민사회의 자율성을 원하기보다는 양자 간의 협력을 갈구하였고 시민사회 내부의 협력도 기대하였다. Keane(1988)이 말한 것처럼 시민사회와 국가의 구분은 프랑스나 영국, 미국보다 뒤늦게 나타났다. 독일의 이론가들 역시 양자 간의 노골적 대립을 꺼리고 시민사회를 국가의 영향력으로부터 벗어나게 하려는 노력도 적었다. 그는 이러한 국가적 차이점을 시민의 정치문화가 취약했기 때문으로 보고 있다. 이는 Staatsbürger(국가적 시민?)라는 개념에 잘 나타나 있는데, 여기서 시민의 이익은 국가와 법률에 의해 절제될 뿐만 아니라, 자유, 번영, 정신적 일체감 역시 국가와 법률에 의해 보장되는 수동적 주체로 정의된다. 나아가 모든 시민이 단결하여 하나의 초월적인 공동선을 추구할 것이라고 믿었지만 이런 생각이 궁극적으로는 협력보다는 갈등을 야기하는 원인이 되었다.

예를 들어 체육클럽은 1810년에서 1840년 사이의 진보주의 운동을 주도하면서 약간의 대중적 지지를 끌어냈으나, 1840년대 자유주의적인 색채를 강하게 띠기 시작하면서 두 적대적 분파로 나뉘었다. 1848년과 이듬해의 혁명적인 정부하에서 양자 간의 갈등이 고조되어 자유당과 민주당의 두 정당으로 발전하였다. 이 클럽은 다른 자발적 결사체와 마찬가지로 교육과 병역에 있어서 정부기능을 부분적으로 수행할 정도였다. 이 클럽의 정치적 선동은 두 가지 가정을 기본으로 하고 있었다. 첫째, 국가와 시민사회는 자연스럽게 보편적 발전을 위해 함께 협력하면서 조화롭게 공존할 수 있다는 가정이다. 두 번째 가정은 시민사회가 단일 분파로 조화롭게 단합될 수 있다는 생각이다. 초기 진보주의자들은 그들이 가장 정당한 분파로 전체 공동체의 보편적 이익을 대표한다고 믿었다. 이런 생각 때문에 반대하는 사람들의 정당성을 항상 의심하였다. 체육클럽도 독일 정치문화에서 이와 같은 조화의 중요성을 반영하고 있었고 그 이후 구성원들은 국외자들을 적과 동지로 구분하였다. 이런 측면에서 독일의 자발적 결사체들은 결코 시민성을 갖추고 있지 않았다. 정치의 영역에서 시민성 또는 시민적 덕성(civility)이란 관용, 즉 서로 다른 것을 받아들이고 갈등을 규제하려는 의지를 말한다. 이는 통일된 집단적 의지와는 전혀 다르며, 오히려 이해관계에 의한 상호작용을 의미한다(Hall, 2000).

이러한 시대적 상황을 배경으로 1849년에는 독일 특유의 5정당체제(보수, 가톨릭, 자유, 민주, 사회주의 등)가 생겨났다. 각 정당은 국가의 보편적 이익을 대표한다고 생각하고 상대 정당을 정당하지 않다고 간주하였다. 그럼에도 불구하고 어느 정당이나 독일제국에서는 항상 존경받지 못하는 존재였고 필요악으로 간주되었다(Tenfelde, 2000). 각 정당은 폐쇄적으로 자신들의 결사체들을 포괄하고 있었지만 공식적 의사결정과정에서 중요한 역할을 할 수도 없었다. 이런 적대적 상황이 정치제도의 개선의지를 퇴색시켰고 1918년 전쟁과 혁명으로 구체제가 파괴될 때까지 중서부유럽 중에서 유일하게 의회정부로 발전하지 못하였다(McMillan, 2000). Bismarck 이래로 독일의 정당은 두 가지 약점을 지니고 있었다. 첫째, 각 정당은 노동자, 대지주, 기업가, 가톨릭 등 아주 좁은 사회경제적 집단을 배경으로 하고 있었다. 따라서 정당은 서로 다른 집단 간의 이해관계를 조정하거나 국민적 일체감보다는 독일사회의 분열을 반영하고 조장하였다. 부르주아정당 역시 대중정치의 시대에 적응하지 못하고 소수의 엘리트가 주도하는 조직이었으며 지방조직이 취약하고 국민과 조직생활과의 연대도 없었다. 그 결과 다수의 중간계층들은 정치적 활동에서 멀어져서 이익집단이나 여타의 자발적 조직활동에 몰두하였다(Berman, 1997b).

이런 상황에서 Max Weber는 그의 1895년 Freiburg 취임인사에서, "오늘날 독일의 부르주아가 주도적인 정치적 계급으로 성숙했다고 말할 수 있느냐고 묻는다면 긍정적인 답변을 하기 어렵다"고 말하였다. 아울러 1871년의 독일 통일로 인해 부르주아들은 몰역사적이며 비정치적인 속성을 갖게 되었다고 지적하였다.[16] 이 때문에 중상류계층의 일부는 새로운 시저의 도래를 원하게 되었으며, 중상류계층과 중하류계층은 정치적 속물주의에 빠지게 되었다(National-staat und Volkswirtschaft: 20-21). 이는 부르주아뿐만 아니라 사회주의적인 노동계급에도 공통적인 특성이라고 보았으며 이런 이유에서 독일이 어떤 정치적 지향도 결여한 국가라고 확신하였다.[17] Weber는 부르주아정당을 소아적인 폐쇄적 길드에 비유하였다. 이런 정당은 정부정책을 제안하기보다는 공격하는 기회만을 갖기 때문에 의회적 기술, 관료적 구조, 광범위한 지지기반, 자율적·정치적 개성 등을 신장하지 못한다는 것이다. "비판만 하고 정치적 지도자가 정치적으로 생산적인 기능을 보여 줄 필요가 없는 의회에서는 분별없는 선동이나 일상화된 무능이 지속된다"(1994: 155). 균열된 정치제도와 조직참여의 전통은 1920년대의 바이마르공화국에서도 계속되었

16) Weber는 독일 시민계급이 정치적으로 미숙한 이유를 이들이 통일과정에서 배제되었던 점과 Bismarck 이후 국가적 목표를 정립하는 데 실패했기 때문이라고 생각한다.

17) Die Erbschaft Bismarcks, p. 319. Koshar(1986)에서 재인용.

다. 실패의 결과는 상류와 중류계층에 의해 이끌어지는 정당에서 가장 잘 나타난다. 민주화에 의해 빠른 속도로 많은 조직들이 생겨났지만, 대의제를 기반으로 하는 정치적 제도화는 여전히 요원하였다. 이를 더욱 어렵게 만든 것은 1920년대 초반의 경제적 난관(1922－1923년 사이의 인플레)이었다. 여기서 야기된 계층과 집단 간의 갈등은 부르주아정당이 국민정당으로 발달하는 데 장애가 되었고, 부르주아 간의 합의도 어렵게 하였다(Berman, 1997b). 사회적 갈등이 더 많은 조직을 양산하였지만 이들은 정치제도와는 동떨어져서 비정치적(apoliticism)[18]이 되었다(Koshar, 1986). 이렇듯 무력한 정치제도와 균열된 조직활동들이 나중에 나치정당이 집권하는 배경이 된다. 독일의 경험은 문화적 사회자본론의 설명과는 달리 자발적 조직 자체가 사회적 신뢰를 확대시키지 않으며, 제도론적 설명이 제시하는 것처럼 정치제도만으로 협동적인 사회로 발전하기는 어렵다는 점을 보여 준다. 즉 문화와 제도의 꾸준한 상호작용으로 사회적 신뢰가 증진된다는 것을 알 수 있다.

이상의 두 유럽국가에 비해서 미국은 정치적 전통과 문화의 측면에서 상당한 차이를 보인다. 유럽에서는 종교적 · 지역적인 것을 포함하는 전통적 이해관계가 근대화의 걸림돌이었다. 봉건적 특권과 한계를 부수고 새로운 사회적 집단과 경제적 발전을 이루기 위해서는 집권화가 필요하였다. 따라서 유럽의 자유주의자들은 자주 절대군주에 의해 집권화되는 것을 긍정적으로 이해하였다. 그러나 봉건적 전통이 없었던 미국에서는 집권화가 필요하지 않았고 또 가능하지도 않았다. 미국사회는 사회적 · 경제적 현상유지에 매달리는 사회적 계급들의 반대 없이 변화, 발전할 수 있었다.

18) Apoliticism(Antonio Gramsci, "The Modern Prince," *Prison Notebooks*, p. 147)이란 행동을 위한 행동, 투쟁을 위한 투쟁, 저급한 개인주의 등의 이념적 특성을 포함하며 정당에 대한 반감을 내포한다.

제도와 참여의 측면에서도 유럽과 대비된다. 참여의 확대에서는 미국이 유럽을 앞서고 있다. 앞 장의 설명에서 알 수 있듯이 미국의 근간이 된 것은 종교적 결사체였으므로(Hall, 1992) 이를 중심으로 자발적 조직의 발달과정을 살펴볼 필요가 있다. 영국의 비국교주의자들이 종교적 자유를 위해 미국의 영토에 이주하였는데, 이주자들은 몇 가지 교파로 갈려 있었다. 초기에는 매사추세츠의 조합주의교회처럼 여러 지역이 자신들의 주교(州敎)를 정하고 다른 종교나 종파들에 대해서는 지극히 배타적이었고 박해를 서슴지 않았다. 종교적 자유에 관한 한 가장 선두에 서 있던 로드 아일랜드도 가톨릭과 유대인들에게는 시민권을 부여하지 않았다. 예외적인 유일한 교파는 펜실베이니아에 근거한 퀘이커교도들이었다. 그러나 각 지역에서 종교가 더욱 다양해지면서, 경제적·사회적 현실은 종교적 다양성을 인정하도록 하는 유인이 되었다(O'Neill, 1989).[19] 아울러 경제적 변화와 인구증가는 질병과 빈곤의 문제를 불러옴으로써 이를 돕기 위한 박애적 조직과 기부가 도시지역을 중심으로 생기기 시작했다. 이는 영국에서 시작된 도시지역의 자선사업과 계몽주의 철학에 영향 받은 바 크다. 경제적 변화와 더불어 종교적 합리주의(Cotton Mather, 1663－1728) 및 개인의 영적 주권과 도덕적 기능을 강조하는 신학(Jonathan Edwards, 1703－1758)의 영향으로 농촌지역에서도 종교적 신념과 관행에 변화가 일기 시작하였다. 새로운 복음전도사들의 신학적 가르침에 의해 정부의 종교영역에 대한 간섭에 저항하고 전국적으로 종교적 부흥을 일으키게 된 소위 대각성(the Great Awakening)이 시작된다(Hall, 2006). 이러한 종교적, 자선적 경험이 미국의 자발적 조직의 모태가 되었다.

양심의 자유를 강조하는 대각성으로 인해 많은 미국인들이 기존

19) 미국에서 종교적 관용이 뿌리내리는 과정에 대해서는 앞의 4장을 보완적으로 읽을 필요가 있다.

종교로부터 멀어지고, 침례교파와 감리교파의 전도사들이 순회하며 전하는 복음적 교의에 전도되기 시작하였다. 이에 맞서 기존교회의 특권을 지키려는 성직자들의 정치적 활동이 활발해졌다. 정치화된 성직자들이 독립전쟁의 지도적 역할을 수행하고, 공동체 수준에서 정치적 활동과 결사체 활동을 진작하였다. 그리고 독립전쟁에서 이러한 자발적 결사체들의 활동이 결정적 역할을 하게 된다. 교파 간의 갈등으로 인해 많은 미국인들이 무종교로 돌아서기도 하였으나 독립전쟁은 다양한 교파와 종교적 배경을 가진 이들을 하나의 문화, 언어, 국가로 결속시키는 계기가 되었다. 예를 들어 가톨릭국가인 프랑스의 지원을 받으면서 가톨릭을 차별하는 것은 용납되지 않는 것이었다. 이런 정치적, 사회적 위기와 과정을 거치면서 종교적 자유를 받아들이고, 이를 기반으로 교회가 자발적 결사체라는 생각이 자리 잡기 시작하였다.

그러나 전쟁 이후 민주적 원리에 기반을 둔 정부를 수립하고 법제도를 확립하려는 과정에서 이들 조직에 대한 평가가 그리 긍정적이지는 않았다. 독립전쟁 중 자발적 조직이 지나치게 중심적이며 효과적인 역할을 했기 때문에 이에 대한 우려와 반감도 커졌다. 18세기 후반의 민주정치이론에 의하면, 결사체를 통해 시민들이 결속하게 되면 개인의 정치적 권리에 위협이 된다. 뿐만 아니라 특수한 이해관계를 대변하는 이들 조직들이 선출된 정부를 통제할 수 있기 때문에 민주주의에 해가 된다.[20] 그래서 18세기의 마지막 4반세기에는 뉴잉글랜드를 제외한 대부분의 주에서 자선단체를 포함하는 여러

20) James Madison(10th Paper)에 의하면 파벌적 성향은 인간의 본성이다. 파벌들 간의 세력에 상당한 차이가 생기게 되는 것은 불가피한데 각 파벌은 다른 파벌을 압도하여 각자의 이익을 위해 정부의 정책에 영향을 미치려 한다. 그렇다고 이러한 파벌을 없애는 것은 곧 자유를 없애는 것과 같다. 대신 파벌의 자기이익추구에 의한 폐해를 덜기 위해서 이를 어느 정도 통제해야 하며, 이는 정부의 중재적 노력에 의해 가능하다(*The Federalist Papers*, Mentor Books, 1961: 79).

단체의 권한을 제약하는 법을 만들었다. 나중에 단체의 설립허가와 자선단체의 결성에 앞장을 선 코네티컷과 매사추세츠와 같은 주들도 독립전쟁 직후에는 거부감이 있었다.

이러한 평가와 인식은 평등과 참여, 과반수 의사결정과 개인적 권리와 같은, 내재하는 서로 모순되는 두 가지 가치 간의 갈등에서 비롯된다. 자발적 결사체와 같은 중간조직이 없다면 국민들이 선거 때를 빼고는 영향력을 행사할 수 없으므로 정부는 법적으로는 국민의 종복이나 실제로는 주인이 될 수 있다. 반면, 자발적 결사체는 조직화된 집단으로서 정부통제를 벗어나서 활동할 수 있으므로 제도의 평등한 기반을 훼손하여 민주적 제도들과 양립하기 힘들다. 자발적 결사체와 자선단체들은 이러한 딜레마를 여실히 보여 주는 것이다. 따라서 18세기 말에 자선과 자발적 결사체가 성장할 수 있는 사회적 여건은 그리 좋지 않았다. 그래서 대부분의 자선기능은 공적 제도인 지방정부, 학교 및 세금에 의한 보조를 받던 종교단체들에 있었다. 자발적 참여도 소수의 조직에만 국한되었다.

이후 13개 주의 종교적 다원주의와 합리적 계몽주의에 영향을 받아 교회와 정부를 분리하는 헌법의 제1수정안이 가능하였다. 원래 식민지의 지역적 구분에 따른 종교적 다원성은 급격하게 각 지역 내의 다원성으로 변하였고, 이러한 다원주의가 관용의 기반이 되어 소수의 가톨릭과 유대교를 받아들이게 되었다. 불완전하지만 인종적 다양성도 어느 정도 수용되었다. 이렇게 나타난 미국의 사회공동체는 주로 결사체적 성격을 갖는 것이었다. 금욕적 프로테스탄티즘의 윤리에서 나타나는 보편주의는 포용을 용이하게 하고 이러한 성향은 종교적 의미에 따라 좋은 사회를 건설하고자 하는 의지에 의해 촉진되었다. 또 귀속적 속성인 인종적 구분이나 사회적 계층의 의미가 차츰 미약해지고 시민권이 중요한 의미를 갖게 되면서 이러한 성향은 더욱 강화되었다.

정치적 · 경제적 상황도 자발적 조직들의 존재를 받아들이게 만들었다. 정치적 · 종교적 반대자들이, 공적인 영역을 독점하고 있는 보수적 정치엘리트들에게 저항하기 위한 유일한 수단은 조직적 결속이었다. 나아가 도시생활의 위험과 불확실성으로 인해 우애적, 조합적 결사가 필요하게 되었다. 뿐만 아니라 경제적 발전으로 인해 자본을 모으고 위험을 분산할 수 있는 주식회사 형태가 요구됨으로써 사적 영역이 짧은 기간에 급속도로 발달되었다. 그리하여 Tocqueville이 미국을 방문했던 시기에는 미국인들이 여러 가지 목적을 위해 결사체를 구성하고, 사적 제도에 기부하는 관행이 시작되었다. 결사체활동이 활발해지고 공적 목적을 위한 기부가 확대되는 데 종교의 역할이 특히 컸다. 하지만 종교적 관용이 확대되면서 기독교인들은 기성교회에 저항하고 다양한 교파로 분파되었다.

교회의 역할이 확대되는 과정은 다르게 평가되기도 한다. 프로테스탄트 교회들이 갈수록 분화되었고, 프로테스탄티즘과 가톨릭 및 유대교 간의 의심과 갈등이 불식된 것도 아니었다. 1820년 이후 유럽으로부터의 이민이 크게 늘어나면서 이런 상호 간의 불신이 다른 형태의 자발적 조직들이 대폭 확대되는 데 직접적 요인이 되었다. 경쟁과 불신 때문에 각각의 종파들은 다투어 교육, 병원, 복지기관, 인종적 상조집단 등을 만들어 갔다(Hall, 1987).

이상의 조직적 참여에 큰 역할을 한 것은 미국의 특이한 제도화 과정이었다고 볼 수 있다. 미국의 제도는 정부와 사회적 공동체를 구분하는 과정이었고(Parsons, 1971: 6장), 구체적으로 중세적 성격을 갖는 튜더적 헌법에 기초하고 있다. 그래서 사회와 정부의 유기적 일체, 정부 내 권위의 조화, 정부는 기본법에 예속됨, 법적 영역과 정치적 영역의 혼합, 군주와 의회의 권력균형, 이 양자의 보완적인 대의적 역할, 지방정부의 중요성 등을 기반으로 하고 있다. 권력은 분할되었으나 기능은 혼합된 특징이 있다. 유럽의 경우에는 권력의 집중과 기능의 분화가 특징인 것에 대비된다.[21] 17, 18세기에 존재하던 미국의 전통적 정치제도가 자율적이며 적응적이었기 때문에 지방, 주, 연방의 수준에서 정치적 참여와 권력에의 접근을 위한 출구가 될 수 있었다. 무엇보다도 미국적 전통에서 창조된, 돋보이는 정치적 제도는 정당이다. 미국의 정당은 18세기 말에 구성되었는데[22] 이는 세계의 어느 지역보다 먼저 이루어진 광범위한 정치참여에 대한 반응이었다. 그렇지만 미국의 정당제도는 합리성이 낮고 기능적 분화도 결여되어 있어서 가장 조직화가 덜 된 조직으로 평가된다 (Huntington, 1968).

이후 남북전쟁과 19세 후반의 사회경제적 변화과정에서 자발적 조직은 또 다른 도약을 하게 된다. Skocpol(1999)의 연구에서 지적하듯, 남북전쟁 이후 연방제도가 자발적 조직에 크게 영향을 미침으로써 지방을 기반으로 하는 전국적 조직 형태가 나타난다. 19세기 후반 미국사회는 대량이민과 산업화, 도시화의 진전에 따른 빈곤과 실업 등의 문제가 또다시 심화되기 시작하였고, 이러한 사회적 필요에 대한 일차적 반응은 주로 자발적 조직들이 담당하였다. 이렇듯 미국의 경험은 Parsons(1971)의 지적처럼 정치제도와 자발적 결사체를 구분하는 과정이었던 동시에, 양자 간의 상호작용이 사회적 신뢰와 협력의 구축에 필수적이었다는 것도 알 수 있다.

세 국가에 대한 논의를 통해서, 적어도 관심의 대상인 두 가지 변수의 조합이라는 측면에서 각 국가마다 상이한 역사적 경험을 가지고 있다는 것을 알 수 있다. 영국의 경우 제도화의 진행과정과 자

---

21) 입법부의 법제정에 대한 사법부의 위헌판결권한을 예로 들 수 있다. 이는 법적 기능과 정치적 기능을 혼합한 것이다.

22) 미국에서는 독립전쟁 중 이러한 정치적 분파가 형성되기 시작하였다(Conservatives, populist, independent 등). 그러나 이들을 정치적 조직으로 보기는 어렵다. 그러나 펜실베이니아에서 처음 주헌법 제정과정에서 constitutionalist(populist)와 republicans(conservatives)로 구분되어, 주헌법을 둘러싸고 선거전을 폈다 (Reichley, 2000).

발적 결사체의 성격을 갖는 교파 간의 갈등이 맞물려 진행되었고, 제도화와 사회적 신뢰가 어느 정도 구축된 다음 본격적인 참여의 확대가 이루어졌다. 반면에 독일은 제도가 미비하거나 사회적 균열을 반영하는 것이었고, 이를 기반으로 배타적이며 비정치적인 속성을 갖는 자발적 조직들이 급속히 늘어난 것을 알 수 있다. 이러한 문화적 기반에 이식된 새로운 대의적 민주제도는 작동할 수 없어 최초의 의회제도의 실패사례로 남게 되었다. 미국은 특이하게 종교적 조직들을 기반으로 하면서 초기의 배타적 성격을 종교적 다양성과 정치사회적 여건에 의해 극복하였다. 나아가 제도적 설계는 이러한 다양성을 반영하는 것이었고, 다시 정치제도는 조직의 발전과정에 상당한 영향을 미쳤다고 볼 수 있다. 이러한 경험에서 알 수 있는 것은 자발적 조직 자체가 포괄적이며 관용적인 성격을 갖기는 어렵다는 점이다. 역사적 전통과 문화가 조직의 특성을 형성하는 데 중요한 역할을 하지만 정치적 제도와의 상호작용에서 형성된다는 사실도 알 수 있다. 따라서 정치제도만으로 또는 자발적 조직의 참여율을 기반으로 측성된 문화적 속성만으로 사회적 자본을 설명하는 것은 크게 설득력이 없다. 또 독일의 경험이 시사하는 바는 개인적 수준에서 측정된 자발적 조직에 대한 참여로 사회적 자본을 설명하는 것도 추론의 오류가 있을 수 있다는 점이다. 그러므로 비서구국가들에서 역사적 경험과 제도를 무시하고 개인적 자료의 합을 가지고 사회적 자본을 논하는 것은 많은 문제점을 안고 있다.

이상의 역사적 비교분석을 통해서 또 다른 쟁점에 대한 결론을 도출할 수도 있다. 문화적 시각과 제도적 시각의 또 다른 논쟁은 어떤 유형의 조직들이 사회적 자본 또는 시민의 덕성을 함양하는 데 중요한가에 관한 것이다. 전자의 시각(Putnam, 1993: 90)에 의하면 소규모의 지역적 면대면의 이차적 조직들만이 이런 기능을 수행한다고 주장한다. 그리고 이런 유형의 조직들이 줄어들고 있는 상황을 근심스럽게 본다. 그러나 Skocpol(1999b)을 위시한 제도론자들은 충분한 지역적 조직을 기반으로 하는 전국적 조직들을 중요시한다. 시민사회의 건강성은 지역적인 면대면의 상호작용에 있지 않고, 강력한 전국적 조직과 지역적 조직이 어떤 식으로 연계되어 있는지에 달려 있다고 본다. 전통적인 자발적 조직들은 정기적으로 지역회합을 갖고 지역 또는 전국적인 수준에서 선출된 지도자나 대표들의 회의를 갖는다. 아울러 특정의 목적을 위해서보다는 지역공동체 서비스, 상호부조, 전국적 목표 등 다양한 목표를 추구한다. 대의적 원리에 기반을 둔 이들 조직은 지부회원들의 회의, 대표선출, 회비 등의 지원으로 성장하였고 이를 통해서 지역수준을 뛰어넘는 정치적, 사회적 습속이 형성되었다는 점을 강조하고 있다(Skocpol, 2000: 541). 뿐만 아니라 제도와 환경의 변화에 맞추어 전국적 조직으로 성장한 조직들이 지역기반의 조직보다도 더 오래 존속되고 사회적 효과도 크다고 주장한다. 미국과 영국에서는 지역의 자발적 조직들이 전국적 조직으로 변모하고 여러 계층을 포용해 가는 과정이었다. 이에 비해 독일은 모든 조직들이 계층별, 지역별로 분열되어 있었다. 심한 경우 동일 지역의 합창회도 특정 가문과의 친소관계로 분열되어 있었다(Tenfelde, 2000). 물론 앞 장에서 설명한 네덜란드의 경우도 종파와 이념에 따라 분열되어 있었지만 각 분거 내에서 전국적 조직망을 형성하였기 때문에 이를 기반으로 정치적 합의가 가능하였다는 점을 간과해서는 안 된다. 일반적으로 보다 광범위한 공동체와 연계되어 있지 않은 지역적 조직들의 경우에는 배타적 속성이 강하다고 볼 수 있다.

3. 조직참여와 사회적 신뢰의 비선형적 관계

이상의 연구결과를 기반으로 기존의 사회자본연구를 평가하고, 새로운 가설을 제시할 수 있다. 이 세 국가들의 역사적 경험이 시사하는 바는 제도와 자발적 참여는 상호 긴밀한 영향을 미치면서 발달한다는 사실이다. 뿐만 아니라 초기에는 조직 간의 불신과 갈등이 지속되다가 조직이 다양해지고 제도가 변화하면서 차츰 신뢰의 선순환구조에 들어서는 것을 알 수 있다. 아울러 사회적 자본의 구축에는 지역적 조직보다는 전국적 조직이 더 효과적이다. 결사체의 수가 중요한 것이 아니라 사회적 수준에서 그들의 활동과 질이 중요한 것이다. Coleman(1990)의 예에서 보듯 뉴욕의 다이아몬드상들은 그들만의 신뢰와 협동을 구축하지만 이러한 특성이 다른 공동체에까지 확산된다고 볼 수는 없다. 따라서 거시적 수준의 사회적 자본은 개인적 수준의 사회적 자본과는 철저히 구별되어야 하며, 개별적 수준에서 사회적 자본을 이해하는 것은 별 의미가 없다. 사람은 근본적으로 어느 사회에 위치해 있는가에 따라 높은 신뢰를 보이기도 하고 낮은 신뢰를 보이기도 한다. 그러므로 특정한 사회적 맥락에서의 참여와 신뢰의 수준을 알아봐야 한다(Edwards & Foley, 1998). Seligson(2002)과 Inglehart & Welzel(2004)의 논쟁에서 보듯 거시적 현상으로서의 사회적 자본의 경험적 검증은 개인적 또는 조직의 수준에서가 아니라 국가수준에서 이루어져야 할 필요가 있다.

그러나 국가수준의 검증에도 많은 문제점이 도사리고 있다. Inglehart와 Welzel은 Blalock(1964)을 인용하면서 다음과 같이 주장한다. 개인수준에서의 변이는 체계적 요소와 무작위적 요소로 구성되어 있고 후자가 개인수준의 상관관계를 약화시키지만 이를 국가 수준에서 합산하여 평균을 낸다면 무작위 변이가 서로를 상쇄한다. 즉 전체평

균으로부터 벗어난 양과 음의 무작위 편차가 서로를 상쇄하고, 대수의 법칙에 의해 합산되는 개인의 수가 커지면 오차의 감소효과도 커지게 된다. 궁극적으로 국가수준에서는 무작위 오차가 줄어들고 체계적 상관관계는 커지게 된다. 개인수준에서는 측정오차에 의해 감추어질 수 있는 체계적 상관관계를 국가 수준에서는 알아낼 수 있다고 한다.[23)]

이러한 주장은 측정의 타당성이 전제되었을 때 합당한 주장이다. 먼저 국가 간의 비교연구에 가장 광범위하게 쓰이는 보편적 신뢰를 측정하는 측정도구의 타당성에는 의심의 여지가 있다. 거의 모든 서베이에서 쓰이는 질문은 "일반적으로 대부분의 사람들을 신뢰할 수 있다고 믿는가 아니면 사람들을 조심스럽게 대해야 하는가?(Generally speaking, do you believe most people can be trusted or can't you be too careful in dealing with people?)"이다. 이 질문이 집단적 딜레마를 해소할 뿐만 아니라 다양한 사회적 이익을 유발한다는 보편적 신뢰를 측정하는 데 쓰인다. 그러나 이 질문에서 '대부분'의 의미가 사회적 유동성이 큰 국가와 그렇지 않은 국가 간에 차이가 날 뿐 아니라, 인종적 구성이나 종교가 어느 정도 다양한가에 의해서도 많은 차이가 난다는 사실은 익히 알려져 있다(Uslaner, 2002; Badescu, 2003). Badescu의 연구(2003)에서 알 수 있듯이 이 문항을 민주적 이행기에 있는 국가들의 조사에도 적용하는 것은 별로 타당하게 보이지는 않는다. 비록 이 연구가 루마니아의 자료를 바탕으로 한 것이지만 문항의 부적절성을 지적하고 있을 뿐 아니라, 잠재적 요인으로 측정된 보편적 신뢰와 특수한 신뢰 간의 상관성도 미국의 경

23) 국가 또는 지역수준의 평균치를 사용하여 이들 수치를 대상으로 통계적 분석을 하는 것도 문제가 있다. 이들 평균치들 중 어느 것은 정규분포에 기초하고 있겠지만, 극단적으로 치우친 분포나 비교적 고른 분포를 보일 수 있다 (Foley & Edwards, 1999: 152).

우보다 훨씬 크게 나타난 것을 알 수 있다(0.61과 0.39). 따라서 양자 간의 관계를 알아보는 것도 아주 중요하다. 그런데 대부분의 서베이에서 사회적 맥락에 맞는 특수한 신뢰에 대한 측정을 등한시하고 있다.

비슷한 맥락에서 국가 간 비교서베이의 결과는 수긍하기 어려울 정도로 큰 차이를 보이고 있다. 기존 자료의 이런 측정의 격차는 측정오류의 가능성을 잘 나타내고 있는 것이며 측정도구의 타당성을 심히 의심케 하는 것이다. 뿐만 아니라 동일한 지표에 의한 측정도 시차를 달리한 경우 큰 차이를 보임으로써 그 신뢰성 또한 보장할 수 없는 경우가 많다. 예를 들어 1990년과 1995년의 World Values Survey를 비교해 보면 동구국가들의 경우 상당히 낮은 상관관계를 보일 뿐 아니라 계수가 지극히 불안정하다는 것을 알 수 있다(Badescu, 2003: 127). 이를 더욱 극명하게 보여 주기 위해 루마니아와 한국의 자발적 조직참여에 관한 서베이결과를 요약한 내용이 〈표 5-2〉에 나타나 있다.[24] 확실히 역사적 경험이나 배경이 다른 지역을 함께 조사한 경우 민주적 이행기에 있는 국가들의 자발적 조직참여의 수치

〈표 5-2〉 다양한 자료조사에서 자발적 조직 참여의 비율: 루마니아와 한국

(단위: %)

루마니아		한 국	
Romanian Public Opinion Barometers 1999	3.9	한국인의 의식, 가치관 조사 2001	39.5
European Values Survey 1999	9.3	East Asia Barometer 2003[a)]	8.8 (50.8)
World Values Survey 1998	23.3	World Values Survey 1995	81

출처: 루마니아 자료는 Badescu(2003: 128).

주: a) 공식적 조직참여율이며 괄호 안의 숫자는 비공식적 조직참여까지 포함하는 경우.

24) 한국은 자발적 조직의 가입자수에서 가장 큰 예외의 값(outlier)을 보인다는 사실은 잘 알려져 있다(Curtis et al., 2001).

가 대체적으로 과대평가되어 있다. 짐작되는 이유는 이들 국가의 응답자들에게 자발적 조직에 대한 개념이 아직 분명치 않아서 일차적 연고조직이 많이 포함되어 있을 것으로 생각된다. 따라서 표준화된 질문으로 서구사회와 민주적 이행기에 있는 국가들을 함께 조사한 결과는 그 타당성이 심히 의심된다. 사회자본연구를 위한 서베이에서는 문화적, 언어적 배경을 고려한 세심한 주의를 기울일 필요가 있다.

이런 점을 감안하여 〈표 5-3〉에 나타난 사회적 신뢰나 조직참여에 대한 미국과 독일의 수치를 비교해 보면 독일이 이차대전 이후에는 이런 선순환구조를 밟은 것으로 간주된다. 하지만 선순환구조에

〈표 5-3〉 국가 간 사회적 신뢰와 자발적 참여

국 가	사회적 신뢰	조직소속여부	가입조직수	적극적 조직활동
노르웨이	0.65	0.89	2.47	12.46
스웨덴	0.57	0.92	2.57	12.59
핀란드	0.48	0.97	2.48	12.01
미 국	0.35	0.92	3.59	14.54
오스트레일리아	0.40	0.88	2.69	13.25
뉴질랜드	0.47	0.87	2.33	10.97
독 일	0.40	0.86	2.13	12.09
(대 만)	0.40	0.79	3.51	11.56
스위스	0.34	0.81	2.31	12.18
일 본	0.40	0.51	0.93	10.26
(도미니카공화국)	0.25	0.92	3.27	13.78
(멕시코)	0.26	0.83	2.90	13.31
(한 국)	0.30	0.81	2.46	12.05
인 도	0.33	0.54	1.55	11.30
스페인	0.29	0.58	1.39	10.97
체코공화국	0.27	0.59	1.06	10.38
우크라이나	0.29	0.47	0.60	9.71
(칠 레)	0.21	0.75	2.32	12.23
슬로바키아	0.26	0.62	1.11	10.41

(크로아티아)	0.23	0.80	1.67	11.22
알바니아	0.24	0.68	1.05	10.35
우르과이	0.21	0.59	1.39	10.99
라트비아	0.24	0.46	0.70	9.93
헝가리	0.22	0.49	0.82	10.27
(나이지리아)	0.18	0.96	3.90	13.55
러시아	0.23	0.50	0.65	9.84
방글라데시	0.20	0.63	1.53	11.57
벨로루시	0.23	0.52	0.70	9.80
불가리아	0.24	0.25	0.35	9.49
(남아프리카)	0.15	0.95	3.07	13.61
(가 나)	0.17	1.00	6.00	13.65
에스토니아	0.21	0.43	0.64	9.82
조지아	0.21	0.28	0.45	9.64
몰도바	0.22	0.65	1.03	9.36
리투아니아	0.21	0.32	0.48	9.52
루마니아	0.18	0.55	1.14	10.61
아르헨티나	0.17	0.56	1.10	10.66
아제르바이잔	0.19	0.44	0.60	9.71
베네수엘라	0.13	0.63	1.87	11.67
슬로베니아	0.15	0.70	1.29	10.69
콜롬비아	0.11	0.59	1.12	10.40
마케도니아	0.08	0.49	1.50	10.89
페 루	0.05	0.72	2.15	11.95
필리핀	0.06	0.49	1.03	10.59
터 키	0.05	0.30	0.50	9.69
브라질	0.03	0.81	2.13	12.24

자료: World Values Survey, 1990년대 중반; Norris(2002), 〈표 1〉 참조.
주: 괄호 안의 국가들은 측정의 신뢰성이 없는 것으로 간주됨.

의한 긍정적 효과가 지속적으로 나타날 뿐만 아니라 성장한다고 보는 것은 문제가 있다. 서구사회의 경험적 자료를 분석한 결과들에서 나타나는 자발적 조직참여의 미미한 효과와 신뢰수준의 단기적 변화도 이런 같은 맥락에서 이해될 수 있다. 각 사회의 특성에 따라 도달할 수 있는 참여와 신뢰의 수준이 한정되어 있다고 보는 것이 타당한 시각이며, 이런 관점에서 보면 서구사회에서 자발적 조직이 사회적 신뢰를 제고시키는 효력이 거의 정점을 지났다고 볼 수 있다. 많은 연구에서 일부 국가에서는 자발적 활동이 사회적 신뢰에 영향을 미치고 있고 다른 국가군에서는 별 영향을 미치지 못하고 있음을 알 수 있다(Norris, 1999). 아울러 가장 큰 영향을 미치는 국가의 경우에도 다른 변수들(만족감, 국가자긍심, 사회경제적 지위, 도덕성)보다 적은 영향을 미치고 있다. 이로써 자발적 활동이 중요하지 않은 것은 아니지만 다른 사회경제적 요인보다는 중요치 않다고 볼 수 있다.

여기서 가능한 해석은 Tocqueville이 미국을 관찰했던 시기와는 세상이 너무 많이 변했다는 점이다. 그는 민주국가는 신뢰에 기초한다고 생각했고 국가가 신뢰를 구축할 수 있다고는 생각하지 않았다. 이는 19세기의 미국에는 합당한 가정이었지만, 오늘날의 정부는 훨씬 규모도 크고 막강한 권력을 행사함으로써 시민들에게 미치는 영향력이 엄청나다. 국가는 신뢰가 유지될 수 있는 사회적·정치적 제도를 포함하는 많은 조건들을 규정하는 위치에 있다. 따라서 사회적 신뢰의 성격과 유발요인에도 엄청난 변화가 있었다고 보는 것이 옳을 것이다. 소규모 공동체적 사회에서는 소수의 사람들이 서로 긴밀한 상호관계에서 신뢰를 쌓아 갔고 여기서 생성된 신뢰는 긴밀한 신뢰이다. 그러나 현대사회는 다양한 문화와 종교가 혼재되어 있고 사회적 유동성도 매우 크다. 따라서 현대사회에서도 두 가지 상반된 힘이 작용하고 있다. 하나는 상존하고 커져 가는 위험 때문에 신뢰가 필수적이지만 전통적 상호작용을 기반으로 하는 신뢰는 차츰 어려워지는 것이다. 대신 Tocqueville의 시대와는 다르게 현대에서는 훨씬 엷고 추상적이며 다양하고 느슨한 이차적 관계에 기초하고 있는 것으로 보인다. 미국의 역사적 연구에서도 정치제도와 환경의 변화에 따라 자발적 조직들의 유형도 변화, 발전하는 것을 밝히고 있다(Skocpol, 1999b: 2000).

서구국가에서 이런 유형의 사회적 진전이 어느 정도 정점에 이르렀다고 볼 수 있다. 기존연구에서 지적하는 것처럼 1950년대에서 1990년대에 이르기까지 서부유럽에서 회원가입의 추세와 국가 간 차이는 상당히 안정되어 있다(Aarts, 1995). 앵글로 색슨국가와 북구국가의 시민사회의 특징이 대비되는[25] 것처럼(Rothstein & Stolle, 2002) 도달 가능한 신뢰의 수준도 차이가 나는 것이 당연하고, 이들이 같

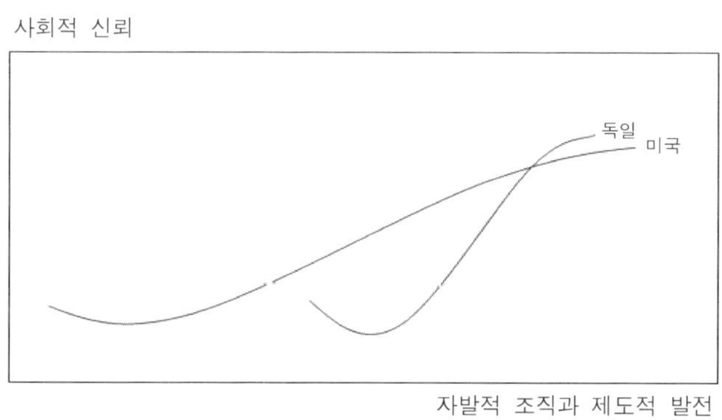

<그림 5-1> 역사적 변화(temporal trajectory)

25) 시민사회의 차이점은 스칸디나비아의 대중운동과 앵글로색슨의 자발적 결사체의 차이점에서 비롯된다. 첫째, 대중운동은 대중의 참여를 끌어내기 위해 강력한 지방의 지부들을 갖고 있으며 전국적으로 잘 조직되어서 시민과 지부들이 중앙에 긴밀히 연계되어 있었다. 둘째, 역사적으로 대중운동은 1900년경의 관료적이며 귀족적이고 자본주의적인 엘리트에 대한 저항운동으로 인식되었다. 운동은 사회변화를 의미하였고 이는 아래로부터의 대중조직에 의해야 한다는 것을 의미하였다. 셋째, 대중운동은 전체 조직의 네트워크로 구성되어, 노동운동의 경우 노조, 사민당뿐 아니라 소비자조직, 소작인조직, 노동자들의 여러 하부조직들, 연금생활자 조직 등을 포괄하고 있었다. 넷째, 저항과 자조의 조직으로서 대중운동은 중상류계층에 의해 주도되는 자선조직들과는 큰 대비를 이루고 있었다. 다섯째, 공식적인 사회민주적 정치신화에 의하면 대중운동은 민주적, 조직적 훈련장으로 인식되었다(Rothstein & Stolle, 2003b).

아질 수 있다고 보는 것은 설득력이 없다. 이러한 비선형적인 역사적 진행과정을 예시한 것이 〈그림 5-1〉에 나타나 있다.

아울러 이러한 역사적 경험의 궤적이 동일시점에서 국가들의 분포에 대해 의미하는 바도 어느 정도 짐작할 수 있다. 동일한 형태를 보이지는 않겠지만 결코 선형적 형태를 보이지는 않을 것이다. 〈그림 5-2〉는 1995년 World Values Survey에 기초하여 계산된 40여 개 국가의 집합적 신뢰수준과 참여 정도의 분포를 나타낸 것이며 여기에 선형 또는 비선형관계로 모형추정을 해 본 것이다.[26] 여기서도 뚜렷하게 비선형적인 관계가 선형적인 관계보다는 훨씬 적절한 관계의 표현임을 알 수 있다.[27]

여기서 도출되는 중요한 가설은 단순히 자발적 조직이 확대됨으로써 사회적 신뢰가 제고되는 것이 아니라, 조직의 확대와 더불어 제도화의 진전에 따라 자발적 조직들의 사회적 효과가 달라진다는 것이다. 민주적 이행기에 있는 지역의 국가들과 서구국가들을 동일하게 취급하여 자발적 조직의 선형적 효과를 기대하는 것은 논리적 근거가 희박하다고 볼 수 있다. 서구국가에서는 조직의 긍정적 효과가 두드러지지도 않을 것이고, 민주적 제도화가 진행되고 있는 국가들에서는 그 단계에 따라 부정적 효과를 보일 수도 있고[28] 긍정적인

---

26) 너무 높은 참여수준을 보이는 몇몇 아프리카 국가와 아시아 국가들을 제외하였다. 여기서 신뢰수준이나 참여의 측정에서 타당성이나 신뢰성의 문제가 심각하다는 것을 알 수 있다.

27) 예를 들어 일차식과 이차식을 비교할 때, 이차항을 더함으로써 얻어지는 설명력을 구체적으로 계산하면 다음과 같다(Blalock, 1979: chap. 19.6).

$$\frac{\text{(이차항}(X^2)\text{으로}}{\text{설명된 부분)}} = \frac{\text{(이차식(}X\text{와 }X^2\text{)으로 설명된 부분)} - \text{(선형으로 설명된 부분)}}{\text{(1} - \text{선형으로 설명된 부분)}}$$

즉 일차항을 통제하고 이차항과 종속변수 간의 부분상관계수의 제곱값을 구하는 것인데, 이 경우 일차항으로 설명되지 않은 변이의 17.8%가 이차항에 의해 설명되었다는 말이다. 이는 통계적으로 의미(F값이 8.88로 p=.01수준에서 유의미함) 있을 뿐 아니라 설명력도 크게 개선되었음을 말한다.

28) 1999년 European Values Survey에 의하면 서부 유럽국가들에 있어서 사회적 신뢰와 자발적 참여의 상관계수는 0.39이지만 전 동구국가들에서는 -0.21을 나

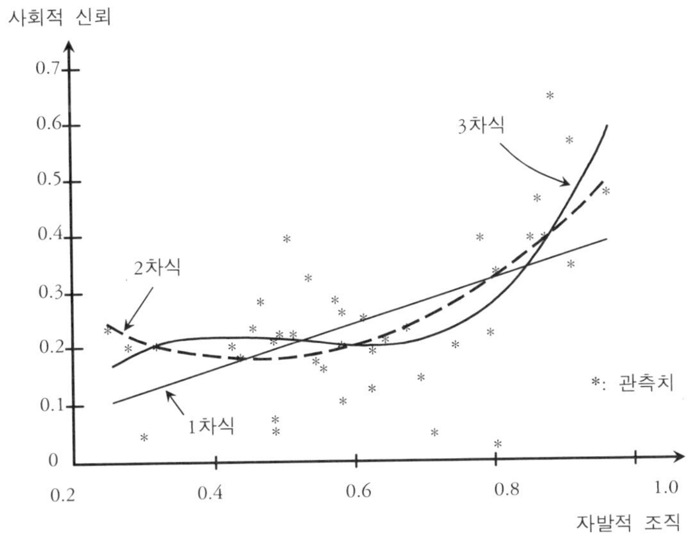

주: 모형의 추정

	결정계수	자유도	F통계량**	p값**	b_0	b_1	b_2	b_3
1차식*	0.297	38	16.03	0.000	0.0081	0.3975		
2차식*	0.422	37	13.48	0.000	0.4499	-1.1616	1.2512	
3차식*	0.475	36	10.87	0.000	-0.3147	3.3677	-6.9046	4.5354

* n차식 : $y = b_0 + \sum_{i=1}^{n} b_n x^n$, y: 사회적 신뢰, x: 자발적 조직

** F통계량은 H_0: $b_n=0$, $n \geq 1$, 즉 b_1, b_2 등 상수항을 제외한 여타 회귀계수가 모두 0이라는 영가설의 검정에 사용된 통계량. 그리고 p값은 이 F통계량의 p값을 말함.

<그림 5-2> 신뢰와 참여의 국가 간 분포와 모형추정

효과를 보일 수도 있다. 결론적으로 국가 간의 비교연구나 서구국가들의 역사적 경험에서, 자발적 조직참여와 사회적 신뢰의 관계는 비선형적 관계(curvilinear relationship)라 할 수 있다.[29]

타낸다.

29) 통계적으로 예견되는 상황은 체제 내 관찰이 선형적 회귀분석에 의해 잘 예견되지만 독립변수의 범위가 달라지면 회귀계수가 다른 값과 부호를 갖게 된다. 만약에 사회적 맥락이 작용하고 있다면, 이들 회귀계수들은 독립변수의 집단 평균이 증가한다면 체계적으로 증가하거나 감소하는 식으로 체제마다 달라질 것이다. 즉 체제 내 회귀분석은 선형적이지만, 체제 간 회귀분석은 곡선이다(Przeworski & Teune, 1970: 68-69).

4. 결 론

이상의 논의는 인과적 과정을 엄밀히 추적하기보다는 사회적 신뢰에 필요한 선행조건들을 찾아보기 위한 시도였다. 정치제도만으로 또는 자발적 조직들에 대한 참여만으로 사회적 신뢰가 구축되지는 않는다. 오히려 두 가지 요인은 사회적 신뢰의 필요조건(Most & Starr, 2003)으로 볼 수 있다. 위 국가들의 경험에서 보듯이 결사체는 본질적으로 비슷한 목표와 정치적 정향을 가진 사람들을 함께 모으는 경향이 있으므로, 조직 외부의 사람들에게는 지극히 배타적인 태도를 보이게 된다. 여러 결사체들이 자유스럽게 작동한다면 자연스럽게 다원주의와 관용의 "창조적 무질서"(Dahrendorf, 1997)로 발전하기 어렵다. 영국이나 미국의 경험으로 보면 최소한의 신뢰를 기반으로 하는 종교적 관용이 점진적으로 확대되어 전반적인 사회적 신뢰를 구축하는 선순환 구조로 들어서는 데는 참여에 상응하는 제도화의 진행과정이 작용하고 있었음을 부인할 수 없다. 즉 조직의 밀도와 사회적 신뢰 또는 협력 사이에 높은 상관성이 있는지는 역사적 맥락과 제도적 관점에서 다시 살펴보아야 할 필요가 있다. 이 과정에서 조직화된 참여를 정치제도에 연결시키는 중요한 고리가 정당이었음을 주목할 필요가 있다. 세 국가에서 공통적으로 나타난 현상은, 자발적 조직의 정치참여가 자연스럽게 정당제도의 발달로 이어지고, 정당은 정치제도화에 있어서 가장 중요한 역할을 하였음을 보여 주고 있다.

한편 사회적 맥락이나 제도의 중요성을 감안하여 이러한 결론을 자발적 조직의 확대요인과 연결시켜 볼 수도 있다. 역사적 확대요인을 규명하는 과정에서 긍정적 사례로 분류된 국가군의 경우에는 예외 없이 순조로운 제도화 과정을 밟았고 사회적 신뢰를 제고시키는 데 선두 국가들이었다. 네덜란드, 스칸디나비아국가들 그리고 미국이 여기에 속한다. 정치제도화 과정도 역사적 전통과 일치하는 것이었다. 이 중 덴마크는 다른 국가들에 비해 정치적 제도화 과정이 비교적 급속하게 이루어지기도 하였으나 시대적 요구에 순응하는 것이었다(Rokkan, 1970). 덴마크는 오랫동안 절대주의왕권의 치하에 있었으나 사회적, 문화적 전통을 공유하는 다른 스칸디나비아국가들처럼 19세기에 대중운동이 널리 확산되었다(Klause & Selle, 1996). 이를 기반으로 비교적 빠른 시간에 새로운 정치제도가 뿌리내리게 된다.[30] 이에 비해 부정적 사례로 분류된 국가들의 경우 영국을 제외하고는 사회적 신뢰가 형성되는 과정이 그리 순탄치 않았던 국가들로 볼 수 있다. 독일, 이탈리아, 스페인의 경우도 그렇지만 프랑스의 역사도 지극히 배타적이며 억압적인 분위기가 오래 지속되었다는 점을 지적할 수 있다.

그리고 서구국가들의 역사적 경험을 통해서 자발적 조직이 외형적 유사성에도 불구하고 내적인 질적 차이가 엄존하고 있다는 사실을 알 수 있다. 자발적 조직이 경쟁적으로 발달하면서 계층과 지역을 뛰어넘는 포괄적인 전국적 조직이 주를 이루는 국가가 있다. 이에 비해 독일의 경우처럼 지역적이며 계층별로 분화된 조직이 대부분일 경우가 있다. 후자의 경우 결사체의 활동은 비정치적이면서 사회적 통합에 긍정적 효과를 보이기 어렵다.

우리나라에서도 1980년대 후반의 성공적 반정부운동을 기점으로 새로운 형태의 공익적 이익표출집단들이 나타났고, 이런 유형의 조직이 많아지면서 노동자나 전문직종의 이익을 대변하는, 정부로부터 독립적이며 갈등적인 집단적 이익표출조직도 늘어났다(유팔무, 1998).

---

30) 1831년 지역별 신분대표제도가 도입되었고 1849년에는 전국적 선거를 통한 양원제가 수립되었다. 이후 급진적 도시 부르주아와 농민의 연합세력과 과두적인 엘리트 간의 갈등은 상당기간 지속되었다(Rokkan, 1970: chap. 3).

그 후 정치적 민주화, 비영리영역의 지원확대 및 호의적인 법개정을 통해 공익적 이익표출조직이 다수 출현하였다. 그러나 이 시기에 출현한 조직 역시 전문가나 과거 반정부활동의 경험을 가진 소수 엘리트들에 의해 주도되었다(박상필, 2000). 또 여러 계층으로 구성되고 일반회원의 광범위한 참여를 기반으로 하는 것보다는 지도적인 전문가와 소수의 상근요원에 의해 운영되는 조직이 많다(유석춘 외, 2000). 따라서 대부분의 자발적 조직들의 사회적 역할은 긍정적 측면 못지않게 분열적이며 부정적인 측면도 강하다고 할 수 있다. 특히 사회저변의 연고주의로 인해, 일반국민들의 연계망이 사회적 엘리트들의 연계망과는 아직도 동떨어진 상태에서 존재한다. 우리나라에서 자주 언급되는 소위 '시민 없는 시민운동'의 원인도 이런 역사적 유산에서 찾을 수 있을 것이다.

이 분야의 연구에도 시사하는 바가 크다. 엄청나게 많은 사회적 자본에 관한 연구가 이루어지고 사회과학의 전 분야에서 서로 다른 관심을 가지고 이를 연구하고 있는데, 대부분의 연구가 미시적 수준의 실증적 연구인 점은 우려할 만한 일이다. 위 세 국가의 역사적 경험에서 보듯 분석수준과 연구대상 및 시기에 따라 좀 더 엄밀한 이해가 선행되어야 한다는 점을 알 수 있다. 영국과 미국의 역사적 경험을 보면 자발적 조직의 확대와 사회적 신뢰는 결코 선형적인 관계가 아닌 것을 알 수 있다. 초기에는 불신과 갈등이 증폭되다가 차츰 신뢰가 확대되는 과정을 관찰할 수 있다. 따라서 특정 시점에서 여러 국가를 선형적으로 비교하는 것도 문제가 될 수 있다. 만약 자발적 조직의 특성이 변화하고 제도적 환경에 따라 그 역할이 다르다는 것을 이해한다면, 한국의 자발적 조직에 대한 연구나 국가 간 비교연구에 보다 조심스러운 접근이 필요하다는 것을 짐작할 수 있다. 독일의 경험에서 보듯, 개인적 수준에서 측정된 자발적 조직에 대한 참여로 사회적 자본을 설명하는 것도 추론의 오류가 있을 수 있다. 그러므로 비서구국가에서 역사적 경험과 제도를 무시하고, 서구적 도구로 수집한 개인적 자료의 합을 가지고 사회적 자본을 논하는 것은 많은 문제점을 안고 있다.

사회적 자본에 대한 연구가 사회과학의 궁극적 관심이 되는 협동적 행위를 가장 용이하게 하는 대안에 관한 연구임을 감안하면 이 비교연구의 결과는 또 다른 의미를 갖는다. 사회과학에서 제도와 문화의 논쟁은 상당히 오래된 것이다. 제도주의자들은 개혁의 가능성을 믿는다. 제도가 결과에 영향을 미친다면 개혁된 구조는 본래의 것과는 다른 결과를 가져올 것이다. 문화주의자들은 개혁에 대해 낙관적이지 않다. 변화된 구조가 다른 결과를 야기하지는 않으며 정책결정에서 정치적 행위의 패턴에 이르기까지 결과는 가치의 패턴을 반영한다. 가치는 변화된 조직의 형태에 저항한다. 요즈음에는 제도개혁의 가능성에 대해 이런 대칭적 주장을 들어 보기는 어렵다. 오늘날의 문화론자 역시 제도를 가볍게 여기지는 않는다(Uslaner, 2002). 가치가 제도를 형성하고 제도는 다시 대중의 선호에 영향을 미친다고 생각한다. 그럼에도 불구하고 뚜렷한 차이가 존재하며 어느 방향으로 인과적 영향이 더 큰지에 대해서는 이견이 있다. 이 연구결과가 시사하는 바는 단순한 제도적 공학(institutional engineering)이 기대하는 효과를 가져오기 힘들다는 점이다. 역사적으로 스칸디나비아는 동질적이면서 집단적 시민사회였고 이에 맞는 제도화가 이루어졌다. 미국은 이에 비해 이질적이면서 개인적인 시민사회였고 제도화 역시 이런 맥락에서 이루어졌다. 예를 들어 미국에서 북구적 복지국가 모형이 가능했다고 생각하는 사람이 없는 것처럼 국가의 정책적 역할만으로 북구모형이 이식될 수도 없다. 중요한 것은 문화와 제도의 조화인 것이다. 사회의 가치에 뿌리내린 제도는 협동행위에서 항상 문제가 되는 거래비용을 줄일 수 있다(North, 1990). 많은 민주국가에서 제도의 지속성은 가치와 제도의 적절한 조화를 반영하는 것이다. 그러므로 제도와 문화의 상호작용과 그 효과를 이해하면 제도의 변화에 의한 개혁의 여지는 그리 크지 않다고 볼 수 있다.

그렇다고 개혁을 포기해야 된다는 것은 아니지만 구조적 수리를 통해서 많은 것을 기대해서는 안 된다. 변화하는 가치는 개혁운동에 나타난다. 이런 정치적 동원과 변화하는 가치에서 우리는 문화에 가장 적합한 제도적 장치를 생각해 내야 한다. 지속적인 개혁을 위해서 어떻게 가치를 변화시킬 것인지도 알아야 한다. North가 지적한 것처럼 경쟁적 과정이 열등한 제도를 없애지는 못하며 비효율적 제도도 매우 안정적이라는 것도 역사적으로 알 수 있었다. 이렇게 사회적 가치의 변화를 따라잡지 못하는 제도의 변화도 중요한 개혁의 대상이 된다. 그러나 이런 개혁은 역사적 경험으로 보아 학술적 제도론자나 문화론자보다는 시대의 흐름과 정치문화를 이해하는 선각적인 정치적 리더십에 의해 가능한 것으로 보인다.

제 6 장

결론 및 함의

제 6 장 결론 및 함의

서구의 국가형성과 민주화 과정을 되짚어 볼 때 공통적으로 발견되는 점이 있다. 혈연관계나 지역공동체 및 다른 단체에서 비롯되는 귀속적 역할의 차이를 인정하지 않는 대신 차츰 공식적으로 평등한 권리와 국가에 대한 의무를 부과하는 제도적 혁신 과정이 존재한다. 법 앞의 평등, 사회보장 및 보편적 선거권이 시민권의 주된 예라면 직접세, 병역의무, 의무교육 등이 국민국가에 대한 보편적 의무였다. 물론 일관된 발전적 과정이 아니라 각 사회에서 주요한 권력집단 간의 복잡한 협상과 일시적 타협을 거쳤다. 이 과정에서 전통직 유대관계는 불식되었고, 결국은 정치적으로 발언권이 없었던 시민들에게 선거권을 부여하는 것이 불가피하였다. 아마 Edmund Burke가 공식적 평등을 이런 맥락에서 파악한 최초의 인물일 것이다. 그는 프랑스혁명이 정부의 집권화를 성취하기 위해서 시민권의 추상적 평등성을 보장하였다고 비판하였다.

Tocqueville은 국민통합과 보편적 선거권으로 발전하는 과정을 분석하면서 더욱 진전된 주장을 펴고 있다. 민주주의의 성장과정은 단순히 부르주아와 하층계급에게 정치적 시민권을 부여하는 것 외에 정부와 법적으로 평등한 시민 사이에 존재하던 모든 중간적 권위체를 와해시켰다. 국가의 집권화를 위해 정치체의 신민들 간의 정치적 · 법적 차이를 제거하였다. 이는 봉건적, 지역적 또는 집단적인 모든 중간적 권력의 간섭을 배제하려는 정부의 필요와 시민의 평등화 요구가 부합하면서 더욱 강화되었다. Tocqueville은 이런 경향이 산업이 발달하고 농업을 기반으로 하는 지역적 권력이 약화되면서 더욱 가속될 것이고, 지역의 갈등이 고조됨으로써 중앙정부의 규제는 더욱 강화될 것으로 예언하였다. 그의 공식적인 정치적 제도와 규제가 발달할 것이라는 예언은 적중하였다. 산업의 지속적인 발전에 의해 의사결정체제는 더욱 집권화되었고 시민의 권리와 의무는 평등해졌다.

그러나 공식적 평등이 확대됨에 따라 이에 상응하게 다양한 새로운 결사체들이 등장하고 발달하는 것을 예측하지는 못하였다. 평등한 개인을 전제로 하는 다수에 의한 의사결정체제가 점진적으로 이익집단이나 자발적 조직에 의해 보완, 견제되기 시작하였다. Tocqueville은 이러한 현상이 미국의 정치적, 시민적 결사체에서 나타나는 것을 관찰하였으면서도 대중민주주의의 성장에 대한 설명에서는 이를 보완하지 못하였다. 19세기 후반의 시점에서 비교의 대상이 좀 더 다양하였다면 공식적 평등의 제도화에도 불구하고, 연고적인 결사체와 전통적 충성심이 급격히 약화되면서 새로운 형태의 결사체가 나타나고 성장하는 단계에 들어선다는 사실을 일반화할 수 있었을 것이다. 뿐만 아니라 19세기의 상황에서 이 결사체들의 양적, 질적 차이를 구분하고, 차등화된 사회적 역할에 대한 이해도 가능했으리라고 생각된다.

그럼에도 불구하고 Tocqueville의 저술은 시민사회연구에 중요한 의미를 지니고 있다. 미국의 관찰에서 반복적으로 강조한 것은 상업적 개인주의가 정치적 안정만을 추구하게 되면 다수에 의한 전제주의에 흐를 수 있지만 자발적 결사체가 이를 억제한다는 점이다. 단순히 이들의 광범위한 존재만으로 바람직한 사회적 효과가 보장되지는 않는다. 지역적 참여와 이에 따른 의사결정을 반영할 수 있는 분권적인 제도적 장치 또한 필수적이다. 상업적이며 타산적인 개인주의는 민주주의의 기본이며, 프랑스의 경험에서 보듯 혁명적 열정은 민주주의와 양립할 수 없다. 또한 그는 당시의 프랑스에서는 찾아볼 수 없는 종교적 믿음에서 수반되는 절제의 감각이 미국사회와 조직들을 지탱한다고 지적하였다(제1권 2부 43장). 아울러 국가의 역할은 정책이나 제도에 의해 의도된 것뿐 아니라 의도되지 않은 다양한 사회적 효과를 갖는다는 점을 명백히 하였다. 국가도 시민사회의 형성과정에서 중요한 역할을 한다는 것이다. 이런 관찰은 본 연구의 결과들과 상당부분 일치하는 것이다.

이 연구에서는 18, 19세기에 이루어진 당시의 비교 관찰들과는 다른 접근방법으로, 서구사회를 중심으로 비영리부문의 확대요인과 사회적 효과를 살펴보았다. 이로써 비영리부문의 확대에 결정적인 역할을 하는 중요한 역사적 변수로 국가의 지지를 배경으로 하는 도시와 프로테스탄티즘이라는 두 요인으로 요약되었다. 하지만 단순히 도시화의 진전이나 프로테스탄티즘의 확산이라는 외형적 변수로 이해하는 것은 지나치게 피상적이다. 뿐만 아니라 이 요인들을 후발국가의 분석에 그대로 원용하는 것은 중대한 오류를 범할 수 있다. 이들 요인의 중요성은 그 자체에 있기보다는 이들에 의해 연유하는 가치의 변화이다. 도시의 발달과정은 구조적인 외적 제약을 탈피하여 자율성을 확보하는 역사적 과정이었다. 즉 도시와 도시 부르주아의 지배적 위치에 의해 혈연이 약화되고 이들의 외적 자율성이 확보되는 것이 관건이었다. 종교개혁 이후 새로운 믿음과 신학은 내적 자율성을 확보하여 근대적 시민이 출현하게 되는 배경이 되었다고 볼 수 있다. 프로테스탄티즘에 의해서 자발적 공동체의 속성이 뿌리내리고 내적 자율성이 확보되었다. 무엇보다도 일차적 연고 집단의 구속을 극복하여야 진정한 자율성에 기초한 자발적 조직들의 구성이 가능하다. Putnam(1993)의 연구에서도 지적된 바이지만 이탈리아 남부에는 많은 면대면의 전통적인 소공동체들이 존재하지만 이들이 시민적 덕성을 함양시키는 조직이 되지 못한다. 일차적 집단의 특성은 수직적 관계를 강조할 뿐만 아니라, 많은 일차적 연고조직은 바람직한 이차적 조직으로 발달할 수 없다는 사실을 보여 준다. 이 두 요인에 의한 정치적·사회적 변화와 시민계급의 내적 변화가 동반되지 않는 단순한 양적인 변화는 의미가 없다.

Weber의 19세기 말 독일의 상황에 대한 논평에서도 지적된 바이지만 자발적 결사체의 수가 아니라 질이 중요하다. 이는 특정 사회의 역사적 맥락에 크게 좌우된다. 바람직한 자발적 결사체의 모습은 지역적 조직들이 전국적 조직으로 확대되고 이러한 조직들에 뿌리를 둔 정당에 의해 정치제도와 연계되는 것이다. 이때 비로소 자발적 조직은 사회적 신뢰를 제고시킨다. 그러나 이념적이며, 지역별 또는 계층별로 구분되는 다수의 결사체들은 사회적 갈등을 심화시키는 경향이 있다. 양적 확대가 상대적으로 낮다고 하더라도 전국적 결사체들을 기반으로 정치제도화가 함께 이루어진다면 훨씬 바람직한 사회적 결과를 가져온다. 그러나 시민사회와 정치제도가 함께 발전한다는 것을 기대하기는 쉽지 않다. 이런 이유에서 우리는 밝혀진 확대요인과 사회적 효과를 연결하는 관점에서 보다 광범위한 일반화를 시도하였다. 이러한 맥락에서 우리의 상황을 이해해 볼 수 있을 것이다.

한국사회에서 도시화와 프로테스탄티즘의 확산과정을 살펴보면 긍정적인 평가를 내리기 어렵다. 정부주도의 경제발전으로 정부는 사회의 거의 모든 영역에서 주요한 의사결정을 독점하였다. 정부주도형의 경제발전으로 인해 기형적인 중산층이 형성되었다. 시민사회를 주도하지 못하고 오히려 이를 적대시하는 부르주아계층을 형성하게 하였다. 종속적인 부르주아는 자율성을 추구하기보다는 정치적 불안과 변화를 경계하고 두려워하는 순종적인 계층이 되었다. 이들 계층에게는 질서, 확실성, 안전이 가장 큰 정치적 관심사였다. 도시 시민계급이 국가로부터 자율성을 확보했다고 볼 수도 없고 정치적 변화를 주도함으로써 국가와 동등한 관계를 확보했다고 보기 어렵다. 1987년의 6월 항쟁은 도시시민계급에 의한 것으로 평가된다. 하지만 수동적이며 의존적인 존재에서 투쟁적 활동가로 일시적으로 변화한 원인은 이들의 안전에 대한 열망에서 비롯되었다고 보는 시각도 있다. 즉 군사정권이 자의적 권력에 의해 점점 더 신뢰할 수 없는 대상이 되었고, 이 때문에 헌법적 질서와 법의 지배에 의한 안전을 추구한 결과로 본다(Bell, 1995).[1] 그러나 대부분의 민주화운동은 정부의 탄압 때문에 은밀하게 조직된 소수의 집권적 결사체들에 의해 이루어졌고 이 과정에서 시민은 항상 동원의 대상일 뿐이었다.

이렇게 우리의 역사적 경험은 자율적인 도시 부르주아가 나타나기 어려웠다. 보다 근본적인 문제는 한국의 자본주의가 바람직한 생활방식으로 자리 잡지 못한 점에 있다. 일찍이 18세기의 사상가들은 새롭게 등장한 생산과 교환방식이 시민사회에 어떤 효과가 있을까에 대해서 고민하였다. Montesquieu를 비롯한 많은 사상가들은 상업사회가 시민적 덕성의 함양에 긍정적인 효과가 있을 것으로 이해하였다.[2] 특히 Samuel Ricard는 상업이 상호효용성으로 인간을 결속시키고 상업에서 성공하기 위해 정직하고 예의 바르며 신중할 필요성을 느끼게 된다고 한다. 또 현재와 미래의 거래상대방에게 신용을 확보하기 위하여 진지하고 품성이 바르다는 것을 보이려고 노력하기 때문에 긍정적 효과가 있다고 생각하였다(Hirschman, 1982: 1465에서 재인용). 그러나 당시 몰락하는 보수귀족들은 정반대의 생각을 가지고 있었다. 상업정신이 팽배해지면 모든 것이 거래관계로 받아

1) 이런 분석은 초기 시민사회 이론가인 Adam Ferguson(*An Essay on the History of Civil Society*)에 의해서도 지적된 바이다. 즉 개인적인 부에만 집착하면 안정과 질서만을 강조하게 되고 정치체제가 효율적으로 작동하는 것을 최선으로 생각하게 된다. 그렇게 되면 권위주의적 통치가 가능해진다는 주장이었다.

2) 이외에도 Condorcet, Thomas Paine, David Hume, Adam Smith 등도 긍정적 효과를 예측했었다(Hirschman, 1982).

들여지고 반대급부가 따르지 않는 중요한 전통적 가치를 상실하게 된다고 보았다. 공동체로 존속하기 위해서 필요한 사랑, 가족애, 애국심 같은 비금전적 가치들마저 잠식되어 사회적 유대감이 사라지고 붕괴된다는 설명이다. 이후 조금씩 다른 형태의 자본주의 사회의 자멸론이 등장하였고 긍정적인 효과보다는 부정적 요소에 대한 연구가 훨씬 많은 것이 사실이다. 확실히 자본주의적 가치는 두 가지 요소를 함께 내포하고 있다. 지속적 상거래는 신뢰, 이해, 부드러운 감정으로 사회적 결속력을 강화하지만, 반면에 계산과 도구적 이성이 강조되어 부정적 효과도 유발한다. 그러므로 자본주의 사회의 도덕적 기초는 항상 고갈되면서 채워진다고 할 수 있고, 고갈되는 속도가 더 빠르면 체제의 위기가 야기된다. 그래서 시민사회에 미친 영향을 이해하기 위해서는 특정 사회의 발전단계와 내용을 살펴보아야 한다.

한국사회에서 자본주의적 생산과 교환방식이 얼마나 정착되어 있는지 의심스럽다. 우리 사회에서 자본주의와 부르주아의 형성과정은 자유시장경제와 거리가 있었기 때문이다. 정직한 부의 축적보다는 국가권력을 배경으로 한 독점과 폭리, 그리고 비정상적인 투기 등 정직한 개인적 상호작용을 근간으로 하지 않는 거래가 많이 이루어졌다. 여기에 연고, 의리 등이 가미된 맹목적 열정은 정직한 이해관계에 기초한 마음의 습속(habits of the heart)을 길러 가는 것을 방해했다고 할 수 있다. 즉 자본주의가 아직은 생활방식으로 뿌리를 내리고 있다고 볼 수 없고, 이런 점에서 부정적인 효과가 더 우세하다고 할 수 있다.

한국에서 프로테스탄티즘의 확산과정에 대한 평가도 상당히 부정적이다. 일부 교회와 지도자들이 정치적 변화의 주도적 역할을 한 점은 인정되나 보편적 경향으로 보기는 어렵다(Chung, 1996). 오히려 대부분의 기독교인들은[3)] 가족주의를 초월하는 보편주의보다는 무속 및 유교적 문화에 적응함으로써 가족주의적 습속을 버리지 못하였다. 현세이익을 추구하기 위한 방편으로 여기는 공리주의적 기복사상과 태도를 견지함으로써 초월적인 사명이나 정신적 구원에 상대적으로 무관심한 점도 있다(정재식, 2000; 차성환, 2002). 물론 서구에서처럼 한국에서도 근대적 시민사회의 형성에 기독교는 결정적인 역할을 했다. 교회나 종파 그 자체가 중요한 공동체일 뿐 아니라 각 교파들은 교육이나 사회적 서비스의 영역에서 선구적 역할을 해왔고 여전히 가장 큰 역할을 해내고 있다. 기독교는 교회모임을 통해서 결사와 사교의 장이 되며 각 교회는 새로운 신자들을 끌어들이고 지도자를 훈련시키며 공동의 목표를 위해서 서로 협력하는 법을 배우는 중요한 장이 된다. 각각의 교회가 경쟁적으로 신자들을 모으고 그 신자들이 그 규칙을 자발적으로 받아들인다는 의미에서 자발적이고 민주적인 모임으로 볼 수 있다.

그러나 역사적, 거시적인 관점에서는 좀 더 다른 평가가 가능하다. 한국에서 가톨릭과 개신교는 도입기에서부터 서로 다른 배경과 뿌리를 가지고 있었다. 가톨릭은 개신교보다 먼저 노입되어 주로 중인계급과 불평을 품은 지식인 계층에서 확산되었다. 이에 비해 최초의 개신교 모임은 1860년대 만주에서 스코틀랜드 선교사들을 접하고 귀국한 상인계급에 의해 황해도에서 생겨났다. 1880년대 중반에 선교사들이 들어오기 시작하면서 평민과 하층민들이 포교의 주요 대상이 되었고 지배계급과는 상당히 유리된 관계로 출발하였다. 근대적 의미의 자발적 결사체가 확대되는 데는 개신교의 역할이 절대적으로 중요하였다. 특히 근대화가 시작되던 당시 지식인들의 계몽적 분위기와 개신교의 융화로 사회적 발전에 중요한 역할을 하였다. 다양한 교육기관, 의료복지서비스 조직이 생겨났고, 일제에 항거하

3) 한국에 관한 서술에서는 프로테스탄트 대신 국내에서 쓰이는 기독교 또는 개신교라는 용어를 사용한다.

는 독립운동을 주도하는 결사체도 이들의 노력이다. 시민사회운동의 전형인 YMCA도 그중의 하나이다.

그러나 초기 기독교와 관련된 조직들은 연고주의에 의해 분열되어 있었다. 이는 한국 최초의 남감리교 신자이자 YMCA운동의 지도자로서 일제시기 기독교계 최고의 원로였던 윤치호의 일기[4]를 통해서도 알 수 있다. 민족주의적 사회운동세력과 기독교계를 중심으로 소위 서북인과 기호인 간의 지역감정, 평안도지방과 서울경기지방 사이에 지역감정이 얼마나 극심하였는지를 알 수 있다.

> 모든 조선인들은, 자신들을 상당수의 적대적인 진영으로 갈라놓은 파벌이라는 것이야말로 민족 최악의 천벌이었다는 사실을 솔직히 시인한다. 두 가지의 씻을 수 없는 범죄를 저지른 이조가, 다시 말해서 소수의 양반가문에게 모든 권력을 집중시키고, 백성들의 호전성을 제거한 이조가 1905년에 사라져 버렸다. 하지만 파벌의 전통과 편견과 정신은 지금도 예전 못지않게 기승을 부리고 있다. 안창호가 이끄는 서북파가 기호파를 죽이고 싶을 만큼 증오한다는 건 널리 알려진 사실이다. 하와이나 미국, 시베리아나 중국 등 조선인들이 살고 있는 모든 곳에서 이 두 파벌은 도저히 용해될 수 없는 적대감을 가지고 있다. 서북파는 기본방침으로 일본인들을 몰아내기 전에 기호파들의 씨를 말려야 한다고 선언했단다. 해외에 나갔다 돌아온 기호인들은 한결같이 두 진영 사이에 적대감이 존재한다는 사실에 동의한다.…(1931년 4월 17일 일기; 2001: 621-622)

일제 이후 정치적 환경 또한 개신교를 반체제적이거나 친정부적인 분파로 양분하였다. 이 중 반체제적인 모임은 항상 지식인 및 학

4) 그는 1883년부터 1943년까지 60여 년 동안 쓴 일기를 남긴 것으로도 유명하다.

생 일부에 국한되었다. 큰 흐름은 기복적인 교회와 국가의 공생관계로 볼 수 있다. 특히 최근 반세기 동안의 엄청난 교세의 확장에는 이런 요소들이 가장 큰 작용을 하였다. 개신교가 가지고 있는 내세지향적 도덕성이 현세지향적인 기복적 성향에 압도되었다고 할 수 있다. 뿐만 아니라 교파 간의 극심한 분열은 자발적 결사체로서 사회적 순기능을 어렵게 할 정도이다. 1990년대 중반의 통계에 의하면 한국의 개신교파는 69개에 이르고 이 중 59개 교파가 장로교이다. 전통적으로 내부적 규율이 엄격하고 통일된 신학을 바탕으로 한 하나의 단체로서 알려진 장로교도 우리나라에서는 이렇게 균열되어 있다. 이런 분열의 근원은 각각의 교회가 목사를 중심으로 뭉쳐 있고 교직자들은 물질적 이익을 위해 교파의 규율을 무시하고 교회를 사유화하고 새로운 가르침을 내세우기 때문이다(Clark, 2002). 종교적 가르침보다는 목회자와의 능력과 교인들과의 관계가 더 중요시되어 많은 사회적 부작용을 일으키기도 한다. 이는 초기의 지역 연고에 기초한 분열이 또 다른 형태의 연고적 분열로 나타난 셈이다.

이는 기독교만의 문제는 아니다. 한국의 토양에서 모든 외래종교는 토속신앙을 변화시키지 못하고 오히려 이에 적응하면서 확대되었던 과정을 밟았다. 한국의 무속은 현실적 필요의 충족과 현세적 이익을 추구하는 생활중심주의나 기복신앙적 특성을 갖고 있다. 불교, 도교, 유교 등이 도입되고 수용되는 과정에서 이들의 피안을 지향하는 보편적인 정신은 항상 지도적인 소수의 이념으로 남았다. 반면에 대중적 수용은 무속적 세계관에 의해 변질된 가족주의와 기복적 요소에 크게 집착하게 되었다(장재식, 2000). 특히 조상숭배를 통한 가족주의는 유교적 전통에 의해 제도화되고 강화된 측면도 있다. 기독교의 수용과정도 크게 틀리지 않아서 보편적 세계관을 수용하기보다는 한국의 토양에서 토속적 문화에 동화한 면이 크다고 볼 수 있다(Chung, 1996). 내세지향적인 절제와 초월적 가치보다는 가족주의와 기복적 측면이 강조된 것이다. 따라서 기독교가 서구사회에서와 같은 역사적 역할을 수행하였다고 보기는 어렵다. 한국의 토양은 바깥의 충격으로 변화하기보다는 이를 수용하고 변질시키는 힘이 있는 것 같다.

이러한 문화적 배경에서 확대된 자발적 결사체들이 긍정적인 사회적 효과를 발휘하기는 어려웠을 것이다. 서론에서 언급한 것처럼 공익적 서비스를 제공하는 많은 조직들이 소유와 경영의 틀에서 이해되고 있다. 이사회의 구성과 조직운영은 연고주의의 틀 안에 머물고 있는 실정이다. 서비스 제공 조직도 그렇지만 많은 창도조직들도 크게 다르지 않았다. 1980년대 후반 이후 급속하게 늘어난 새로운 형태의 조직들을 긍정적으로 보는 시각도 있다. 그렇지만 이들은 여러 계층으로 구성된 조직이라기보다는 정규적인 구성원이 없이 전문요원에 의해 운영되고 주로 정책 창도적 기능을 갖는 조직의 형태가 많다. 이러한 새로운 창도집단들은 비교적 집권화되었고 주로 전문가들에 의해 로비와 시민교육에 전념한다. 이러한 형태의 조직들은 권익옹호조직(여성운동 등), 공익 또는 시민집단(환경, 정치개혁, 빈민층자녀의 복지)이며 이에 대한 반응으로 전통적인 기업 또는 전문직종의 이익을 대변하는 조직들도 늘어났다. 따라서 서구에서 전통적·자발적 조직들이 풀뿌리조직의 기반을 주, 지역, 전국적 지도력으로 연계시켰던 것과는 다르다.

무엇이 이런 변화를 불러왔는가. 첫째, 1980년대 이후 성공적인 민주화 과정은 소수 지식인과 학생이 주도하였고 일반 시민들은 대부분의 경우 동원의 대상이었다. 시민운동도 소수의 활동가들이 주도하고 있다. 예전의 담합에 의했던 정치과정과 의사결정이 점점 개방적으로 되고 정부의 예산과 권한이 확대되면서 이런 경향을 부추겼다. 그래서 서울을 중심으로 구성원이 거의 없거나 소수에 불과한 창도조직들이 폭발적으로 늘어나기 시작하였다. 새로운 목표가 생길

때마다 활동가들은 서울에 새로운 사무실을 내고 중앙으로부터 사업에 착수하였다. 조직구성원도 동료시민집단으로 간주되기보다는 특정 정책에 대한 선호를 갖는 소비자들로 간주된다. 둘째, 이전에는 조직을 시작하기 위한 자금이 주로 개인이나 다른 자발적 조직에 의해 보조되었으나 이제는 기업 또는 정부보조에 의존하게 된 점이다. 이렇게 다른 재원이 이용 가능해지면서 조직을 만드는 것은 더 용이해졌다. 바람직한 자발적 조직들은 조직을 만든 뒤에는 지지자들을 확보하기 위하여 사회적 연계나 개별적 접촉을 통해서 구성원을 확보하고 이를 위해 다른 지역의 활동가를 충원하여 구성원들을 늘려서 이들의 회비에 크게 의존한다. 셋째, 새로운 조직들은 여전히 연고적 동원에 크게 의존하고 있다(송호근, 2001). 비록 보수적인 단체에 비해서 진보적인 성향의 단체는 연고적 동원보다는 자발적 동원에 더 크게 의존한다는 연구(윤민재, 2004)도 있지만, 아직까지 일반적 특성은 연고적 동원에 있다. 뿐만 아니라 운동의 보편적 목적보다는 특수 이익에 매달리는 경향이 있다. 다목적이며 구성원에 의존하는 자발적 조직들이 아니라 특정 목적별로 세분화된 연고적 조직의 틀을 벗어나지 못하고 있다.

문제는 이러한 조직들이 지나치게 과두화하여 아래로부터의 영향이 미치지 않고, 주로 중상류계층의 이익을 대변하게 되었다는 점이다. 바람직한 조직의 틀은 지역, 전국의 수준에 이르는 단계에 맞추어 대표를 선출하고 이들이 다른 구성원들의 견해를 대변하려고 노력하는 다층구조를 이루는 반면, 현재 우리나라의 창도조직들은 위와 아래를 연결하는 다리가 없다. 이 때문에 정책변화를 위한 로비과정에서 계층적 편견을 나타내기 쉽고, 또 지지자를 쉽게 확보하기 위하여 서로의 이견을 첨예화하여 정치적 갈등이 증폭되는 경향이 있다(Skocpol, 1999c). 이런 유형의 조직들은 주로 선진 서구사회에서 새롭게 나타나는 조직형태들로 간주되는데, 우리나라의 사회운동조직들이 이런 형태를 갖게 된 것은 지극히 우려할 만한 일이다. 그리고 이는 시민적 덕성의 함양에 부정적인 영향을 미친다.

시민사회를 연구하는 일단의 학자들은 시민사회의 척도로서 시민적 덕성 또는 정중함(civility)을 든다. 이는 시민들의 상호작용에 관한 것이며 특정 사회가 어떻게 작동하는지 이해할 수 있는 가장 기본적 개념이다. 모든 사회는 개개인의 행위가 예측 가능하고 공적 생활의 기조를 이루는 예절규칙과 행위의 기준을 갖고 있다. 개인적 관계와 권력, 권위의 관계를 포함하며 미덕이나 고상하다는 것과는 구별된다(Shils, 1997). 이는 자발적 결사체의 존재보다는 그 질에 관심을 갖는다는 것이며, 상호존중과 경청하는 능력을 암시함으로써 Habermas가 말한 합리적 대화가 이루어질 수 있는 타협적 분위기를 말한다. 이는 근대 초 유럽에서 계급, 종교, 길드, 족벌을 중심으로 한 폐쇄적 사회를 탈피하여 개방, 평등, 관용의 사회로 발전해 가는 과정에서 알 수 있다. 정치에서도 시민적 덕성이란 관용, 즉 서로 다른 것을 받아들이고 갈등을 규제하려는 의지를 말한다. 통일된 집단적 의지와는 전혀 다른 것이며, 동포들의 국가라는 감정적 차원이 아니라 계산과 이해관계에 의한 상호작용을 의미한다(Hall, 1998: 2000). Tocqueville도 프랑스와 미국의 비교에서 강조하고자 했던 것은 혁명적 열정이 갖는 문제점을 지적하고 개인과 시민에 대한 존중이 어떻게 사회적·제도적인 관행이 될 것인가였다. 대부분의 집단은 근본적으로 폐쇄적인 성향을 갖고 타 집단에 대해 적대적이다. 그런데 연고주의는 아는 사람과 모르는 사람을 차별하고, 연고가 없는 사람은 배척하고 무례하게 대하는 이중의 행위기준을 의미한다(Pye, 1999). 배타적이며 불관용적인 강력한 사회적 조직들은 지극히 취약한 시민사회를 형성한다.

한국에서는 권위주의적 정치권력과 연고주의의 결합으로 더욱 나쁜 결과가 빚어졌다. 시민적 덕성을 함양할 기회를 갖지도 못했지만 한국사회가 감내할 사회적 비용도 커졌다. 특정 지역, 학교, 그리고 드물게는 가문이 소수의 서클을 형성하고 권력을 독점해 온 경험은 연고가 얼마나 중요한지를 각인시키는 과정이었다고 해도 과언이 아니다. 끊임없는 특혜시비는 정책집행이 불공정하게 받아들여지는 징표이다. 배경과 출신학교가 미치는 영향력을 경험하면서 교육은 보다 나은 배움을 위한 수월성을 추구하기보다는 연고를 갖기 위한 수단으로 거론되기도 한다. 오늘날의 교육 문제가 이런 문화적 배경에서 기인한다고 해도 과언이 아니다. 이렇게 보면 교육부문만의 제도적 개혁이 거의 효과가 없었던 점도 무리가 아니다. 연고주의는 거의 모든 분야에서 사회적 불신과 비용을 유발하고 있고, 이런 점에서 가장 나쁜 비사회적 또는 반사회적 자본(nonsocial capital)이다. 따라서 연고집단을 비영리부문의 일부분으로(유석춘·장미혜, 1998), 또 아시아적 가치의 일부분으로 간주하면서 중요한 사회적 자본으로 보는 시각(유석춘, 2001)은 터무니없거나 소수 수혜자들의 주장이라고 할 수 있다.

한국사회의 외형적 변화에도 불구하고 전통적 예속과 가치는 여전히 뿌리 깊게 남아 있다. 시민운동조직이 이렇게 기반이 좁고 배경과 성향이 같은 사람들의 모임으로 이루어지면 사회적 이슈가 있을 때마다 갈등을 조정하기보다는 증폭시키는 경향을 보인다. 갈등은 정치적 영역에서 조정이 가능하지만 정당구조를 비롯한 정치적 제도화가 미숙한 상태에서는 갈등의 조정이 어렵고 확대 재생산될 우려가 높다. 물론 이런 시민사회에서 바람직한 정당제도를 기대하는 것 역시 무리일는지 모른다. 이처럼 시민사회의 영역이 다양하고 특수한 이해관계로 얽혀 있다면 시민성(civicness)은 시민들의 활발한 활동에 의해 형성될 수 없다(Huntington, 1968).

1960년대를 전후해서 한국사회를 관찰한 Henderson(1968)은 한국사회를 동질성과 집권화로 특징 짓고 이런 연유에서 대중과 엘리트

간의 매개집단이 없고 단지 중앙권력을 둘러싼 파벌주의가 존재한다고 평가하였다. 한 세대 전의 이러한 평가가 오늘날에 있어서도 상당한 설득력이 있음을 부인할 수 없다. 하지만 그러한 주장의 근간이 된 대중사회론에서 주장하는 것처럼 원자화된 개인을 국가가 통제하는 식으로 이해하기는 어렵다. 오히려 개인들은 전통적 연대인 가족, 혈연, 지연 등의 연고조직 내에 머물러 있고, 이와는 괴리된 상층부에 사회적 엘리트들의 또 다른 연고조직이 존재하는 이분적 사회라고 볼 수 있다.[5] 경제적 영역, 복지부문, 시민운동조직에 이르기까지 가족주의와 연고주의가 뿌리 깊게 남아 있다. 1980년대 후반 이후 등장하여 급격히 확대되는 시민운동조직들 역시 연고에 기반을 둔 소수의 엘리트들이 조직하고 운영하며 광범위한 시민의 지지는 결여되고 있다. 이러한 시민 없는 시민운동도 결국 조직의 근간이 연고조직의 틀을 벗어나지 못하고 있기 때문이다. 이는 제도론에서 주장하는 제도적 유질동상(institutional isomorphism; Powell & DiMaggio, 1991)으로도 설명할 수 있다.

이런 이유에서 사회적 자본론 또는 신 토크빌(Neo-Toquevillian)적 분석에서 논의되는, 활발한 시민사회가 건전한 민주주의 발전의 필수조건이라는 주장도 우리의 토양에서는 설득력이 부족하다. 자발적 조직이 수평적 상호유대성을 기반으로 한 조직이라기보다는 여전히 의존성이나 귀속성에 근거한 조직의 틀을 벗어나지 못하고 있기 때문이다. 연고 위주의 파벌주의가 강한 사회에서는 이러한 조직유형과 연계망이 비영리부문 조직들의 속성으로 나타날 우려가 높다. 이

5) 연고조직에 기초한 이분적 계층구조를 갖는 러시아를 관찰한 Rose(1995)는 모래시계의 사회(hour-glass society; Rose, 1995)라고 하였다. 우리나라에는 오래전부터 '수양산 그늘이 강동 팔십리'(樹陽山陰江東八十里)라는 말이 있다. 즉 사회적 상층부에 진입한 사람의 덕을 연고를 갖는 다른 사람도 본다는 말이다. 오늘날 우리 사회에도 연고주의와 가족주의가 뿌리 깊게 남아 있지만 사회적 유동성은 예전보다 높은 점을 감안하여 호리병형 사회(gourd-shaped society)라고 부를 수 있을는지 모른다.

연구결과에 대한 베버적 해석의 관점에서 지적할 수 있는 것은 조직의 외형적 모습이 중요한 것이 아니라 그러한 행위가 일어나는 사회적, 정치적 맥락과 가치가 중요한 것이다. 집단적 불만이나 이해관계를 제도적으로 잘 대변할 수 있는 사회에서 자발적 조직들은 사회 안정에 긍정적 역할을 하지만 그렇지 않은 경우 반사회적 자본(unsocial capital)을 만들어 낼 수 있고(Berman, 1997) 민주주의의 발달을 저해할 수 있다. 그러므로 사회적 자본론에서 주장하는 것처럼 자발적 조직들이 단순히 긍정적 독립변수로 작용하는가는 의문이다. 결론적으로 이 분야의 연구, 특히 후진국의 연구에서는 비영리부문의 특성을 알아야 하고 주도적인 사회적 가치를 이해할 필요가 있다.

연고주의가 팽배한 정치문화에서는 안정적이고 효율적인 정부가 단기적인 개별적 이익을 억제하고 공익적·장기적 목표를 추구하여야 한다. Putnam(1993)의 연구결과가 예시하듯 분권화와 같은 제도의 변화를 통해 문화의 점진적 변화가 가능할 수도 있으나 여기에서 더 분명한 방향을 제시하는 것은 제도적 사회자본론이다. 국가의 정책집행능력(Levi, 1996), 보편화된 복지정책(Rothstein, 1998), 사회적 불평등의 감소(Uslander, 2002), 또는 질서유지에 필요한 사법, 행정제도의 공평성(Rothstein & Stolle, 2002) 등이 중요하다. 아울러 사회적 관계와 국가의 영역에서 생기는 간극은 다양한 사회적 이해관계가 결집되어 정책의 기반이 되게끔 하는 정치과정에 의해 메워져야 한다.

그러나 개혁을 위한 제도적 처방은 사회적 문제들을 기술적으로 해결할 수 있다고 암묵적으로 가정하는 데 문제가 있다. 근본적으로, 지지적 가치가 없이는 제도만으로 사회적 문제를 해결할 수 없다. 제도는 저절로 나타나는 것이 아니라 가치나 선호가 결과로 변화되는 과정과 방법에 관한 이상과 전략을 반영한다. 제도는 주로 가치와 잘 혼재되게끔 설계되면서 가치의 변화를 불러 올 수 있어야 한다. 그러나 이런 절묘한 제도적 공학은 그야말로 어렵다. 그러므로 개혁은 사회문제를 해결하는 데 상당히 제한된 도구이다. 오히려 세계화와 더불어 새로운 유형의 조직과 새로운 세대의 출현은 더디지만 새로운 마음의 습속을 길러 가는 데 도움이 될 것이다. 문제는 어떻게 이런 새로운 흐름을 사회전반으로 확대시키고 주도하는 제도적 노력을 할 것인가이다.

이 연구과정에서 마지막으로 지적할 수 있는 것은 사회과학의 연구들이 지나치게 분화된 영역에서 서로의 학문적 교류 없이 진행되고 있다는 점이다. 비영리부문, 시민사회, 사회자본 연구 등 동일 대상에 대한 연구가 독립적으로 이루어지면서 사회과학적 지식의 축적을 더디게 한다. 아울러 많은 연구들이 과거의 사상적 원류에 대한 고려 없이 새롭게 등장한다. 비슷한 생각들이 시대적 배경에 따라 거의 반복되거나 변형된 모습으로 나타나지만 전혀 새로운 이론적 설명을 제시하는 것은 보기 어렵다. 이전의 사상에 대한 이해는 전적으로 단절되어 있어서 가능한 지식의 진보가 이루어지지 않는다는 것도 알 수 있다.

참고문헌

김승현(1997). “미국의 비영리부문에 관한 연구: 역할과 성격의 변화”. 『국제지역연구』. 6권 2호: 27-48.

_____(2002). “비영리부문의 비교연구”. 『한국비영리연구』. 1집 1호: 41-63.

_____(2003). “비영리부문의 성장요인에 관한 비교역사적 연구: 서구의 경험을 중심으로”. 『한국정치학회보』. 37집 2호: 265-285.

김용학(2003). “한국사회의 학연: 사회적 자본의 창출에서 인적 자본의 역할”. 『우리에게 연고는 무엇인가: 한국의 집단주의와 네트워크』. 서울: 전통과현대.

김인영 편(2002). 『한국사회 신뢰와 불신의 구조: 거시적 접근』. 서울: 소화.

박상필(2000). “NGO 지도자의 사회적 배경과 인식에 관한 연구”. 『한국행정연구』. 9집 2호: 118-152.

박우희(2001). 『한국자본주의의 정신』. 서울: 박영사.

박종민(2003). “사회자본과 민주주의: 집단가입, 사회신뢰 및 민주시민성을 중심으로”. 『정부학연구』. 9권 1호: 120-151.

박희봉(2000). “우리나라 지역사회의 사회자본 증진에 관한 연구”. 『한국정치학회보』. 34집 4호: 119-237.

_____(2002). “사회자본이론의 논점과 연구경향”. 『정부학연구』. 8권 1호: 5-44.

박희봉·이희창·조연상(2003). “우리나라 정부신뢰 특성 및 영향요인분석”. 『한국행정학보』. 37권 3호: 45-66.

송호근(2001). “신사회운동 참여자분석: 누가, 왜, 어떻게 참여하는가?” 『신사회운동의 사회학: 세계적 추세와 한국』. 서울: 서울대학교출판부.

유석춘 편저(2004). 『한국의 시민사회, 연고집단, 사회자본』. 서울: 자유기업원.

유석춘·김용민(2000). “한국 시민단체의 목적전치: 경실련과 참여연대를 중심으로”. 『동서연구』. 12집 2호: 5-38.

유석춘·장미혜(1998). “한국의 비영리 비정부 부문과 사회발전: 연고집단을 중심으로". 『동서연구』. 10집 2호: 121-144.

유석춘(2001). "한국의 사회자본: 연고집단". 『한국의 시민사회, 연고집단, 사회자본』. 서울: 자유기업원.

유재원(2000). "사회자본과 자발적 결사체". 『한국정책학회보』. 9권 3호: 23-43.

유팔무(1998). "비정부 사회운동단체(NGO)의 역사와 사회적 역할: 시민운동과 정부와의 관계를 중심으로". 『동서연구』. 10집 2호: 77-119.

윤민재(2004). "한국사회 사회(운동)단체의 연결망과 민족주의". 『한국사회의 연결망 연구』. 서울: 서울대학교출판부.

윤치호(2001). 『윤치호일기 1916-1943』. 서울: 역사비평사.

장수찬(2002). "한국사회에 나타난 악순환의 사이클: 결사체 참여, 사회자본, 그리고 정부신뢰". 『한국정치학회보』. 36집 1호: 87-112.

전성우(1996). 『막스베버 역사사회학 연구: 서양의 도시시민계층 발전사를 중심으로』. 서울: 사회비평사.

정재식(1982). 『종교와 사회변동』. 서울: 연세대학교출판부.

______(2000). "한국 종교전통의 연속과 변혁". 『한국사시민강좌』. 26: 72-94.

차성환(2002). "한국 신유교의 공적·사적 영역개념과 한국인들의 마음의 습속". 『담론 201』. 5집 1호: 66-93.

Aarts, Kees(1995). "Intermediate Organizations and Interest Representation". In Hans-Dieter Klingemann & Dieter Fuchs eds. *Citizens and the State*. Oxford: Oxford University Press.

Aberg, Ingrid(1988). "Revivalism, Philanthropy and Emancipation: Women's Liberation and Organization in the Early Nineteenth Century". *Scandinavian Journal of History*. 13: 399-420.

Abramson, Alan J., and Salamon, Lester M.(1986). *The Nonprofit Sector and the New Federal Budget*. Washington, D.C.: Urban Institute Press.

Alestalo, Matti, and Kuhnle, Stein(1987). "The Scandinavian Route: Economic, Social, and Political Developments in Denmark, Finland, Norway, and Sweden". in Robert Erikson et al. eds. *The Scandinavian Model: Welfare States and Welfare Research*. Armonk, NY: M.E. Sharpe.

Alexander, Jeffrey C.(1993). "The Return to Civil Society". *Contemporary Sociology*. 22(6): 797-803.

Almond, Gabriel A., and Verba, Sidney(1989). *The Civic Culture: Political Attitudes and Democracy in Five Nations*. Newbury Park: Sage.

Anheier, Helmut K., Marlies Glasius, and Mary Kaldor eds.(2001). *Global*

Civil Society 2001. Oxford: Oxford University.

Anheier, Helmut K.(1992). "An Elaborate Network: Profiling the Third Sector in Germany". In Benjamin Gidron, Ralph M. Kramer, & Lester M. Salamon eds. *Government and the Third Sector: Emerging Relationships in Welfare States*. San Francisco: Jossey-Bass.

______(1995). "Theories of the Nonprofit Sector: Three Issues". *Nonprofit and Voluntary Sector Quarterly*. 24(1): 15-23.

Anheier, Helmut K., and Salamon, Lester M.(1998). *The Nonprofit Sector in the Developing World: A Comparative Analysis*. Manchester: Manchester University Press.

Anheier, Helmut K., and Seibel, Wolfgang eds.(1990). *The Third Sector: Comparative Studies of Nonprofit Organizations*. New York: DeGruyter.

Archambault, Edith(1997). *The Nonprofit Sector in France*. Manchester: Manchester University Press.

Badescu, Gabriel, and Uslaner, Eric M.(2003). *Social Capital and the Transition to Democracy*. London: Routledge.

Bailyn, B.(1992). *The Ideological Origins of the American Revolution*. Cambridge: Belknap Press.

Banti, Albeerto Mario(2000). "Public Opinion and Associations in Nineteenth-Century Italy". In Bermeo and Nord eds.

Barbetta, Gian Paolo(1997). *The Nonprofit Sector in Italy*. Manchester: Manchester University Press.

Bell, Daniel A.(1995). "Democracy in Confucian Societies: The Challenge of Justification". In Bell et al. eds. *Towards Illiberal Democracy in Pacific Asia*. Oxford: St. Martin's Press.

Berger, Peter, and Neuhaus, Richard John(1977). *To Empower People: The Role of Mediating Structures in Public Policy*. Washington, D.C.: American Enterprise Institute.

Ben-Ner, Avner, and Van Hoomissen, Theresa(1991). "Nonprofit Organiztions in the Mixed Economy: A Demand and Supply Analysis". *Annals of Public and Cooperative Economics*. 62(4): 519-550.

Berman, Sheri(1997a). "Civil Society and Political Institutionalism". *American Behavioral Scientist*. 40(5): 562-574.

______(1997b). "Civil Society and the Collapse of the Weimar Republic". *World Politics*. 49(3): 401-429.

Bermeo, Nancy, and Nord, Philip, eds.(2000). *Civil Society before Democracy: Lessons from Nineteenth-Century Europe*. Lanham: Rowman & Littlefield.

Billis, David(1993). *Organizing Public and Voluntary Agencies*. London: Routlege.

Blackbourn, David, and Elcy, Geoff(1984). *The Peculiarities of German History:*

Bourgeois Society and Politics in Nineteenth-Century Germany. Oxford: Oxford University Press.

Blalock, Hubert M.(1979). *Social Statistics*. New York: McGraw-Hill.

Block Stephen R.(1987). "A History of the Discipline". In David L. Gies, J. Steven Ott, & Jay M. Shafritz eds.(1990). *The Nonprofit Organization: Essential Readings*. Pacific Grove: Brooks/Cole.

Blom, J.C.H., and Lamberts, E. eds.(1998). *History of the Low Countries*. Translated by James C. Kennedy. New York: Berghahn Books.

Bonwick, Colin(1999). "The United States Constitution and its Roots in British Political Thought and Tradition". In John Pinder ed.

Borzaga, Carlo(2004). "From Suffocation to Re-emergence: the Evolution of the Italian Third Sector". In Evers and Laville eds.

Bourdieu, Pierre(1986). "The Forms of Capital". in John Richardson ed., *Handbook of Theory and Research for the Sociology of Education*. Westport: Greenwood Press.

Brehm, John, and Rahn, Wendy(1997). "Individual-Level Evidence for the Causes and Consequences of Social Capital". *American Journal of Political Science*. 41(3): 999-1023.

Brucker, Gene(2000). "Civic Traditions in Premodern Italy". in Rotberg ed.

Burbidge, John ed.(1998). *Beyond Prince and Merchant: Citizen Participation and the Rise of Civil Society*. New York: Pact Publications.

Burger, Ary, and Veldheer, Vic(2001). "The Growth of the Nonprofit Sector in the Netherlands". *Nonprofit and Voluntary Sector Quarterly*. 30(2): 221-246.

Burt, Ronald S.(2002). "Bridge Decays". *Social Networks*. 24(4): 333-363.

Caenegem, R.C. Van(1999). "Mediaeval Flanders and the Seeds of Modern Democracy". In John Pinder ed.

Castles, Francis G.(1978). *The Social Democratic Image of Society: A Study of the Achievements and Origins of Scandinavian Social Democracy in Comparative Perspective*. London: Routledge.

Cha, Seong Hwan(2003). "Myth and Reality in the Discourse of Confucian Capitalism in Korea". *Asian Survey*. 43(3): 485-506.

Chambers, Simone, and Kopstein, Jeffrey(2001). "Bad Civil Society". *Political Theory*. 29(6): 837-865.

Chanial, Philippe, and Laville, Jean-Louis(2004). "French Civil Society Experiences: Attempts to Bridge the Gap between Political and Economic Dimensions". In Evers and Laville eds.

Cho, Hein(1997). "The Historical Origins of Civil Society in Korea". *Korea Journal*. 37(2): 24-41.

Chung, Chai-Sik(1996). "Global Theology for the Common Good: Lessons from Two Centuries of Korean Christianity". *International Review of Mission*. 85(339): 523-538.
Clark, Donald N.(2002). "Protestant Christianity and the State: Religious Organizations as Civil Society". In Charles K. Armstrong ed. *Korean Society: Civil Society, Democracy and the State*. London: Routledge.
Clemens, Elizabeth S.(2006). "The Constitution of Citizens: Political Theories of Nonprofit Organizations". In Powell and Steinberg eds.
Clotfelter, Charles T.(1990). "The Impact of Tax Reform on Charitable Giving: A 1989 Perspective". In Joel Slemrod ed. *Do Taxes Matter?* Cambridge: MIT Press.
Collier, David, and Mahoney, James(1996). "Insights and Pitfalls: Selection Bias in Qualitative Research". *World Politics*. 49(1): 56-91.
Collins, Randall(1986). "Weber's Last Theory of Capitalism". *Weberian Sociological Theory*. Cambridge: Cambridge University Press.
Cohen, Jean L.(1982). *Class and Civil Society: the Limits of Marxian Critical Theory*. Amherst: the University of Massachusetts Press.
Cohen, Jean L. and Arato, Andrew(1994). *Civil Society and Political Theory*. Cambridge: MIT Press.
Coleman, James(1988). "Social Capital in the Creation of Human Capital". *American Journal of Sociology*. 94(Supplement): 95-120.
______(1990). *Foundations of Social Theory*. Cambridge: Harvard University Press.
Cornford, James(1963). "The Transformation of Conservatism in the late 19th Century". *Victorian Studies*. 7: 35-66.
Curtis, James E., Baer, Douglas E., and Grabb, Edward G.(2001). "Nations of Joiners: Explaining Voluntary Association Membership in Democratic Countries". *American Sociological Reviews*. 66(6): 783-805.
Daadler, Hans, and Galen A. Irwin(1989). *Politics in the Netherlands: How Much Change?* Totowa, N.J.: Frank Cass and Company.
Dahrendorf, Ralf(1997). *After 1989: Morals, Revolution and Civil Society*. New York: St. Martin's.
Dees, Robert H.(2004). *Trust and Toleration*. London: Routledge.
Defourny, Jacques(1992). "The Origins, Forms, and Roles of the Third Sector". In Defourny, Jacques, & Monzon, Campos Jose L. eds. *The Third Sector: Cooperative, Mutual and Nonprofit organizations*. Bruxelles: De Boeck University.
Dekker, Paul(2004). "The Netherlands: From Private Initiatives to Non-Profit Hybrids and Back?" In Evers and Laville.
Dekkar, Paul, and van den Broek, A.(1998). "Civil Society in Comparative

Perspective: Involvement in Voluntary Associations in North American and Western Europe". *Voluntas*. 9(1): 11-38.

Delhey, Jan., and Newton, Kenneth(2003). "Who Trusts?: The Origins of Social Trust in Seven Societies." *European Societies*. 5(2): 93-137.

DiMaggio, Paul J., and Anheier, Helmut K.(1990). "The Sociology of Non-profit Organizations and Sectors". *Annual Review of Sociology*. 16: 137-159.

Dion, Douglas(1998). "Evidence and Inference in the Comparative Case Study". *Comparative Politics*. 30(2): 127-145.

Douglas, James(1987). "Political Theories of Nonprofit Organizations". In Powell.

Durlauf, Steven N.(2002). "Bowling Alone: A Review Essay". *Journal of Economic Behavior and Organization*. 47(3): 259-274.

Edwards, Bob, and Foley, Michael W.(1998). "Civil Society and Social Capital Beyond Putnam". *American Behavioral Scientist*. 42(1): 124-139.

Ehrenberg, John(1999). *Civil Society: The Critical History of an Idea*, New York: New York University Press.

Ertman, Thomas(2000). "Liberalization, Democratisation, and the Origins of a "Pillarized" Civil Society in Nineteenth Century Belgium and the Netherlands". In Bermeo & Nord eds.

Esping-Andersen, Gosta(1994). *The Three Worlds of Welfare Capitalism*. Princeton: Princeton University Press.

Estes, Carroll L., and Alford, Robert R.(1990). "Systemic Crisis and the Non-profit Sector". *Theory and Society*. 19(2): 173-198.

Etzioni, Amitai.(1973). "The Third Sector and Domestic Missions". *Public Administration Review*. 33(July-August): 314-323.

Evans, Peter(1996). "Government Action, Social Capital and Development: Reviewing the Evidence on Synergy". *World Development*. 24(6): 1119-1132.

Evers, Adalbert, and Laville, Jean-Louis(2004). eds. *The Third Sector in Europe*. Cheltelham, UK: Edward Elgar.

Fama, Eugene, and Jensen, Michael(1983). "Agency Problems and Residual Claims". *Journal of Law and Economics*. 26(June): 327-350.

Filer, John H.(1975). *The Filer Commission Report, Giving in America: Toward a Stronger Voluntary Sector*. Washington, D.C.: National Commission on Private Philanthropy and Public Needs.

Finke, Roger, and Stark, Rodney(1992). *The Churching of America, 1776–1990: Winners and Losers in Our Religious Economy*. New Brunswick: Rutgers University Press.

Fiorina, Morris P.(1999). "Extreme Voices: A Dark Side of Civic Engagement". In Skocpol and Fiorina eds.

Flora, Peter et al. eds.(1999). *State Formation, Nation-Building, and Mass Politics in Europe: The Theory of Stein Rokkan*. New York: Oxford University Press.

Foley, Michael W., and Edwards, Bob(1999). "Is It time to Disinvest in Social Capital?" *Journal of Public Policy*. 19(2): 141-173.

Fukuyama, Francis(1995). *Trust: the Social Virtues and the Creation of Prosperity*. New York: The Free Press.

______(1999). *The Great Disruption: Human Nature and the Reconstitution of Social Order*. New York: Simon & Schuster.

Gellner, Ernest(1994). *Conditions of Liberty: Civil Society and Its Rivals*. London: Viking Adult.

George, Alexander L., and Bennett, Andrew(2005). *Case Studies and Theory Development in the Social Sciences*. Cambridge: MIT Press.

Gerring, John(2007). *Case Study Research: Principles and Practices*. Cambridge: Cambridge University Press.

Gibson, James L.(2001). "Social Networks, Civil Society, and the Prospects for Consolidating Russia's Democratic Transition". *American Journal of Political Science*. 45: 51-69.

Gidron, Benjamin, Kramer, Ralph M., and Salamon, Lester M,(1992). *Government and the Third Sector: Emerging Relationships in Welfare States*. San Francisco: Jossey-Bass Publishers.

Gies, D.L., Ott, J.S., and Shafritz, J.M. eds.(1990). *The Nonprofit Organization: Essential Readings*. Pacific Grove: Brooks/Cole.

Gilbert, N.(1983). *Capitalism and the Welfare State*. New Haven: Yale University Press.

Gosden, P.H.J.H.(1974). *Self-Help: Voluntary Association in 19th Century Britain*. New York: Harper & Row Publishers.

Goertz, Gary, and Starr, Harvey eds.(2003). *Necessary Conditions: Theory, Methodology, and Applicaitons*. Lanham: Rowman & Littlefield.

Goldman, Lawrence(2003). "Civil Society in Nineteenth-century Britain and Germany: J.M. Ludlow, Lujo Brentano, and the Labour Question". In Jose Harris ed.

Gordenker, Leon, and Weiss, Thomas G.(1995). "Pluralizing Global Governance: Analytical Approaches and Dimensions". *Third World Quarterly*. 16(3): 357-387.

Granovetter, Mark(1973). "The Strength of Weak Ties". *American Journal of Sociology*. 78(6): 1360-1380.

Grew, Raymond(2000). "Finding Social Capital: The French Revolution in Italy". In Rotberg ed.

Haigh, Christopher(1985). "Reformation and Inflation 1450－1625: Overview". In C. Haigh ed. *The Cambridge Historical Encyclopedia of Great Britain and Ireland*. Cambridge: Cambridge University Press.

Hall, John A.(1985). *Powers and Liberties*. Oxford: Blackwell.

______(1995). "In Search of Civil Society". In *Civil Society: Theory, History, Comparison*. Cambridge: Polity Press.

______(1998). "Genealogies of Civility". In Robert W. Hefner ed. *Democratic Civility: The History and Cross-Cultural Possibility of a Modern Political Ideal*. New Brunswick: Transaction Publishers.

______(2000). "Reflections on the Making of Civility in Society". In Frank Trentmann. ed.

Hall, Peter Dobkin(1982). *The Organization of American Culture. 1700－1900: Institutions, Elite, and the Origins of American Nationality*. New York: New York University Press.

______(1987). "A Historical Overview of the Private Nonprofit Sector". In W.W. Powell ed. *The Nonprofit Sector: A Research Handbook*. New Haven: Yale University Press.

______(1992). *Inventing the Nonprofit Sector*. Baltimore: Johns Hopkins University Press.

______(1994). "Religion and the Origin of Voluntary Association in the United States". New Haven, CT: Program on Non-Profit Organizations, Yale University, Working Paper #213.

______(1995). "Theories and Institutions". *Nonprofit and Voluntary Sector Quarterly*. 24(1): 5-13.

______(2005a). "Historical Perspectives on Nonprofir Organizations in the United States". In Robert D. Herman, & Assoicates eds. *The Jossey-Bass Handbook of Nonprofit Leadership and Management*. 2nd ed. San Francisco: Jossey-Bass.

______(2005b). "The Rise of the Civic Engagement Tradition". In Bane, Jo Mary et al. eds. *Taking Faith Seriously*. Cambridge: Harvard University Press.

______(2006). "A Historical Overview of Philanthropy, Voluntary Associations, and Nonprofit Organizations in the United States, 1600－2000". In Powell and Steinberg.

Halpern, David(2005). *Social Capital*. Cambridge: Polity.

Hammock, David C., and Young, Dennis R. eds.(1993). *Nonprofit Organizations in a Market Economy*. San Francisco: Jossey-Bass Publishers.

Hanifan, L. Judson(1920). *The Community Centre*. Boston: Silver Burdett.

Hannan, Michael T., and Freeman, John(1989). *Organizational Ecology*. Cambridge: Harvard University Press.

Hansmann, Henry B.(1980). "The Role of Nonprofit Enterprise". *Yale law Journal*. 89(5): 835-898.

______(1987). "Economic Theories of Nonprofit Theories". In Powell, 27-42.

Hooghe, Marc, and Stolle, Dietlind eds.(2003). *Generating Social Capital: Civil Society and Institutions in Comparative Perspective*. New York: Palgrave.

Harris, Jose ed.(2003). *Civil Society in British History: Ideas, Identies, Institutions*. Oxford: Oxford University Press.

Harrison, Brian(2003). "Civil Society by Accident? Paradoxes of Voluntarism and Pluralism in the Nineteenth and Twentieth Centuries". In Jose Harris ed.

Hattam, Victoria C.(1992). "Institutions and Change: Working Class Formation in England and the United States, 1820—1896". In Sven Steinmo, Kathleen Thelen, & Frank Longstreth eds. *Structuring Politics*. Cambridge: Cambridge University Press.

Henderson, Gregory(1968). *Korea: The Politics of the Vortex*. Cambridge: Harvard University Press.

Hicks, Alexander(1994). "Qualitative Comparative Analysis and Analytical Induction: The Case of the Emergence of the Social Security State". *Sociological Methods and Research*. 23(1): 86-113.

Hodgkinson, Virginia A., and Associates(1992). *The Nonprofit Almanac: Dimensions of the Independent Sector*. San Francisco: Jossey-Bass.

______(1993). *A Portrait of the Independent Sector*. Washington, D.C.: Independent Sector.

Hood, Christopher, and Schuppert, Gunnar Folke(1990). "Para-Government Organization in the Provision of Public Services: Three Explanations". In Anheier and Seibel eds.

Hooghe, Marc, and Stolle, Dietlind eds.(2003). *Generating Social Capital: Civil Society and Institutions in Comparative Perspective*. New York: Palgrave.

Huntington, Samuel P.(1966). "Political Modernization: America and Europe". *World Politics*. 18(3): 378-414.

______(1968). *Political Order in Changing Societies*. New Haven: Yale University Press.

Inglehart, Ronald, and Welzel, Christian(2003). "Political Culture and Democracy: Analyzing Cross-Level Linkages". *Comparative Politics*. 36(1): 61-79.

Israel, Jonathan(1995). *The Dutch Republic: Its Rise, Greatness, and Fall*. Oxford: Oxford University Press.

James, Estelle(1987). "The Nonprofit Sector in Comparative Perspective". In Powell.

______(1989). "The Nonprofit Organization in International Perspective: The Case of Sri Lanka". In James ed. *Nonprofit Organizations in International Perspective: Studies in Comparative Culture and Policy*. New York: Oxford University Press.

James, Estelle, and Rose-Ackerman, Susan(1986). *The Nonprofit Enterprise in Market Economies*. Chur, Switzerland: Harwood Academic Publishers.

Jenkins, J.C.(1987). "Nonprofit Organization and Policy Advocacy". In W.W. Powell ed.

Johnson, N.(1987). *The Welfare State in Transition*. Amherst: University of Massachusetts Press.

Joye, Dominique, and Laurent, Annie(1997). "Associative and Political Participation in Switzerland and France". In Jan W. van Deth ed. *Private Groups and Public Life*. London: Routledge.

Karl, Barry D.(1984). "Lo, The Poor Volunteer: An Essay on the Relation between History and Myth". *Social Science Review*. 58(4): 493-522.

Keane, John(1988). "Despotism and Democracy: The Origins and Development of the Distinction between Civil Society and the State". In John Keane ed. *Civil Society and the State: New European Perspectives*. New York: Verso.

Kendall, Jeremy, and Knapp, Martin(1996). *The Voluntary Sector in the United Kingdom*. Manchester: Manchester University Press.

Kim, Hyuk-Rae(2003). "Unraveling Civil Society in South Korea: Old Discourse and New Visions". In David C. Schak, & Wayne Hudson eds. *Civil Society in Asia*. Aldershot: Ashgate Publishing.

Kim, Sung Ho(2000). "'In Affirming Them, He Affirms Himself'; Max Weber's Politics of Civil Society". *Political Theory*. 28(2): 197-229.

______(2002). "Max Weber and Civil Society: An Introduction to Max Weber on Voluntary Associational Life". *Max Weber Studies*. 2(2): 186-198.

King, Gary, Robert O. Keohane, and Sydney Verba(1994). *Designing Social Inquiry*. Princeton: Princeton University Press.

Klausen, Kurt, and Selle, Per(1996). "The Third Sector in Scandinavia". *Voluntas*. 7(2): 99-122.

Koshar, Rudy(1986). *Social Life, Local Politics, and Nazism: Marburg, 1880–1935*. Chapel Hill, N.C.: The University of North Carolina Press.

Kossman, E.H.(1978). *The Low Countries: 1780–1940*. Oxford: Oxford University Press.

______(1999). "Republican Freedom against Monarchical Absolutism: The Dutch Experience in the Seventeenth Century". In John Pinder ed.

Krashinsky, Michael(1986). "Transaction Costs and Theory of the Nonprofit

Sector". In Rose-Ackerman ed.

La Porta, R. et al(1997). "Trust in Large Organizations". *American Economic Review*. 87(Papers and Proceedings): 333-338.

Langewiesche, Dieter(1993). "Liberalism and the Middle Class in Europe". In Jurgen Kocka, & Allen Mitchell eds. *Bourgeois Society in Nineteenth-Century Europe*. Oxford: Berg.

Levi, Margaret(1996). "Social and Unsocial Capital". *Politics and Society*. 24(1): 45-55.

______(1998). "A State of Trust". In Braithwaite, & Levi eds. *Trust and Governance*, New York: Russell Sage Foundation.

Levitt, Theodore(1973). *The Third Sector: New Tactics for a Responsive Society*. New York: Amacom.

Lieberson, Stanley(1991). "Small N's and Big Conclusions: An Examination of the Reasoning in Comparative Studies Based on a Small Number of Cases". *Social Forces*. 70(2): 307-320.

Lin, Nan(1999). "Building a Network Theory of Social Capital". *Connections*. 22(1): 28-51.

Lipset, Seymour Martin(1963). *The First New Nation*. New York: Basic Books.

______(1982). "History and Sociology: Some Methodological Considerations". In S.M. Martin, & Richard Hofstadter eds. *Sociology and History: Methods*. New York: Basic Books, pp. 51-52.

Lohman, Roger A.(1992). *The Commons: New Perspectives on Nonprofit Organization and Voluntary Action*. San Francisco: Jossey Bass.

Lundstrom, Tommy, and Wijkstrom, Filip(1997). *The Nonprofit Sector in Sweden*. Manchester: Manchester University Press.

Lyttelton, Adrian(2000). "Liberalism and Civil Society in Italy: From Hegemony to Mediation". In Bermeo & Nord ed.

Mahoney, James(2003). "Strategies of Causal Assessment in Comparative Historical Analysis". *Comparative Historical Analysis in the Social Sciences*. Cambridge: Cambridge University Press.

Mahoney, James, and Goertz, Gary(2006). "A Tale of Two Cultures: Contrasting Quantitative and Qualitative Research". *Political Analysis*. 14(3): 227-249.

Marshall, T. H.(1965). *Class, Citizenship, and Social Development*. Garden City, N.Y.: Anchor Books.

McMillan, Daniel A.(2000). "Energy, Willpower, and Harmony: On the Problematic Relationship between State and Civil Society in Nineteenth-Century Germany". In Trentmann ed.

Micheletti, Michele(1995). *Civil Society and State Relations in Sweden*. Brookfield: Avebury.

Mill, John S.(1974). *A System of Logic*. Toronto: University of Toronto Press.

Mills, C. Wright(1959). *The Sociological Imagination*. Oxford: Oxford University Press.

Mishra, Ramesh(1990). *The Welfare State in Capitalist Society: Policies of Retrenchment and Maintenance in Europe, North America, and Australia*. New York: Harvester Wheatsheaf.

Morgan, Edmund S.(2003). *Benjamin Franklin*. New Haven: Yale Univeristy Press.

Morris, Robert J.(1990). "Clubs, Societies and Associations". In Francis M.L. Thompson ed. *The Cambridge Social History of Britain, 1750—1950*. Cambridge: Cambridge University Press.

______(2000). "Civil Society, Subscriber Democracies, and Parliamentary Government in Great Britain". In Bermeo, & Nord eds.

Morris, Susannah(2000). "Defining the Nonprofit Sector: Some Lessons from History". *Voluntas*. 11(1): 25-43.

Most, Benjamin A., and Harvey Starr(2003). "Basic Logic and Research Design: Conceptualization, Case Selection, and the Form of Relationships". In Goertz, & Starr eds.

Newton, Kenneth(1999). "Social Capital and Democracy in Modern Europe". In Jan W. van Deth et al. eds. *Social Capital and European Democracy*. London: Routledge.

Newton, Kenneth, & Norris, Pippa(2000). "Confidence in Public Institutions: Faith, Culture, or Performance?" In Susan H. Pharr, & Robert D. Putnam eds. *Disaffected Democracies: What's Troubling the Trilateral Countries?* Princeton: Princeton University Press.

Nichols, Elizabeth(1986). "Skocpol on Revolution: Comparative Analysis vs. Historical Conjecture". *Comparative Social Research*. 9: 163-186.

Nisbet, R.A.(1962). *Community and Power*. New York: Oxford University Press.

Norris, Pippa(2002). "Making Democracies Work: Social Capital and Civic Engagement in 47 Societies". Paper presented at Midwest Political Science Association 60th Annual Meeting.

Nordstrom, Byron J.(2002). *The History of Sweden*. Westport, Conn.: Greenwood Press.

North, Douglass C.(1990). *Institutions, Institutional Change and Economic Performance*. Cambridge: Cambridge University Press.

O'Neill, Michael(1989). *The Third America: the Emergence of the Nonprofit Sector in the United States*. San Francisco: Jossey-Bass.

Ostrom, Elinor(1996). "Crossing the Great Divide: Coproduction, Synergy

and Development". *World Development*. 24(6): 1073-1087.
______(2000). "Crowding Out Citizenship". *Scandinavian Political Studies*. 23(1): 4-16.

Ostrom, Elinor, and Ahn, T.K.(2003). "Introduction". In Ostrom, & Ahn. ed. *Foundations of Social Capital*. Cheltenham: An Elgar Reference Collection.

Parsons, Talcott(1968). "Christianity". In David L. Sills ed. *International Encyclopedia of the Social Sciences*. New York: Macmillan.

______(1971). *The System of Modern Societies*. Englewood Cliffs: Prentices Hall.

______(1982). *Talcott Parsons on Institutions and Social evolution: Selected Writings*. Chicago: University of Chicago Press.

Perkin, Harold James(1989). *The Origins of Modern English Society: 1780－1880*. London: Routledge.

Pestoff, Victor(2004). "The Development and the Future of the Social Economy in Sweden". In Evers, & Laville eds.

Pettersson, Lars(1998). "In Search of Respectability: Popular Movements in Scandinavian Democratization". In Lars Rdebeck, Olle Tornquist, & Virgilio Rojas eds. *Democratization in the Third World: Concrete Cases in Comparative and Theoretical Perspective*. New York: Palgrave Macmillan.

Pinder, John ed.(1999). *Foundations of Democracy in the European Union: From the Genesis of Parliamentary Democracy to the European Parliament*. New York: Palgrave Macmillan.

Plumb, John Harold(1969). *The Growth of Political Stability in England, 1675－1725*. London: Penguin.

Portes, A(1998). "Social Capital: Its Origins and Applications in Modern Sociology". *Annual Review of Sociology*. 24: 1-24.

Powell, Walter W., ed.(1987). *The Nonprofit Sector: A Research Handbook*. New Haven: Yale University Press.

Powell, Walter W., and DiMaggio, Paul J. eds.(1991). *The New Institutionalism in Organizational Analysis*. Chicago: The University of Chicago Press.

Powell, Walter W., and Steinberg, Richard eds. *The Nonprofit Sector: A Research Handbook*. 2nd ed. New Haven: Yale University Press.

Przeworski, Adam, and Teune, Henry J(1970). *The logic of comparative social inquiry*. New York: John Wiley & Sons.

Putnam, Robert with Robert Leonardi and Raffaelia Naneffi(1993). *Making Democracy Work. Civic Traditions in Modern Italy*. Princeton: Princeton University Press.

Putnam, Robert(2000). *Bowling Alone: The Collapse and Revival of American Community*. New York: Simon & Schuster.

Pye, Lucian W.(1999). "Civility, Social Capital, and Civil Society: Three Powerful Concepts for Explaining Asia". *Journal of Interdisciplinary History*. 24(4): 763-782.

______ ed.(2002). *Democracies in Flux*. Oxford: Oxford University Press.

______(1987). *The Comparative Method: Moving beyond Qualitative and Quantitative Strategies*. Berkeley: University of California Press.

______(1994). "A Qualitative Comparative Analysis of Pensions Systems". Thomas Janoski, & Alexander Hicks eds. *The Comparative Political Economy of the Welfare State*. Cambridge: Cambridge University Press.

______(2000). *Fuzzy-Set Social Science*. Chicago: University of Chicago Press.

______(2006). "Set Relations in Social Research: Evaluating Their Consistency and Coverage". *Political Analysis*. 14(3): 291-310.

______(2007b). "Fuzzy Sets: Calibration Versus Measurement". In David Collier, Henry Brady, & Janet Box-Steffensmeier eds. Oxford Handbooks of *Political Science*. Oxford: Oxford University Press.

Ragin, Charles C.(2007a). "Qualitative Comparative Analysis Using Fuzzy Sets". In Benoit Rihoux, & Charles Ragin eds. *Configurational Comparative Analysis*. Sage, forthcoming.

Ragin, Charles C., Kriss A. Drass, and Sean Davey(2006). *Fuzzy-Set/Qualitative Comparative Analysis 2.0*. Tucson, Arizona: Department of Sociology, University of Arizona.

Reichley, A. James(2000). *The Life of the Parties: A History of American Political Parties*. Lanham: Rowman & Littlefield.

Rice, Tom W., and Feldman, Jan L.(1997). "Civic Culture and Democracy from Europe to America". *The Journal of Politics*. 59(4): 1143-1172.

Rifkin, Jeremy(1995). *The End of Work: The Decline of the Global Labor Force and the Dawn of the Post-Market Era*. New York: Tarcher/Putnam.

Rokkan, Stein(1970). *Citizens, Elections, Parties: Approaches to the Comparative Studies of the Processes of Development*. New York: McKay.

______(1974). "Entries, Voices, Exits: Toward a Possible Generalization of the Hirschman Model". *Social Sciences Information*. 13(1): 39-53.

______(1999). *State Formation, Nation-Building, and Mass Politics in Europe*. Peter Flora ed. Oxford: Oxford University Press.

Rose, Richard(1995). "Russia as an Hour-Glass Society: A Construction without Citizens". *East European Constitutional Review*. 4(3): 34-42.

Rose-Ackerman, Susan ed.(1986). *The Economics of Nonprofit Institutions*. New York: Oxford University Press.

______(1996). "Altruism, Nonprofits, and Economic Theory". *Journal of Economic Literature*. 34: 701-728.

Rosenband, Leonard N.(2000). "Social Capital in the Early Industrial Revolution". In Rotberg.

Rotberg, Robert I.(2000). *Patterns of Social Capital: Stability and Change in Historical Perspective*. Cambridge: Cambridge Univeristy Press.

Rothstein, Bo(2005). *Social Traps and the Problem of Trust*. Cambridge: Cambridge University Press.

______(1998). "The State, Associations, and the Transition to Democracy". In Dietrich Rueschemeyer, Mrilyn Rueschemeyer, & Bjorn Wittrock. *Particpation and Democracy: East and West*. New York: M.E. Sharpe

______(2000). "Trust, Social Dilemmas and Collective Memory". *Journal of Theoretical Politics*. 12(4): 477-501.

______(2002). "Social Capital in the Social Democratic State: The Swedish Model and Civil Society". In Robert D. Putnam ed.

Rothstein, Bo, and Stolle, Dietlind(2002). "How Political Institutions Create and Destroy Social Capital: An Institutinoal Theory of Generalized Trust". Paper presented at the 98th Meeting of the American Political Science Association in Boston.

______(2003a). "Social Capital, Impartiality and the Welfare State". In Hooghe, M., and Stolle, D. eds.

______(2003b). "Introduction: Social Capital in Scandinavia". *Scandinavian Political Studies*. 26(1): 1-26.

Salamon, Lester M., and Helmut K. Anheier(1993). "Measuring the Nonprofit Sector Cross-Nationally: A Comparative Methodology". *Voluntas*. 4(4): 530-554.

______(1997). *Defining the Nonprofit Sector: A Cross-National Analysis*. Manchester: Manchester University Press.

______(1998). "Social Origins of Civil Society: Explaining the Nonprofit Sector Cross-Nationally". *Voluntas*. 9(3): 213-248.

Salamon, Lester M., and Sokolowski, W.(2001). "Volunteering in Cross-National Perspective: Evidence from 24 Countries". Working Papers of the Johns Hopkins Comparative Nonprofit Sector Project, no. 40. Baltimore: the Johns Hopkins Center for Civil Society Studies.

Salamon, Lester M.(1995a). "The Global Associational Revolution: The Rise of the Third Sector on the World Scene". *Partners in Public Service*. Baltimore: Johns Hopkins University Press.

______(1995b). "Of Market Failure, Voluntary Failure, and Third Party Government: Toward a Theory of Government-Nonprofit Relations in the Modern Welfare State". In *Partners in Public Service*.

______ et al.(1999). *Global Civil Society: Dimensions of the Nonprofit Sector*.

Baltimore: The Johns Hopkins Center for Civil Society Studies.
Sampson, Anthony(1962). *Anatomy of Britain*. New York: Harper Colophon Books.
Scheuch, Erwin K.(1989). "Theoretical Implications of Comparative Survey Research: Why the Wheel of Cross-Cultural Methodology Keeps on Being Reinvented". *International Sociology*. 4: 148-169.
Schlesinger, Arthur M.(1944). "Biography of a Nation of Joiners". *American Historical Review*. 50(1): 1-25.
Scott, Franklin D.(1977). *Sweden: The Nation's History*. Minneapolis: University of Minnesota Press.
Scott, W. Richard(2001). *Institutions and Organizations*. 2nd ed. Thousand Oaks: Sage.
Skocpol, Theda, and Margaret Somers(1980). "The Use of comparative History in Macrosocial Inquiry". *Comparative Studies of Society and History*. 22(2): 174-197.
Seligson, Mitchell A.(2002). "The Renaissance of Political Culture or the Renaissance of the Ecological Fallacy?" *Comparative Politics*. 34(3): 273-292.
Shils, Edward(1997). *The Virtue of Civility: Selected Essays on Liberalism, Tradition, and Civil Society*. Edited by Steven Grosby. Indianapolis: Liberty Fund.
Shin, Doh C.(1999). *Mass Politics and Culture in Democratizing Korea*. Cambridge: Cambridge University Press.
Skocpol, Theda(1979). *States and Social Revolution: A Comparative Analysis of France, Russia and China*. Princeton: Princeton University Press.
______(1986). "Analyzing Causal Configurations in History: A Rejoinder to Nichols". *Comparative Social Research*. 9: 187-194.
______(1999a). "Making Sense of the Civic Engagement Debate". In Skocpol & Fiorina eds.
______(1999b). "How Americans Became Civic". In Skocpol, & Fiorina eds.
______(1999c). "Advocates without Members: The Recent Transformation of American Civic Life". In Skocpol, & Fiorina eds.
Skocpol, Theda, and Fiorina, Morris P. eds.(1999). *Civic Engagement in American Democracy*. Washington D.C: Brookings Institution.
Skocpol, Theda, Marshall Ganz, and Ziad Munson(2000). "A Nation of Organizers: The Institutional Origins of Civic Voluntarism in the United States". *American Political Science Review*. 94(3): 527-546.
Smith, David Horton(1973). *Voluntary Action Research: 1973*. Lexington: Lexington Books.
______(1991). "Four Sectors or Five? Retaining the Member-Benefit Sector".

Nonprofit and Voluntary Sector Quarterly. 20(2): 137-150.

______(1993). "The Field of Nonprofit and Voluntary Action Research: Then and Now". *Nonprofit and Voluntary Sector Quarterly*. 22(3): 197-200.

______(1997). "The Rest of the Nonprofit Sector: Grassroots Associations as the Dark Matter Ignored in Prevailing 'Flat Earth' Maps of the Sector". *Nonprofit and Voluntary Sector Quarterly*. 26(2): 114-131.

Smith, Hayden W.(1983). *A Profile of Corporate Contributions*. New York: Council for Aid to Education.

Smith, Justin D., Rochester, Colin, and Hedley, Rodney eds.(1995). *An Introduction to the Voluntary Sector*. London: Routledge.

Sobel, Joel(2002). "Can We Trust Social Capital?" *Journal of Economic Literature*. 40(1): 139-154.

Solow, Robert M.(1995). "But Verify". *The New Republic*. Sept. 11, 36-39.

______(1999). "Notes on Social Capital and Economic Performance". In Partha Dasgupta, & Ismail Serageldin eds. *Social Capital: a Multifaceted Perspective*. Washington, D.C: The World Bank.

Stepan, Alfred(1978). *The State and Society: Peru in Comparative Perspective*. Princeton: Princeton University Press.

Stolle, Dietland(2002). "Social Capital—An Emerging Concept". In B. Hobson, J. Lewis, & B. Siim. *Key Concepts in Gender and European Social Politics*. Cheltenham: Edward Elgar Press.

Stolle, Dietliand, and Hooge, Marc(2003). "Conflicting Approaches to the Study of Social Capital: Competing Explanations for Causes and Effects of Social Capital". *Ethical Perspectives*. 10(1): 22-45.

Stolle, Dietliand, and Rochon, Thomas(1998). "Are All Associations Alike?" In Edwards, B., and Foley, M. eds. *Beyond Tocqueville: Civil Society and Social Capital in Comparative Perspective*. A Thematic Issue of the American Behavioral Scientist 41(5).

Sørensen, Aage B.(1998). "On Kings, Pietism and Rent-Seeking in Scandinavian Welfare States". *Acta Sociologica*. 41(4): 363-375.

Strath, Bo(1988). "Continuity and Discontinuity in the Passing of Fronts I and II: Swedish 19th Century Civil Society: Culture, Social Formations and Political Chance". In Bo Strath ed. *Democratisation in Scandinavia in Comparison*. CON DIS PROJECT Report no. 2. Gothenburg: Gothenburg University.

Tarrow, Sidney(1996). "Making Social Science Work Across Space and Time: A Critical Reflection on Robert Putnam's Making Democracy Work". *American Political Science Review*. 90(2): 389-397.

Tenfelde, Klaus(2000). "Civil Society and the Middle Classes in Nineteenth-

Century Germany". In Bermeo and Nord eds.
Thane, Pat(1990). "Government and Society in England and Wales, 1750–1914". In F.M.L. Thompson ed. *The Cambridge Social History of Britain 1750–1950*. Vol. 3. *Social Agencies and Institutions*. Cambridge: Cambridge University Press.
Therborn, Goran(1989). "'Pillarization' and 'Popular Movements' Two Variants of Welfare State Capitalism: the Netherlands and Sweden". In Francis G. Castles, ed. *The Comparative History of Pubic Policy*. London: Polity Press.
Tocqueville, Alexis de(1955). *The Old Regime and the French Revolution*. Garden City, NY: Doubleday Anchor.
______(1981). *Democracy in America*. New York: Random House.
Trentmann, Frank(2000). "Introduction: Paradoxes of Civil Society". In Trentmann ed.
Trentmann, Frank. ed.(2000). *Paradoxes of Civil Society: New Perspectives in Modern German and British History*. New York: Berghahn Books.
Uusitalo, Hannu(1984). "Comparative Research on the Determinants of the Welfare State: The State of the Art". *European Journal of Political Research*: 12: 403-422.
Uslaner. Eric M.(1998). "Field of Dreams: The Weak Reeds of Institutional Design". In Karol Soltan, Eric M. Uslander, & Virginia Haufler eds. *Institutions and Social Order*. Ann Arbor: The University of Michigan Press, 101-127.
______(2002). *The Moral Foundation of Trust*. Cambridge: Cambridge University Press.
______(2003). "Trust, Democracy and Governance: Can Government policies Influence Generalized Trust?" In Hooghe, M., & Stolle, D. eds.
Van Evera, Stephen(1997). *Guide to Methods for Students of Political Science*. Ithaca: Cornell University Press.
Van Til, Jon(2000). *Growing Civil Society: From Nonprofit Sector to Third Space*. Bloomington: Indiana University Press.
Veldheer, Vic, and Burger, Ary(1999). "History of the Nonprofit Sector in the Netherlands". *Working Papers of the Johns Hopkins Comparative Nonprofit Sector Project*. no. 35. Baltimore: The Johns Hopkins Institute for Policy Studies.
Vries, Boudien de(2006). "Voluntary Societies in the Netherlands, 1750–1900". In Graeme Morton, Boudien de Vries, & R.J. Morris, eds. *Civil Society, Associations and Urban Places: Class, Nation and Culture in Nineteenth-Century Europe*. Aldershot: Ashgate Publishing.

Weber, Max(1973). "Max Weber on Church, Sect, and Mysticism". *Sociological Analysis*. 34: 140-149.

______(1978). *Economy and Society: An Outline of Interpretative Sociology*. 2 Vols. Berkeley: University of California Press.

______(1986). *The City*. New York: Free Press.

______(1992). *The Protestant Ethics and the Spirit of Capitalism*. Translated by Talcott Parsons. London: Routlege.

______(1994). *Political Writings*. Peter Lassman, & Ronald Speirs eds. Cambridge: Cambridge University Press.

______(2002). "Voluntary Associational Life". *Max Weber Studies*. 2(2): 199-209.

Weisbrod, Burton Allen(1977). *The Voluntary Nonprofit Sector*. Lexington: Lexington Books.

______(1988). *The Nonprofit Economy*. Cambridge: Harvard University Press.

Weitzerman, Murry S. et al.(2002). *The New Nonprofit Almanac and Desk Reference: The Essential Facts and Figures for managers, Researchers, and Volunteers*. San Francisco: Jossey-Bass.

Wilson, Kathleen(1990). "Urban Culture and Political Activism in Hanover England: The Example of Voluntary Hospital". In Eckhart Hellmuth ed. *The Transformation of Political Culture: England and Germany in the Late Eighteenth Century*. Oxford: Oxford University Press.

Wilson, William Julius(1987). *The Truly Disadvantaged: The Inner City, the Underclass, and Public Policy*. Chicago: University of Chicago Press.

Wolch, Jennifer. R.(1990). *The Shadow State. Government and the Voluntary Soctor in Transition*. New York: Foundation Center.

Wollebaek, Dag, and Selle, Per(2002). "Does Participation in Voluntary Associations Contribute to Social Capital? The Impact of Intensity, Scope, and Type". *Nonprofit and Voluntary Sector Quarterly*. 31(1): 32-61.

Wuthnow, Robert. ed.(1991). *Between States and Markets: The Voluntary Sector in Comparative Perspective*. Princeton, N.J.: Princeton University Press.

Yoder, Don Herbert(1967). "Christian Unity in Nineteenth-Century America". In Rouse Ruth, & Stephen Charles Neill eds. *A History of the Ecumenical Movement*. Philadelphia: Westminster Press.

Zagorin, Perez(2003). *How the Idea of Religious Toleration Came to the West*. Princeton: Princeton University Press.

Zald, Mayer N(1970). *Organizational Change: The Political Economy of the YMCA*. Chicago: The University of Chicago Press.

Zaninelli, Sergio(1997). "Historical Developments". In Barbetta, Gian Paolo ed. *The Nonprofit Sector in Italy*. Manchester: Manchester University Press.

6, Perri, and Vidal Martinez, Isabel eds.(1994). *Delivering Welfare: Repositioning Non-profit and Co-operative Action in Western European Welfare States*. CIES: Barcelona.

찾아보기

저자 소개

김승현(金承鉉) 서울대학교 정치학과 졸업
Purdue대학교 정치학박사
현재 서울산업대학교 행정학과 교수

아산재단 연구총서 제251집
비영리부문의 비교연구: 시민사회와 사회적 자본 값 11,500원

2008년 5월 26일 1판 1쇄

저 자 김 승 현
발행인 임 경 환
발행처 **집 문 당**

413－756 경기도 파주시 교하읍 문발리 514-7
등 록 1971. 3. 23. 제2-304호
영 업 부 (02)743-3192～3 팩스(02)742-4657
전자우편 sale@jipmoon.co.kr
편 집 부 (02)743-3096 팩스(02)743-3097
전자우편 edit@jipmoon.co.kr
홈페이지 www.jipmoon.co.kr

ⓒ 2008 아산사회복지재단 ISBN 978-89-303-1376-6

이 도서의 국립중앙도서관 출판시도서목록(CIP)은 e-CIP 홈페이지
(http://www.nl.go.kr/ecip)에서 이용하실 수 있습니다.(CIP제어번호: CIP2008001432)

아 | 산 | 재 | 단 | 연 | 구 | 총 | 서

1 전환기의 중국경제
김윤환 외 | 단국대 경제학과

2 폴란드 경제의 변천 개혁과 그 전망
김광수 | 숭실대 경제학과

3 재소한인
이광규 외 | 서울대 인류학과

4 소련산림과 임업
홍성천 외 | 경북대 임학과

5 아세안의 정치경제
김국진 외 | 외교안보연구원

6 태국의 사회변동과 경제발전
최석만 외 | 전남대 사회학과

7 중국의 사회경제 통계분석
신한풍 외 | 고려대 통계학과

8 중국의 정치와 경제
박두복 외 | 외교안보연구원

9 동유럽의 개혁과 시장경제의 도입
허만 외 | 부산대 사범대학

10 동유럽의 개혁운동
박영신 | 연세대 사회학과

11 현대 러시아 연구
기연수 외 | 한국외대 노어과

12 전략적 선택과 기업의 국제경쟁력
이장호 | 서강대 경영대학

13 협동사회의 정착과 정부의 역할
이종범 외 | 고려대 행정학과

14 한국 제조기업 생산성의 동적 분석
노부호 외 | 중앙대 경영대학

15 분배의 정의
변형윤 외 | 서울대 경제학과

16 도덕적 행동의 강화
이훈구 외 | 연세대 심리학과

17 관료부패와 통제
김해동 외 | 서울대 행정대학원

18 한국경제의 내실 있는 성장
정창영 외 | 연세대 경제학과

19 한국국민정신운동의 역사와 발전방향
박수명 외 | 부산대 사범대학

20 한국대학생의 가치성향과 상담효과
이영희 외 | 숙명여대 교육학과

21 가출청소년과 학교관리체제
안창규 외 | 부산대 교육학과

22 동북아 정세변화와 한 · 일관계
한승조 외 | 고려대 정치외교학과

23 언론과 부정부패
정대철 외 | 한양대 신문방송학과

24 한국의 고등학교 교육
이원호 외 | 부산대 교육학과

25 가족과 방송
김학수 외 | 서강대 신문방송학과

26 재정개혁의 전망과 재산세제의 개편과제
오연천 | 서울대 행정대학원

27 청소년을 위한 전자게임 프로그램의 규제 및 평가체계 개발
박혜원 외 | 울산대 가정관리학과

28 정신장애자 가족의 사회심리적 특성
이근후 외 | 이화여대 의과대학

29 가족의 관계역동성과 문제인식
이광규 외 | 서울대 인류학과

30 현대인과 한국전통음식
승정자 | 숙명여대 식품영양학과

31 기업의 초고속정보통신망활용
안중호 | 서울대 경영학과

32 지역발전을 위한 교육자치제의 개선방안
김남순 | 조선대 사범대학

33 전환기의 공무원 가치관
조경호 | 울산대 행정학과

34 지방자치와 사회복지의 과제
김영모 | 중앙대 사회복지학과

35 WTO체제하의 지방중소기업 지원정책
최명주 외 | 계명대 통상학부

36 현대한국의 시민운동
이효선 | 중앙대 사회학과

37 기업 세계화의 단계 및 정도의 측정
허영도 외 | 울산대 경영학과

38 가족복지를 위한 가족주치의 시범사업의 효과
이혜리 외 | 연세대 가정의학교실

39 한국대학생의 삶의 만족도
김재은 외 | 이화여대 교육심리학과

40 지역경제와 지역산업구조의 개편방향
정기화 외 | 전남대 경제학부

41 중국기업의 소유형태별 경영특성
노철화 외 | 부산대 무역학과

42 남북한의 인성 · 사상교육
한승조 외 | 고려대 정치외교학과

43 연계적 뇌기능 조언을 위한 의료용 멀티미디어 시스템의 설계
유선국 | 연세대 의용공학교실

44 다민족국가의 민족문제와 한인사회
최협 외 | 전남대 인류학과

45 저소득층지역 청소년 여가문화와 소집단 활성화
박문수 외 | 서강대 사회학과

46 삶의 질의 국제비교와 지역간 비교분석
이재기 외 | 울산대 경제학과

47 21세기 지역주민의 삶의 질
양종회 외 | 성균관대 사회학과

48 삶의 질에 대한 국가간 비교
조명한 외 | 서울대 심리학과

49 외국인 노동자의 노사관계와 사회적 적응
석현호 외 | 성균관대 사회학과

50 한국의 사법제도와 발전 모델
정종섭 | 건국대 법학과

51 고령화사회와 중상층 노인의 사회활동
조성남 외 | 이화여대 사회학과

52 한국의 서비스 시장 개방정책
한홍렬 | 한양대 경제학부

53 한국과 AFTA간의 교역증진 및 경제협력방안
손일태 외 | 경희대 경제통상학부

54 물류비 절감을 위한 무역업체의 정보화전략
이영수 외 | 경북대 경제통상학부

55 사회주의 체제전환과 사회정책
오정수 외 | 충남대 사회복지학과

56 남북통일 이후 농업생산체계 개편
홍성규 외 | 건국대 농업경제학과

57 국제화와 세계화
하영선 외 | 서울대 외교학과

58 IMF 개혁정책의 평가와 한국경제의 신(新) 패러다임
조동근 | 명지대 경제학과

59 구조개혁과 실업대책
박동운 | 단국대 경제무역학부

60 21세기 신노사관계
심윤종 외 | 성균관대 사회학과

61 학교에서의 집단 따돌림
이춘재 외 | 가톨릭대 심리학과

62 한국노인의 정신건강실태와 건강증진
조맹제 외 | 서울대 의과대학

63 혁명과 개혁 속의 중국 농민
김광억 | 서울대 인류학과

64 중국의 경제환경과 한국기업의 진출전략
지용희 외 | 서강대 경영학과

65 김대중 대통령의 시스템 사고
김동환 | 중앙대 공공정책학부

66 실업과 가족해체
최일섭 외 | 서울대 사회복지학과

67 합리적 부채비율 조정방안
오상근 | 동아대 경제학과

68 한국 중산층의 생활문화
문숙재 외 | 이화여대 소비자 · 인간발달학과

69 계층간 갈등상태에서 최적소득세
김진욱 | 건국대 경상학부

70 글로벌 경쟁력 제고를 위한 기업전략과 조직구축
이만우 외 | 고려대 경영학과

71 의료보험과 국민연금의 관리효율화를 위한 통합방안
사공진 외 | 한양대 경제학부

72 정부개혁의 과제와 전략
박우서 외 | 연세대 행정학과

73 책임운영기관 제도에 관한 비교분석
김근세 | 가톨릭대 행정학과

74 새로운 패러다임하에서의 한국기업의 바람직한 지배구조
최운열 외 | 서강대 경영학과

75 현대 한국사회의 계층구조
양춘 외 | 고려대 사회학과

76 한국의 산업정책과 산업구조조정
강인수 | 숙명여대 경제학부

77 기업구조조정
김석진 | 경북대 경영학부

78 지식경영을 위한 인적자원 개발 및 관리체계
장영철 | 경희대 경영학부

79 뉴 비즈니스 모델
전성현 | 국민대 정보관리학부

80 중산층의 정체성과 소비문화
함인희 외 | 이화여대 사회학과

81 외국관광객 유치를 위한 마케팅 전략
박상규 | 강원대 경영학과

82 한국인의 세대별 문학의식
이동순 | 영남대 국문과

83 공공부문의 효율성 평가와 측정
김재홍 외 | 울산대 사회과학부

84 한국 청소년의 정치의식과 형성요인
김광웅 외 | 숙명여대 아동복지학과

85 한국 대학생의 정치의식
배한동 | 경북대 윤리교육과

86 산업의 정보화와 산업발전
이기동 | 계명대 통상학부

87 한국 제조업의 고용조정 분석
이종원 외 | 성균관대 경제학부

88 지식자산에 대한 경영전략적 평가모형 개발
배재학 외 | 울산대 컴퓨터 · 정보통신공학부

89 관광사업을 위한 한국적 이미지의 휴식복 개발
채금석 | 숙명여대 의류학과

90 한국 정치제도의 개혁
신정현 | 경희대 사회과학부

91 e비즈니스와 아웃소싱 전략
정승화 외 | 연세대 경영학과

92 집단 따돌림의 진단 및 치료방안
홍준표 | 중앙대 인간생활환경학과

93 16대 총선과 낙선운동
조기숙 | 이화여대 국제대학원

94 부동층 유권자 행태 분석
진영재 | 연세대 정치외교학과

95 사이버 공동체의 성공요인
이재관 | 숭실대 경영학부

96 온라인 소비자 행동의 이론과 실증
윤성준 | 경기대 경영학부

97 글로벌 시대 정약용 세계관의 가능성과 한계
차성환 | 한일장신대 역사사회학과

98 러시아의 체제전환 과정에서 나타난 국가의 역할과 그 전망
이상민 외 | 부산대 정치외교학과

99 남북한의 경제발전 수준과 산업구조 비교, 그리고 경제교류 협력방향
주성환 | 건국대 경제학과

100 집단따돌림과 교육해체
한준상 | 연세대 교육학과

101 공적연금제도의 효율성과 개선방안
유금록 | 군산대 행정복지학부

102 벤처기업-대기업의 성공적인 협력 모델
나중덕 | 경산대 경영학과

103 북한의 재외동포정책
조정남 외 | 고려대 정치외교학과

104 사이버 공동체 형성의 역동적 모형
장용호 | 서강대 신문방송학과

105 기업이론과 기업의 소유지배구조
김일태 외 | 전남대 경제학부

106 가축분뇨 자원화를 위한 공동이용조직에 대한 농가선호도 분석
유덕기 | 동국대 생명자원경제학과

107 개혁정책과 전문가 집단
이경원 외 | 제주대 행정학과

108 현대 한국사회의 이중가치체계
신수진 외 | 이화여대 가정관리학과

109 한국의 산업구조 변화와 기업집단 다각화 전략
김용학 외 | 연세대 사회학과

110 지식정보사회의 경제적 모형 설정 및 사례 연구
김범환 | 배제대 경영정보학부

111 변호사징계제도
오종근 | 한림대 법학부

112 인터넷 특허법
김순석 | 광주대 법학과

113 e-비즈니스 시대의 금융 및 재정정책의 새로운 패러다임
이종욱 | 서울여대 경제학과

114 청소년의 하위문화와 정체성
조성남 | 이화여대 사회학과

115 디지털금융시대의 금융구조변화와 정부규제 및 정책
이충열 | 고려대 경제학부

116 지식경영을 위한 기업의 조직설계방안
김경수 외 | 전남대 경영학과

117 전자금융의 발달과 경제정책의 새로운 패러다임
이명훈 | 명지대 경제학과

118 동아시아의 안보와 유엔체제
강성학 편저 | 고려대 정치외교학과

119 유료 치매노인 그룹홈의 개발과 관련 정책
최정신 외 | 가톨릭대 소비자 · 주거학과

120 소비자 지향적 문화산업 정책
홍영준 | 호남대 광고홍보학과

121 국제 · 국가 · 지방 환경규제의 연계
정준금 외 | 울산대 행정학과

122 현행 회사 합병 · 분할제도의 평가와 개선방안
옥무석 외 | 이화여대 법학과

123 배려지향적 도덕성과 정의지향적 도덕성
정옥분 외 | 고려대 사범대학

124 기업구조조정에 대한 채권금융기관 및 금융감독기관의 역할과 책임
이중기 | 한림대 법학과

125 실업대책으로서 한국의 법정기준근로시간 단축
박영범 | 한성대 경제학과

126 프랑스어의 비분리성 소유개념 표현
노윤채 | 연세대 언어정보연구원

127 지방채의 효율적 관리방안
강태구 | 호원대 법행정학부

128 21세기 산업구조 변화와 과학기술정책
임채성 외 | 그리스도신학대 경영정보학부

129 인터넷 쇼핑몰 이용자의 불평행동
예종석 | 한양대 경영학부

130 한국기업의 성과급제도 현황, 효과 및 개선방안
김성수 | 서울대 경영학과

131 전자상거래와 소비자보호
서민교 외 | 경일대 인터넷국제통상학과

132 평생학습 사회에서의 인적자원개발을 위한 사회적 파트너십 구축
김영화 | 홍익대 교육학과

133 한국 공교육의 새로운 구상과 전략
권대봉 외 | 고려대 교육학과

134 한국의 정부개혁
김태룡 | 상지대 행정학과

135 지방정부 생산성 측정의 이론과 실제
이은국 외 | 연세대 행정학과

136 불가 시문학론
배규범 | 경희대 학술연구 교수

137 남북경제교류의 법적 문제
제성호 | 중앙대 법학과

138 경제위기와 청소년 발달
구인회 | 서울대 사회복지학과

139 생명과학기술의 응용과 기본권보호적 한계
정상기 외 | 한남대 법학과

140 경제발전과 정치환경의 한 · 일 비교분석
정갑영 외 | 연세대 동서문제연구원

141 한국 공교육의 진단
윤정일 외 | 서울대 교육학과

142 우리나라 지방자치 발전을 위한 자치단체장의 역할
정성호 외 | 경기대 사회과학부

143 의료보험제도의 개혁방안
권순원 | 덕성여대 경제학과

144 중등 도덕교육의 현실과 문제
손동현 외 | 성균관대 철학과

145 사이버공동체 발전론
이명식 | 상명대 경영학과

146 남북경협 확대에 대비한 북한 담보제도의 정비방안
박훤일 | 경희대 법과대학

147 한국 공무원 인사제도 개혁
김판석 | 연세대 행정학과

148 교사화법 교육
임칠성 외 | 전남대 국어교육과

149 세계화의 문화정치학
임혁백 외 | 고려대 정치외교학과

150 효과적인 e-SCM을 위한 의사결정 조정 시스템 모형
이원준 | 성균관대 경영학부

151 환경거버넌스
김종순 외 | 건국대 행정학과

152 자동차산업의 인적자원관리
이덕로 | 서원대 경영학부

153 한국과 영국 간 지식기반산업 비교
이명호 | 한국외대 경영학과

154 한국 벤처기업의 기술네트워킹 및 기술마케팅 전략
장영일 | 인제대 경영학부

155 회사변호사의 윤리
오승종 | 성균관대 법과대학

156 미디어교육론
이정춘 | 중앙대 신문방송학과

157 조선시대 서원과 양반
윤희면 | 전남대 역사교육과

158 환경문제와 철학
박찬국 | 서울대 철학과

159 노인보건복지 이론과 실제
김명 외 | 이화여대 보건교육학과

160 북한의 법체계
권재열 외 | 숭실대 법학과

161 생명공학기술의 안전성 확보에 관한 법적 고찰
이재협 | 경희대 법학부

162 청소년복지학
김성이 외 | 이화여대 사회복지학과

163 변화하는 세계, 변화하는 복지국가
조영훈 | 동의대 사회복지학과

164 의리의 윤리와 한국의 유교문화
김낙진 | 진주교대 도덕교육과

165 미국의 통상정책과 통상법
윤충원 | 전북대 무역학과

166 사회복지 프로그램 평가
김학주 | 경상대 사회복지학과

167 환경주의와 지속가능한 발전
정대연 | 제주대 사회학과

168 무역과 환경
김기흥 외 | 경기대 경제학부

169 산업계 유해폐기물의 위험과 관리
김금수 | 호서대 경상학부

170 백범 김구의 지적 계발과정 탐색
문용린 | 서울대 교육학과

171 태평양전쟁 발발 이후 일제의 인적 지배와 그리스도교계의 대응
윤선자 | 전남대 사학과

172 거버넌스 상황에서 갈등관리를 위한 대체적 분쟁해결제도
서순복 | 광주대 법정학부

173 시장경제의 유형과 민주주의
최배근 | 건국대 경상학부

174 일본고전소설 총론
김현정 | 국립한국전통문화학교

175 국어 교육을 위한 국어 문법론
이관규 | 홍익대 국어교육과

176 율곡의 군주론
전세영 | 부산교대 윤리교육과

177 동북아시아 환경협력
정서용 | 명지대 법학과

178 기후변화협약과 기후정책
신의순 외 | 연세대 경제학과

179 인터넷과 국제 학술정보 네트워크-하이퍼링크 분석
박한우 | 영남대 언론정보학과

180 국내 기업복지의 활성화 방안
최수찬 | 연세대 사회복지대학원

181 세계화와 인간안보
김우상 외 | 연세대 정치외교학과

182 세계문화유산 종묘 이야기
지두환 | 국민대 국사학과

183 한국 평생교육의 사회철학적 과제
곽삼근 | 이화여대 교육학과

184 강점모델
정순둘 | 이화여대 사회복지학과

185 글로벌시대의 계약법
박영복 | 한국외대 법과대학

186 배심제와 시민의 사법참여
안경환 | 서울대 법학과

187 동북아공동체
김재한 | 한림대 정치외교학과

188 정치 참여와 탈물질주의
김욱 | 배재대 정치외교학과

189 퍼지전문가회로망을 이용한 금융기관의 사이버 기업여신결정 지원시스템의 개발
권혁대 | 목원대 경영학과

190 환경정책과 환경법
송인성 | 전남대 지역개발학과

191 포스트모던 시대의 평생교육학
한숭희 | 서울대 교육학과

192 현대 한국인의 세대경험과 문화
박길성 외 | 고려대 사회학과

193 서구의 근로연계복지
김종일 | 건국대 사회복지학과

194 사회복지운동론
현외성 | 경남대 사회복지학과

195 외국의 역모기지 사례
유선종 | 건국대 부동산학과

196 옛이야기와 어린이문학
이지호 | 진주교대 국어교육학과

197 노인사회복지관광의 정책과제와 방안
김창수 | 경기대 관광학부

198 복지서비스의 민간위탁 시스템 분석
김순양 | 영남대 행정학부

199 새로운 빈곤층의 대두와 정부의 정책과제
김진욱 | 건국대 경제학과

200 문화행정론
김정수 | 한양대 행정학과

201 스칸디나비아 노인용 코하우징의 계획과 적용
최정신 외 | 가톨릭대 생활과학부

202 북한의 자연생태계
공우석 | 경희대 지리학과

203 통계로 이해하는 러시아
전홍찬 | 부산대 정치외교학과

204 사회복지법인의 경영과 회계
이동규 | 충남대 회계학과

205 의약분업 정책과정
차흥봉 | 한림대 사회복지학과

206 지역공동체와 평생교육
오혁진 | 동의대 평생교육학부

207 아동보호서비스의 실제
한미현 | 백석대 사회복지학부

208 그린마케팅
박재기 | 충남대 경영학부

209 아동권리와 아동복지
이혜원 | 성공회대 사회복지학과

210 국제 이주와 인도인 디아스포라
김경학 | 전남대 인류학과

211 질병과 의료의 사회학
조병희 | 서울대 보건대학원

212 북한이탈주민의 사회통합을 위한 지역복지실천의 모색
이기영 | 부산대 사회복지학과

213 치매노인케어론
조유향 | 초당대 간호학과

214 노인상담입문
서혜경 외 | 한림대 대학원 사회복지학과

215 '통일 이후 통일과정'으로서의 독일 통일영화
이준서 | 이화여대 독어독문학과

216 중국의 사회보장
오정수 | 충남대 사회복지학과

217 환경자원의 경제적 가치와 환경오염의 사회적 비용
김재홍 | 울산대 사회과학부

218 사회복지프로그램의 경제적 평가방법
박창제 외 | 상주대 사회복지학과

219 자유의지와 결정론
안건훈 | 강원대 철학과

220 심리학자들이 쓴 행복한 결혼의 심리학
채규만 외 | 성신여대 심리학과

221 현대 해석학 강의
양해림 | 충남대 철학과

222 한국인의 주거 빈곤과 공공주택
하성규 | 중앙대 도시 및 지역계획학과

223 IMF 경제위기와 한국 출산력의 변화
김두섭 | 한양대 사회학과

224 동아시아의 영토분쟁과 국제법
이석우 | 인하대 법학부

225 독일 복지국가와 사회복지서비스
정재훈 | 서울여대 사회사업학과

226 사회복지사를 위한 실용 비모수통계
엄명용 | 성균관대 사회복지학과

227 피해자학 연구
이윤호 | 동국대 경찰행정학과

228 광고언어창작론
박영준 외 | 부경대 국어국문학과

229 환경규제 패러다임의 전환
한철 | 한남대 법학과

230 고령사회의 노동환경변화와 고용시스템의 문제점 및 법적 대응
고준기 | 국립군산대 법학과

231 세계화와 소득불평등
이성균 외 | 울산대 사회과학부

232 유비쿼터스 사회의 이해
안중호 외 | 서울대 경영학과

233 국제환경책임법론
박병도 | 건국대 법학과

234 한국의 선거와 민주주의
윤종빈 | 명지대 정치외교학과

235 한국 시민운동의 구조와 동학
조대엽 외 | 고려대 사회학과

236 또래관계
송영혜 | 대구대 재활심리학과

237 해외 한국기업과 현지인 노동자
석현호 외 | 에스콰이아학술문화재단

238 독일 국가복지에서 민간복지단체의 역할과 의미
차성환 외 | 한일장신대 사회복지학부

239 청정공학
조정호 | 동양대 생명화학공학과

240 한국전통연희론
심상교 | 부산교육대 국어교육학과

241 정신장애와 가족
서미경 | 경상대 사회복지학부

242 빈곤통계의 작성과 활용
김주환 | 동국대 정보통계학과

243 인터넷과 한국정치
강원택 | 숭실대 정치외교학과

244 북한의 시장경제이행
정영화 외 | 서경대 법학과

245 시스템사고로 본 지속가능한 도시
문태훈 | 중앙대 도시및지역계획학과

246 실버산업과 유비쿼터스 컴퓨팅
고일상 | 전남대 경영학부

247 재활상담과 사례관리
나운환 | 대구대 직업재활학과

248 영유아교육기관에서의 장애 이해 교육
유수옥 | 우석대 유아특수교육과

249 장애의 사회적 의미와 사회통합
박수경 | 대진대 사회복지학과

250 경제분석의 수리적 기초
조인성 | 공주대 경제통상학부

251 비영리부문의 비교연구
김승현 | 서울산업대 행정학과

아 | 산 | 재 | 단 | 연 | 구 | 보 | 고 | 서

1 한국인의 도덕성 연구
배해수 | 고려대 국문학과

2 산업화와 청소년 진로
이원호 | 울산대 교육학과

3 공동체의식과 시민운동
김영섭 | 한양대 행정학과

4 한국청년의 삶의 의미 충족도와 만족적 태도
안정수 | 경희대 철학과

5 중국조선족의 사회발전과 한 · 중관계의 위상
손장권 | 고려대 사회학과

6 해송림 "솔껍질깍지벌레"의 천적 및 주요 종의 생태
김규진 | 전남대 농생물학과

7 사회정의와 실천윤리
박종대 | 서강대 철학과

8 동구개혁의 영향
김달중 | 연세대 정치외교학과

9 한국청소년의 의식세계
김문조 | 고려대 사회학과

10 고강도 철근 콘크리트 구조의 실용화
정현수 | 중앙대 건축학과

11 신기술의 연관형태 및 출현예측의 구조모형
권철신 | 성균관대 산업공학과

12 민간기업의 연구개발을 위한 조세정책
권영훈 | 한양대 경제학부

13 기술개발 활성화방안
송승구 | 울산대 화학공학부

14 부패의 현상과 진단
이문조 | 영남대 정치외교학부

15 연구투자의 지역적 편중화와 부산지역의 기초과학연구 활성화방안
윤웅찬 | 부산대 화학과

16 GATT의 신구 덤핑방지협정과 그 대응방안
전창원 | 동국대 무역학과

17 한국사회의 도덕성 제고를 위한 진단과 처방
황경식 | 서울대 철학과

18 새로운 노사관계 방향
이진규 외 | 고려대 경영학과

19 21세기 동북아 정세예측과 한국의 전략적 대응방안
최평길 외 | 연세대 행정학과

20 소련의 한국에 대한 정책목표분석
신승권 | 한양대 정치외교학과

21 메모리 커패시터용 $Pb(Zr_xTi_{1-x})O_3$ 강유전체 박막의 제작과 특성
장지근 외 | 단국대 전자공학과

22 러시아 국제법학의 전통
김용구 | 서울대 외교학과

23 유럽연합의 현황과 전망
김동현 외 | 성균관대 행정학과

24 중국의 정치동원
송영우 외 | 건국대 정치외교학과

25 산업적 활용을 위한 이동로보트 시스템의 개발
박민용 외 | 연세대 전자공학과

26 중국조선족의 정치사회화과정과 동화적 국민통합의 방향
전인영 외 | 이화여대 사회생활학과

27 공적부조의 이론과 실제
최일섭 외 | 서울대 사회복지학과

28 대외통상환경의 변화와 법제개편
서헌제 | 중앙대 법학과

29 기업금융의 국제화
최생림 | 한양대 경영학부

30 자동차부품공업의 노사관계
김호진 외 | 고려대 행정학과

31 산업화 과정에서의 한국가족의 실태와 전망
정창수 외 | 성균관대 사회학과

32 공무원 가치관 실태와 정립방안
배병룡 외 | 경상대 행정학과

33 해외귀국청소년의 국내적응연구
이장영 | 국민대 사회학과

34 초고속정보통신망에서 LAN서비스 제공방안
이재용 | 연세대 전자공학과

35 WTO체제의 정책적 대응
김병진 외 | 경희대 행정학과

36 유럽의 통합정치
최수경 외 | 충남대 정치외교학과

37 유기질폐기물을 이용한 고단백사료원인 조류의 생산공정
최정우 외 | 서강대 화학공학과

38 초고속정보통신망의 수용성과 정책방향
박영상 외 | 한양대 신문방송학과

39 중국의 강남사회와 한중교섭
조영록 외 | 동국대 사학과

40 세계화시대의 사회 · 문화의식
신행철 외 | 제주대 사회학과

41 국내 외국인 노동자의 문제와 대책
성규탁 외 | 연세대 사회복지학과

42 노인인력 활용정책과 프로그램
김정후 외 | 강원대 법과대학

43 한일간 학술교류 현황과 활성화방안
정홍익 외 | 서울대 행정대학원

44 계량모형에 의한 한일 경제관계의 이해
김명직 외 | 한양대 경제학부

45 직장인의 음주행태와 삶의 질
진기남 외 | 연세대 보건행정학과

46 유통정보 시스템의 구조와 설계
정용길 | 충남대 경영학과

47 남북통일 이후 사회통합을 위한 교육의 역할
안기성 외 | 고려대 교육학과

48 대중음악에 심취한 청소년들의 심리적 특성
김인경 외 | 연세대 인간행동연구소

49 멀티미디어 시스템을 활용한 교육환경의 개선방안
김한일 | 제주대 컴퓨터교육학과

50 탈냉전기 한일관계의 쟁점
최상룡 | 고려대 정치외교학과

51 자치시대 새로운 '삶의 질' 지표의 모색
김형기 외 | 경북대 경제통상학부

52 유럽통합의 역내외 협력과 갈등
이호재 외 | 고려대 정치외교학과

53 21세기를 대비한 신노사관계
김재원 | 한양대 경제학부

54 대학의 시간제학생 등록제
안규철 외 | 전남대 교육학과

55 21세기에 대비한 방송통신정책
한진만 외 | 강원대 신문방송학과

56 주민참여를 통한 혐오시설 관리운영방안
박균성 외 | 경희대 법학부

57 여성의 정치적 권리인식과 정치참여
전경옥 외 | 숙명여대 정치외교학과

58 한국인 위장질환과 식생활 · 환경요인 및 *H. pylori* 감염과의 관계
이양자 외 | 연세대 식품영양학과

59 학생과 시민의 자원봉사활동
윤정일 외 | 서울대 교육학과

60 동북아 환경문제와 지역환경협력의 모색
신연재 외 | 울산대 정치외교학과

61 노인 자원봉사활동을 통한 사회통합 프로그램 개발
김동배 | 연세대 사회복지학과

62 물류정보 시스템
김태현 | 연세대 경영학과

63 전자식 문서교환을 이용한 항공화물 운송체계
민재형 | 서강대 경영학과

64 청소년과 성
이근후 | 이화여대 의과대학

65 민족통합과 무궁화호 위성의 남북한 공동활용방안
방정배 | 성균관대 신문방송학과

66 채식주의가 20대 여성의 영양상태와 에스트로겐 대사에 미치는 영향
성미경 | 숙명여대 식품영양학과

67 가상정보공간을 통한 지역개발 활성화 전략
유재천 외 | 한림대 언론정보학부

68 조산아 관리현황 및 정책수립 방안
박상기 외 | 조선대 의과대학

69 남북한관의 의식조사와 통일교육 개선방안
김동규 외 | 고려대 북한학과

70 동양 전통 자연사상 탐구
장동순 | 충남대 환경공학과

71 초고속정보망의 시뮬레이터 구현
한기준 | 경북대 컴퓨터공학과

72 유통원가 시스템의 유효성
정다미 | 명지대 경영학과

73 국악과 문화관광의 만남
정익준 외 | 동아대 국제관광통상학부

74 기업의 지식경영 활용사례
김창은 | 명지대 산업공학과

75 선진국과 한국의 직업교육 · 훈련제도의 특성과 한계
정주연 | 고려대 경제학과